MELVIN KONNER

Mujeres ante todo

Sexo, evolución y el fin de la supremacía masculina

Traducción de Óscar Mariscal

ALMUZARA

Primera edición: septiembre de 2021

Título de la edición original: *Women After All: Sex, Evolution, and the End of Male Supremacy*, published by W. W. Norton & Company, Inc.

Colección Ensayo
Director editorial: Antonio Cuesta
Edición de Javier Ortega

www.editorialalmuzara.com
pedidos@almuzaralibros.com - info@almuzaralibros.com
@AlmuzaraLibros

Imprime: Gráficas La Paz

ISBN: 978-84-18346-33-0
Depósito Legal: CO-367-2021
Hecho e impreso en España - *Made and printed in Spain*

A la memoria de Irven DeVore,
antropólogo, mentor y amigo; y para
Susanna, Adam, Sarah, Logan,
Becky y Ethan, que son el futuro.

«De todos estos argumentos que disponemos hoy para ofrecérselos a la mujer, uno en concreto, más fuerte que todos los demás, es la diferencia entre el hombre y la mujer. Puesto que el hombre y la mujer se complementan el uno a la otra, precisamos del pensamiento femenino en los asuntos nacionales para dotarnos de un gobierno seguro y estable».

Elizabeth Cady Stanton, 19 de enero de 1869.

Índice

Introducción

«MÁS FUERTE QUE TODOS LOS DEMÁS»

El argumento de este libro es muy sencillo: las mujeres no son iguales a los hombres; son, por el contrario, superiores en muchos sentidos y, en la mayoría de los aspectos de nuestra vida, esto resultará clave en el futuro. No se trata solo de una cuestión de cultura o de la educación recibida, aunque ambas desempeñan un papel. Es una cuestión biológica y de la esfera de nuestros sentimientos y pensamientos, influida como está por la biología. Se debe a los cromosomas, genes, hormonas y circuitos nerviosos. No se debe —o no principalmente— a lo que nuestra madre nos enseñó ni a cómo la experiencia nos moldeó. Se debe, esencialmente, a diferencias intrínsecas existentes en el cuerpo y el cerebro.

¿Explican estas diferencias todos los aspectos en que las mujeres y los hombres difieren? No. ¿Son todos los hombres de una manera y todas las mujeres de otra? Naturalmente que no. ¿Las diferencias de las que hablaré se ven afectadas por la experiencia? Hasta cierto punto, sí. Pero ninguna de estas consideraciones, o muchas otras que tendré en cuenta, obstaculiza seriamente mi argumentación o la desvía de su conclusión clave: las mujeres son superiores en la mayoría de los aspectos que ahora importan.

Y no, no me refiero a lo que entendían esos condescendientes varones que, en un pasado de ignorancia, sostenían que las mujeres son criaturas nobles y espirituales que han de sustraerse a la vorágine de la vida competitiva, a los negocios, la política y la guerra, para criar a la siguiente generación de personas con valores. Me refiero a algo que está en las antípodas de esto. Quiero decir que las mujeres son fundamentalmente pragmáticas, así como afectuosas, cooperativas y competitivas, expertas en obviar su propio ego, hábiles en manejar a las personas sin ponerlas a la defensiva, constructoras en vez de destructoras. Sobre todo, quiero decir que las mujeres pueden llevar el timón de un mundo complejo de una forma más equilibrada, eficiente, reflexiva y constructiva que los hombres, porque ellas no suelen distraerse con impulsos y estados de ánimo que, a veces indirectamente, conducen a relaciones sexuales inapropiadas y a demostraciones de violencia innecesaria. Las mujeres propenden menos a involucrarse en ambas. Y si acaban siendo arrastradas a guerras, estas serán guerras de necesidad, no guerras de elección; estarán fundadas en consideraciones racionales, no en un choque de egos desmesuradamente crecidos.

Esta no es una idea nueva. Elizabeth Cady Stanton, cofundadora del movimiento feminista, pronunció un discurso ante la Convención Nacional del Sufragio Femenino en Washington D. C., el 19 de enero de 1869. En él dijo: «Los mismos argumentos esgrimidos en este país para extender el sufragio (…) a hombres blancos —ciudadanos nativos sin propiedad ni educación— y a extranjeros (…) y los mismos empleados por el gran partido Republicano para otorgar derechos a un millón de hombres negros en el sur; de todos estos argumentos, digo, disponemos hoy para ofrecérselos a la mujer, y uno en concreto, más fuerte que todos los demás, es la diferencia entre el hombre y la mujer. Puesto que el hombre y la mujer se complementan el uno a la otra, precisamos del pensamiento femenino en los asuntos nacionales para dotarnos de un gobierno seguro y estable».

También dijo: «Cuando los más altos cargos al servicio del pueblo se compran y venden en Wall Street, es solo cuestión de azar quiénes serán nuestros gobernantes. ¿Adónde va una nación cuando los cerebros cuentan menos que los lingotes y los bufones hacen leyes para las reinas?». Casi 150 años después, los cargos más altos aún se compran y venden en Wall Street y los bufones siguen haciendo leyes para las reinas. Pero esto último, al menos, está llegando a su fin.

Sin embargo, reparemos en esto: ¿qué argumento adicional a favor de la igualdad de la mujer es «más fuerte que todos los demás»?: «la diferencia entre el hombre y la mujer». Hombres y mujeres se complementan entre sí. Después de un siglo y medio de investigación podemos decir, basándonos en la evolución, la ciencia del cerebro, la psicología infantil y la antropología, que el argumento de la diferencia esgrimido por Elizabeth Cady Stanton es más fuerte que nunca. Y aún es posible ir un paso más allá.

Además de la superioridad de juicio, otros factores como la integridad, la confiabilidad y la equidad, la capacidad para trabajar y jugar limpio con los demás, la relativa independencia respecto a los impulsos sexuales y los niveles más bajos de prejuicio, intolerancia y violencia hacen a las mujeres biológicamente superiores. Ellas viven más tiempo, tienen una mortalidad más baja en todas las edades, son más resistentes a la mayoría de las categorías de enfermedad y mucho menos propensas a sufrir trastornos cerebrales conducentes a un comportamiento disruptivo e incluso destructivo. Y naturalmente, lo más importante: son capaces de producir nueva vida a partir de sus propios cuerpos; una carga estresante y gravosa en términos biológicos, a la que los hombres hacen una contribución biológica mínima —contribución que, en un futuro no muy lejano, tal vez pueda conseguirse sin su concurso—. Como veremos, hay especies que han evolucionado de esta manera y les va muy bien; con nuestro creciente dominio de la biotecnología, podríamos alcanzar ese punto mucho más rápido de lo que lo hicieron ellas e, incluso, mejorar el proceso.

Como comprenderá, no estoy recomendando tal cosa; simplemente digo que es factible, en tanto que la situación inversa es una imposibilidad biológica. Como hombre, me gustaría que los de mi sexo pudiéramos permanecer y seguir siendo útiles de alguna manera. También puedo afirmar con cierta autoridad que a la mayoría de las mujeres no les gustaría deshacerse de los hombres. Pero la gran mayoría de ellas, y también muchos de ellos, quieren ver un mundo en el que las oportunidades, responsabilidades y recompensas se compartan más equitativamente entre ambos sexos. Y esto no porque que ambos sean similares —aunque en muchos aspectos lo son—, sino, sobre todo, porque tal vez son diferentes. Esta es la complementariedad de la que habló Elizabeth Cady Stanton, y le mostraré que tal cosa no solo es posible o probable: es algo que está sucediendo ahora mismo, muy rápidamente, y es imparable.

Esto es en parte debido a que se trata de algo inherente a la naturaleza humana: representa un regreso a un pasado lejano —al principio de la historia de nuestra especie—, una complementariedad impedida por opresivas componendas sociales durante miles de años. Esta complementariedad está regresando porque es natural y estamos dejando atrás esas extrañas componendas sociales. La dominación masculina extrema es una anomalía en nuestra historia —una anomalía perdurable, pero, no obstante, temporal—. En términos de la relación entre los sexos, estamos recuperando la igualdad, no inventándola. Y si nos fijamos en el reino animal, hallaremos muchos modelos excelentes entre nuestros parientes más cercanos y más allá de ellos.

Pero ¿en qué será diferente este nuevo mundo?

Contrariamente a cuanto se nos ha enseñado, las mujeres son más lógicas y menos emocionales que los hombres. Las mujeres lloran más fácilmente, y esto, también, es en parte biológico, aunque a ciertos políticos varones y a otros prohombres no se les da nada mal soltar lágrimas estratégicamente en público. Pero la vida en este planeta no se halla amenazada por las lágrimas de las mujeres; ni tampoco este fluido salobre causa pobreza, agota las arcas públicas, arruina reputaciones, impone intimidades forzadas, mata a niños, tortura a personas indefensas o reduce las ciudades a escombros. Tales desmanes son, literalmente, de factura masculina. Resultan de las emociones de los hombres, las cuales son para ellos una distracción constante. Estas tropelías no han sido iguales en todas las épocas y lugares; los hombres se han dominado a sí mismos en diversos grados, a veces durante períodos largos e incluso históricamente largos. Pero, como le mostraré a lo largo de este libro, demasiados hombres se ven afectados por motivos y emociones que distraen infinitamente menos a las mujeres.

Me han dicho que soy demasiado duro con los hombres, que he de reconocer que la mayoría de ellos no es culpable de violentar, violar, practicar la promiscuidad o instigar guerras. Naturalmente que no. Pero la minoría culpable de tales cosas es peligrosamente grande —incomparablemente más grande que la minoría culpable de mujeres— y ha dejado una huella indeleble en la historia humana. De hecho, podría decirse que esta minoría ha sido en gran parte responsable de la historia, al menos durante los diez o doce mil años anteriores a los tiempos modernos. Ni siquiera todos los hombres en el poder han sido culpables de todas esas cosas, pero demasiados lo han sido de una o más de ellas. Esto es lo que Simone de Beauvoir quiso decir cuando escribió, en su rompedor libro *El segundo sexo*, «el problema de la mujer siempre ha sido un problema de los hombres». Como veremos, el comportamiento de los hombres en la cima, o durante su camino hacia ella, ha sido incluso más opresivo para con otros hombres que para con las mujeres. En efecto, aun estando los hombres enormemente sobrerrepresentados en las estructuras de poder, aún son más los hombres que sufren el comportamiento de los poderosos, los que languidecen en el fondo donde se les asesina, empobrece y condena al hambre, donde se les priva de oportunidades y ven a sus mujeres seducidas por otros hombres.

«Pero —según otra objeción que se me hace— ¡los hombres han logrado grandes cosas! ¡Muchas más que las mujeres!». Ha de admitirse que, habiendo obstruido el hombre durante miles de años los caminos de la mujer hacia la grandeza en todos los campos, tal comparación no es ni remotamente justa. Así pues, admitámoslo desde el principio: los hombres en su mayoría no son destructivos, ni tampoco todas las mujeres están inclinadas a la cooperación y al cuidado de los demás; las mujeres poseen sus propios medios para crear conflictos y oprimir a otros. Pero en el ámbito científico nos preguntamos si las generalizaciones son posibles. Le mostraré que en el dominio de las diferencias sexuales en el cerebro y el comportamiento no solo son posibles, sino que están plenamente justificadas por la evidencia disponible. Veremos, asimismo, que no es solo una diferencia en los niveles promedio de violencia y egoísmo lo que ha desempeñado un papel fundamental en la historia. Sucede, también, que cuando los hombres se reúnen en grupos que excluyen a las mujeres, sus más elevados niveles promedio de estas emociones producen una dinámica tóxica que envenena la corriente de la historia.

De hecho, como veremos, todas las guerras son «cosas de chicos». La gente cita los nombres de Margaret Thatcher, Indira Gandhi y

Golda Meir como evidencias de que también las mujeres pueden ser belicistas. Pero estas mujeres se hallaban en la cima de unas jerarquías masculinas enfrentadas a otras pirámides políticas hipermasculinas, y ellas mismas se masculinizaron durante su lucha por alcanzar la cumbre. Además, ninguna de ellas era una mujer promedio. Hay numerosas razones para pensar que con una futura jerarquía nacional con equipo y dirección femeninos —en un contexto en el que las mujeres ya no tengan que imitar a los hombres para liderar—, tratando con otras naciones transformadas de manera similar, la probabilidad de un conflicto internacional sería mínima. Pero eso no es todo.

Tras la casi totalidad de los casos de escándalo sexual, corrupción financiera y violencia hay, al menos, una mano masculina. Esto, como argumentaré, no se debe principalmente a que sean hombres quienes están al mando y, por ende, tengan la oportunidad de hacer tales cosas. Se debe principalmente a que son hombres. Y los motivos e inclinaciones que los llevaron a posiciones en las que podrían abusar del poder son los mismos que, durante mucho tiempo, los indujeron a mantener a las mujeres apartadas de él. Pero esto se acabó.

Las mujeres, ciertamente, poseen sentimientos peculiares que las llevan a preocuparse por los demás, especialmente por los jóvenes y los ancianos; a anhelar para sus hijos un futuro que sea mejor que el pasado; a repudiar el tipo de cosas que hacen muchos hombres. Pero incluso los sentimientos positivos pueden ser exagerados en un mundo peligroso. Y no todos los sentimientos de las mujeres son positivos. Chicas crueles han provocado el suicidio de otras chicas valiéndose únicamente de palabras. Mujeres adultas exhiben ostentosamente su riqueza para humillar a otras mujeres. Y las tácticas femeninas en el juego del apareamiento no son todas admirables. Pero estos sentimientos no podrán nunca amenazar el mundo y a sus habitantes. Además, los sentimientos experimentados por la mayoría de las mujeres no reducen, etiquetan ni destruyen. Estos, más bien, ensanchan, protegen y construyen, y las mujeres saben que para hacer estas cosas han de vivir aquí y ahora, no en un sueño apocalíptico. Si los hombres son de Marte, las mujeres son de la Tierra.

***

Hay un defecto de nacimiento, debido a un cambio en un par de cromosomas clave, que es sorprendentemente común. En la condición normal los dos parecen iguales, pero en este trastorno uno de ellos se encoge hasta quedar irreconocible. Esto tiene como resultado una vida útil más corta, una mortalidad más alta en todas las edades, la incapacidad para reproducirse, la caída prematura del cabello y defectos cerebrales causantes de déficit de atención, hiperactividad, trastornos de conducta, hipersexualidad y un enorme exceso de agresividad, tanto autodirigida como hacia el exterior. El principal mecanismo fisiológico es el envenenamiento por andrógenos, aunque puede haber otros. Yo lo denomino «síndrome de deficiencia de cromosoma X», y nada menos que un 49 % de la especie humana se ve afectada por él.

Esto es conocido comúnmente como masculinidad.

Mi decisión de llamar síndrome a ser varón y considerarlo menos normal que la alternativa habitual no es (como demostraré) un juicio moral arbitrario. Está basada en la evolución, la fisiología, el desarrollo y la susceptibilidad a la enfermedad de nuestra especie. Hubo un tiempo, ciertamente lejano, en que todos nuestros antepasados podían reproducirse a partir de sus propios cuerpos; en otras palabras, todos éramos básicamente hembras. Cuando los biólogos se preguntan por qué evolucionó el sexo, no lo hacen retóricamente —el hecho de que el sexo[1] *se sintiera bien* fue una valiosa adición—. Lo que realmente están preguntándose es: ¿Por qué esas hembras autosuficientes inventaron a los machos? Fuera cual fuese la razón, debía de ser muy importante, pues estaban introduciendo un elenco completamente nuevo de personajes que ocupaban espacio y comían hasta hartarse —por no mencionar que eran bastante molestos—, aunque no podían alcanzar el objetivo de la evolución: crear nueva vida. Consideraremos esto en el capítulo 2, pero la mejor respuesta al acertijo parece ser: evitar ser aniquiladas por gérmenes. Cuando uno crea nueva vida sin ayuda externa, básicamente se clona a sí mismo y, en última instancia, muchos de sus descendientes y

1 Se refiere a la reproducción sexual, que involucra a los dos sexos. N del T.

parientes llevan los mismos genes. El germen que consigue hacerse con una de las *copias* se hace con todas. Sin embargo, *cree* machos y, a su debido tiempo, habrá mucha más variación genética. *Aparéese* con un macho que sea un poco diferente a usted y producirá una criatura diferente a ambos. Resultado: gérmenes frustrados. Usted, como hembra, se encarga de la reproducción; él, aparte de su minúscula donación, no hace nada, de modo que puede enfrentarse con los otros machos y, de este modo, evolucionar más rápido. Sus hijas heredan la variación y también compiten y evolucionan.

Pero resulta que ha creado usted una especie de monstruo de Frankenstein que, traspasado cierto punto, resulta difícil de controlar. Consideremos los humildes y elegantes patinadores de agua que en verano se deslizan sobre la superficie de las charcas. Las hembras indican su disposición a aparearse generando en el agua unas ondas con una determinada frecuencia, y estas ondas activan a los machos. Pero las hembras no aceptan a todos los que llegan. La elección femenina es vital. Los machos que no dan la talla son rechazados por ellas. Sin embargo, los machos tienen sus artimañas; ellos han desarrollado antenas de agarre, perfectamente adaptadas para sujetar la cabeza de la hembra. Un macho se acerca por detrás y la inmoviliza, a continuación la voltea para ponerla al revés y, valiéndose de sus patas traseras, posiciona convenientemente los cuerpos de ambos. Llegados a este punto, ella deja de resistirse: él es el indicado —o uno de los indicados, en cualquier caso—. La hembra se aparea varias veces al día y parece disfrutar poniendo a unos machos en contra de otros.

Esto no es una alegoría del apareamiento humano; es un ejemplo iluminador, más bien un paralelo que una parábola. La elección femenina es también crucial entre los humanos, pero los varones no desarrollaron antenas de agarre; desarrollaron estrategias de seducción que incluyen el cortejo, la paciencia, la persistencia, los obsequios, la ayuda, los elogios verbales, los argumentos, las promesas, las amenazas, la influencia familiar y el engaño. Las hembras humanas se han protegido de ellos mediante el escepticismo, las alianzas sociales y una tendencia a mostrarse distantes y a mantener a los varones en una continua duda. Por lo general, el hombre que mejor juega sus cartas se ha convencido a sí mismo de ello primero, y (a diferencia de los patinadores de agua, que lo hacen físicamente) podría decirse que pretendiente y pretendida se voltean emocionalmente entre ellos. A veces los varones recurren a la fuerza; en esto confían en una fuerza física superior, obtenida gracias a milenios de competencia con otros machos para acceder a esas hembras tan selectivas.

Las mujeres, naturalmente, también compiten, contra los hombres y entre ellas, y también lo hacen con habilidades perfeccionadas durante milenios. Pero la necesidad de reproducirse, con todos sus costes y riesgos, las ha obligado a mantenerse relativamente prudentes y recelosas respecto a los ardides masculinos. Durante la mayor parte de la historia de la reproducción sexual, a menudo las hembras se han mantenido aparte mientras los machos peleaban por ellas, físicamente o de otra manera. Estos saben que ellas no siempre serán capaces de distinguir a un amigo de toda la vida de un donante de esperma, y para las hembras de muchas especies un buen esperma es lo único que importa. Pero ellos, también, tienen que reproducirse, y eso significa tolerar la incertidumbre y estar preparados para las contingencias. Para nosotros, los humanos, el problema es que las trapisondas competitivas de los hombres y la eternidad que han pasado imponiendo su voluntad a las mujeres han creado un mundo de peligros debido a la rivalidad entre ellos. Podría entenderse que las hembras, ya sean mujeres o patinadores de agua, evocasen con resentimiento a la antepasada que dio nacimiento al primer macho de su especie.

Las mujeres siempre han tenido que luchar por la igualdad de derechos, incluso en las pequeñas bandas de cazadores-recolectores en las que evolucionamos como especie. Sin embargo, la situación empeoró con una mayor evolución cultural. Con el surgimiento de eso que tanto nos gusta llamar civilización, la superior musculatura de los hombres propició una vasta conspiración militar, económica y política que les permitió excluir a las mujeres de las estructuras de poder. La envidia del poder femenino para dar sexo —y, lo que es más importante, para dar vida— llevó a los hombres a construir mundos sobre y en contra de las mujeres durante milenios. O como lo expresó Camille Paglia en su *Sexual Personae*: «Las ataduras y el patriarcado masculinas fueron los recursos que el hombre se vio obligado a usar debido a su terrible conciencia del poder de la mujer». Los atractivos mitos sobre las amazonas son tan solo eso: mitos. Solo las mujeres que recibían el cetro del poder de padres, hijos o esposos podían ejercerlo, y aun así solo temporalmente. Incluso en las sociedades matrilineales, los hombres tenían la mayor parte del poder. Resultado de esto fueron diez milenios en los que fue desperdiciada la mitad del mejor talento de la especie humana. El músculo imperó durante esos cien siglos, pero a pesar de su mayor fuerza, los hombres hubieron de redactar leyes para anular a las mujeres, pues sabían que en auténtica igualdad de condiciones estaban destinadas a competir con éxito y, a buen seguro, ganar.

He ahí el otro significado de la cita de Beauvoir: «El problema de la mujer siempre ha sido un problema de los hombres». Aun no compartiendo su idea de que todas las diferencias entre hombres y mujeres están determinadas culturalmente, abundo en que la mayoría de las diferencias que hemos visto a lo largo de la historia son debidas a la supremacía masculina y la subordinación de las mujeres. Los vencedores escriben la historia, y los vencedores en la guerra entre los sexos han sido, durante incontables siglos, los hombres; naturalmente, estos han redefinido a las mujeres a la baja y han inventado y promulgado una inferioridad «esencial» de estas como parte de la feminidad misma. Tal es la porción que no es inherente a la biología; más bien es, literalmente, un mito de manufactura masculina.

Pero el milenario dominio masculino está a punto de finalizar. Los techos de cristal se rompen abriendo innumerables lucernas, y las mujeres están escalando pirámides de poder masculino en todos los ámbitos de la vida. Incluso en las sociedades más sexistas del mundo, las mujeres y las niñas conforman un grupo fundamentalmente subversivo que, a medida que las tecnologías de la información le muestren las libertades de otras mujeres, irá socavando la vieja arrogancia masculina y adquiriendo la preponderancia que le corresponde como mayoría social.

Cuanta más libertad y educación adquieren las niñas y las mujeres, menos hijos tienen; los hombres son obstáculos comprobados para la planificación familiar. Incluso en los lugares más pobres, la creciente disponibilidad del sufragio femenino, los servicios de salud, los microcréditos y programas de ahorro les están dando a las mujeres el control sobre sus destinos. Tan pronto como esto sucede, ellas reducen el tamaño y la pobreza de sus familias. Cada año se hace más claro que la mejor forma de gastar un dólar de ayuda en los países en desarrollo es educar y empoderar a las mujeres y las niñas. Las consecuencias son múltiples.

Reemplazar la cantidad por la calidad en la maternidad no solo salvará a las mujeres, o incluso no solo a los países pobres y en dificultades: salvará el planeta y lo hará habitable para nuestra especie. Tal reemplazo reducirá enormemente la necesidad de cualquier tipo de violencia, como ya ha empezado a hacer. La dominación masculina ha sobrevivido a cualquier propósito que haya podido tener alguna vez. Quizá haya desempeñado algún papel en nuestro éxito como especie hasta aquí, pero ahora es un obstáculo. Empoderar a las mujeres es el siguiente paso en la evolución humana, y como las criaturas excepcionalmente dotadas que somos, podemos optar por ayudar a lograrlo.

***

Me han preguntado por qué yo, un hombre, debería escribir un libro como este. En primer lugar, tengo dos hijas y una hijastra, todas adultas ahora. Las quiero muchísimo. Me disgusta ver cómo se ha amañado la baraja contra ellas a lo largo de la historia. Deseo hacer mi pequeña contribución para mejorar el mundo en el que ellas han de vivir. También tengo un hijo. También lo quiero mucho. No pertenece a esa minoría que explota a las mujeres. Pero quiero que él, al igual que mis hijas, viva en un mundo igualitario. Asimismo, pretendo hacerles entender que existen diferencias entre los sexos que no han sido moldeadas por la cultura; diferencias que, siendo más esenciales, están arraigadas en la evolución y la biología. No quiero que mis cuatro hijos —ni mis cientos de estudiantes al año, ni cualquier otro joven, ni nadie en absoluto— vivan con la gran desventaja de ignorar este hecho. En cuanto a las mujeres, especialmente las jóvenes —y especialmente mis hijas—, no pretendo que odien y teman a los hombres, pero quiero que entiendan que a menudo estos no son lo que parecen. Tampoco las mujeres son siempre lo que parecen, pero ellas son menos peligrosas.

En segundo lugar, muchas mujeres han escrito libros describiendo los errores de los hombres y cuanto estos han hecho para perjudicar a las mujeres a lo largo de la historia. El feminismo en sí, en gran medida, es una exposición de las injusticias cometidas contra ellas por los hombres. Ciertamente, también declara que uno de tales errores es la subestimación de la mujer —la constante mentira masculina sobre las aptitudes de las mujeres— a lo largo de esa misma historia. De modo que las mujeres son muy superiores a las afirmaciones que sobre ellas han hecho los hombres durante todos estos milenios. Sin embargo, una mujer que escribe un libro sobre por qué las mujeres son superiores a los hombres puede obviamente ser acusada —aunque de forma injusta— de recurrir a falacias informales. Por muy buenas que sean las evidencias y argumentos que ella exponga, no faltará algún hombre que objete que solo está vendiendo sus propios deseos y necesidades. Considero que un hombre que honestamente dice lo mismo y puede demostrarlo está, por el mero hecho de ser hombre, haciendo una contribución diferente. Yo soy un hombre exponiendo un argumento pertinaz, según el cual las mujeres son, en promedio y en conjunto, mejores que los hombres, y explicaré con detalle lo que quiero decir con esto. Lo que inequívocamente puede decirse a favor de los hombres es que han tratado de proteger a las mujeres de otros hombres (principalmente para sus propios fines y fracasando las más de las veces) y que han llegado más lejos en los ámbitos de la exploración, la invención, los descubrimientos, la creatividad y el liderazgo; un hecho que obviamente no puede separarse de su antigua, crónica y sistemática negativa a dejar que las mujeres participasen en tales actividades.

En tercer lugar, he enseñado y escrito sobre antropología médica y biológica durante más de cuatro décadas. Mi trabajo se ha centrado en enfoques científicos de la naturaleza humana y en los fundamentos evolutivos, biológicos y culturales de la infancia. Pasé dos años en Botsuana estudiando el desarrollo infantil y otros aspectos de la vida entre los cazadores-recolectores del Kalahari y tengo un gran respeto por el papel de la cultura, pero de esta y otras muchas experiencias aprendí que la cultura no puede explicarlo todo, particularmente cuando se trata de diferencias entre sexos. Sin embargo, también aprendí que en las sociedades humanas más básicas las mujeres se defendían —en varios sentidos— mucho mejor de lo que lo harían en las grandes civilizaciones que vinieron después.

Durante los años clínicos de la facultad de medicina, vi que las diferencias entre hombres y mujeres devenían en enfermedades de diferentes maneras, y aunque los hombres y los niños son más propensos a padecer la mayoría de las patologías, las mujeres y las niñas llenaban los hospitales y clínicas donde me formaba porque los hombres las enviaban allí: palizas, violaciones, embarazos no deseados, infecciones de transmisión sexual y otros males. También asistí a hombres que fueron víctimas de la violencia masculina; de hecho, ellos constituyen la mayoría de tales víctimas. Y lo que es más importante, ayudé a traer al mundo a treinta y cinco bebés, experiencia esta —una de las más inspiradoras de mi vida— que me dejó una impresión indeleble del coraje y el poder de las mujeres.

Muchas de estas diferencias son culturales. Pero cuanto sé sobre el tema me dice que hay diferencias durables en el comportamiento y la psicología de niñas y niños y mujeres y hombres que tienen carácter de base y son de orden biológico. Primero argumentaré que la identidad de género, ya sea masculina, femenina o una de las muchas e interesantes variedades de identidad que tampoco pueden etiquetarse de forma sencilla es, en su esencia, algo biológico, algo que se establece en los primeros estadios de la vida. No obstante, la mayoría de las personas son, en algún sentido plausible, varones o hembras. ¿Por qué? Para responder a esto, hemos de remontarnos hasta un estadio temprano de la historia de la vida, a fin de ver cómo y por qué las células asexualmente reproducidas —básicamente hembras— inventaron los machos. También haremos un pequeño recorrido por las variedades de sexualidad en las especies animales y consideraremos cómo fue posible que algunos animales, por lo demás muy complejos, volvieran a vivir sin machos. En el curso de este recorrido comenzaremos a entender el conflicto sexual —es decir, la rivalidad entre, y dentro de, los sexos— como algo inevitable y fundamental para la vida.

Nos fijaremos en aves, mamíferos y, especialmente, primates —nuestros primos— en los que el conflicto acaba con las hembras dominando a los machos, así como en otros animales en los que, o bien ocurre lo contrario, o bien el poder de los sexos está bastante equilibrado. Esto nos ayudará a comprender lo que sucedió en la evolución humana y, en particular, el hecho de que durante la mayor parte de la época de la caza-recolección trashumante —es decir, la mayor parte de la historia humana— las relaciones entre los sexos fueron más igualitarias de lo que lo fueron después. Tal conocimiento nos proporciona una base sobre la que construir el futuro.

Nos adentraremos a continuación en la parte más oscura de la historia, los miles de años en que la guerra y los preparativos para ella predominaron en los propósitos sociales humanos. Esto, combinado con concentraciones mucho más grandes de gente, permitió a los hombres formar coaliciones que, por primera vez, excluyeron por completo a las mujeres y las relegaron a un ámbito privado alejado de la esfera pública. Durante este largo periodo de la historia, los hombres se mataban entre sí en gran número, apoderándose a continuación de las mujeres del enemigo conquistado, sin apenas límites a la cantidad de mujeres que un hombre poderoso podía usar para sus propios fines sexuales y reproductivos. El posterior surgimiento de la monogamia, el cual trataremos de explicar, solo consiguió, inicialmente, contener modestamente a los poderosos en sus intentos de controlar a las mujeres. Pero hace poco más de dos siglos, las voces de las mujeres comenzaron a oírse nuevamente de forma independiente.

Llegados a este punto dejaremos de seguir el hilo histórico para volvernos, por un momento, hacia la cultura y la fisiología de las diferencias sexuales y su desarrollo. Pero en esta ocasión nos centraremos más en el comportamiento y menos en la identidad, más en el cuerpo y menos en la mente. Nuestra piedra angular será un clásico de mediados del siglo XX, obra de la antropóloga Ashley Montagu, titulado *La superioridad natural de las mujeres*, que se convirtió en un texto fundamental para el feminismo de la segunda ola. Pero le demostraré que en este nuevo siglo podemos estar aún más seguros de la tesis del libro de Montagu, debido principalmente a los avances realizados en la ciencia del cerebro durante la última década. También le hablaré de la actual investigación sobre cómo los hombres y las mujeres modernos difieren en situaciones experimentales que evalúan factores como los prejuicios, la intolerancia, la identidad grupal y la voluntad de ir a la guerra, así como en encuestas, observaciones y análisis económicos del comportamiento sexual. Esta investigación muestra que los hombres del siglo XXI piensan y se comportan de manera consistente con el largo curso de la violencia y la explotación sexual masculinas a lo largo de la historia, aunque las inclinaciones masculinas se canalizan ahora, en su mayor parte, por caminos menos peligrosos.

A continuación retomaremos el hilo de la historia en el período moderno y rastrearemos los tremendos avances que las mujeres han realizado, así como los cambios que están introduciendo a medida que ganan influencia en varios ámbitos de la vida. Pero también debemos fijarnos en los obstáculos a dicho progreso, especialmente en los países en desarrollo, donde muchos de los problemas con los hombres que las mujeres del mundo desarrollado han superado —al menos en parte— siguen constituyendo una pesada carga. Le mostraré los avances que están haciéndose en este frente y cómo podemos acelerar esta tendencia en todas partes, transformando nuestra especie y preparando el escenario para su próximo salto evolutivo.

Por último, explicaré cómo el mundo será diferente y mejor cuando la mujer esté en un plano de igualdad —si no en uno superior— con el hombre en cuanto a la dirección del mismo. Esto se deduce lógicamente de todo lo anterior; si usted está convencido de que los hombres y las mujeres son fundamentalmente diferentes (incluso si rechaza la idea de que las mujeres son superiores), ha de creer que una elevación generalizada de la mujer, incluso a un estado de igualdad con el hombre, cambiará drásticamente la forma en que funciona el mundo —mejorándolo, en mi opinión— en muchos aspectos. Esta predicción es independiente del hecho de que el pequeño número de mujeres que han llegado a la cima hasta ahora no ha cambiado mucho el mundo aún o —en algunos casos— no se ha diferenciado mucho de los hombres. Y no tenemos que conformarnos con imaginar hasta qué punto las cosas serán diferentes, porque la ciencia ya predice los principales resultados. Aunque es posible que los niños y los hombres tengan algunas dificultades durante la transición, el nuevo mundo resultante será mejor para todos.

Así pues, de los cuatro puntos principales de mi argumentación, la idea de que aspectos importantes de la diferencia entre hombres y mujeres en cuanto a identidad y comportamiento son de carácter biológico ofenderá a muchos feministas; la idea de que estas diferencias, así como la guerra entre los sexos, están profundamente enraizadas en la evolución ofenderá a los muchos estadounidenses que creen (contra toda evidencia científica) que la evolución es una falacia absoluta; la idea de que las mujeres son superiores a los hombres ofenderá a muchos de estos, así como a algunas bellísimas personas de ambos sexos que actualmente están preocupadas (no sin razón) por los niños varones; y la idea de que el éxito de las mujeres es ahora inevitable ofenderá a quienes piensan (contrariamente a cuanto nos enseña la historia) que las condiciones para las mujeres son tan malas como lo han sido siempre y que, además, están empeorando.

Pero valdrá la pena si de algún modo contribuye a que las mujeres alcancen el lugar que, después de todo, les corresponde, y si logro convencer a algunos de mis lectores de que el mundo será mejor de lo que lo ha sido nunca cuando esto suceda. Esto no supone el fin de los hombres, pero sí el fin de la supremacía masculina, y es algo que tenemos a la vuelta de la esquina.

Capítulo 1

«DIVERGID», DICEN LAS CÉLULAS

Una de las historias médicas más trágicas del siglo XIX es la de un niño francés llamado Herculine Barbin. Resulta complicado escribir sobre Barbin porque el pronombre personal, tan presente en nuestro idioma y sin el cual tenemos la lengua trabada —es decir, él o ella, lo o la, etc.—, nos impone inmediatamente el tipo de afán clasificatorio que perjudicó, y finalmente destruyó, la vida de Barbin. Carecemos de elementos lingüísticos para referirnos a un tercer sexo, a pesar de lo que nos enorgullecemos hoy de nuestra sensibilidad hacia las personas homosexuales, bisexuales, transgénero o transexuales.

Barbin vino al mundo en Saint-Jean-d'Angély, a la sazón una ciudad de unos seis mil habitantes, el 8 de noviembre de 1838. El bebé nació con genitales ambiguos, de modo que, probablemente, nadie lanzó el conocido grito de «¡Es un niño!» o «¡Es una niña!». Indudablemente, la sorpresa de quienes asistieron al parto no encontró palabras. Incluso ese «ello» con el que nos anticipamos, por una fracción de segundo, al marchamo definitivo con el que un recién nacido será reconocido como uno u otra, con el que será confinado tras las rejas del lenguaje, la cultura y la psicología desde la cuna hasta la tumba; incluso el neutro «ello» —que sería un insulto en cualquier momento posterior—, digo, no era una opción en la lengua francesa, en la que los objetos inanimados, también, han de ser masculinos o femeninos. Ignoramos lo que sucedió realmente aquel día, pero sabemos algo de lo que sucedió más tarde. Antes de suicidarse a los treinta años, Barbin escribió una memoria clara y conmovedora condenando a los médicos y demás que, después de haberlo dejado prácticamente solo durante dos décadas, lo forzaron abruptamente a una elección, poniendo fin a lo que hasta entonces era una vida satisfactoria, o al menos viable, en un limbo de género.

Aunque en los países avanzados la situación está cambiando, en general los humanos no hemos tolerado demasiado bien la ambigüedad, especialmente cuando se trata de varones y hembras. Sin embargo, no todos los idiomas —quizá no la mayoría— tienen pronombres personales de género. Por ejemplo, en turco *o* significa indistintamente él o ella y *ona* significa lo o la. Sería interesante saber si una persona de género indeterminado o intermedio se sentiría fundamentalmente más cómoda con un idioma semejante —el persa y el tagalo, la lengua de Filipinas, son otros ejemplos—, aunque en estas culturas podrían existir roles sexuales inamovibles e incluso opresivos.

Ciertamente, en la Francia del siglo XIX los roles sexuales eran de ambos tipos. Al principio, Barbin fue etiquetada y criada como una niña, de modo que tal vez podamos comenzar refiriéndonos a ella como tal, reflejando su realidad social en ese momento de la vida. Su segundo nombre era Adélaîde, pero su familia la llamaba Alexina. Asistió a una escuela conventual, donde se consideraba a sí misma poco atractiva y donde desarrolló un sentimiento amoroso hacia una condiscípula de clase aristocrática. Ella a veces se colaba en el cuarto de esta amiga por la noche, lo que le valía las reprensiones de las autoridades escolares. Cuando entró en la pubertad no desarrolló senos ni comenzó a menstruar y le creció un poco de vello facial, que trató de eliminar.

A pesar de estas dificultades, Barbin se las arregló para conseguir ingresar, a los diecisiete años, en la escuela de maestras, donde se enamoró de una de las mujeres que enseñaban allí. Finalmente, tras ser aceptada en el claustro de una escuela para niñas, se enamoró una vez más, en esta ocasión de una compañera instructora llamada Sara. Le gustaba que Sara la vistiera, y con el tiempo se convirtieron en amantes. Su relación salió a la luz y, aproximadamente por aquella época, Barbin, de naturaleza enfermiza, empezó a sufrir dolores severos. El médico que la examinó no estaba preparado para lo que vio y sugirió a la dirección que se la despidiera, lo que, gracias a la orientación liberal de esta particular escuela, no se hizo.

A la edad de veintidós años, aproximadamente, Barbin fue a confesarse —algo que no era nuevo para ella porque era una buena católica—, pero era la primera vez que revelaba cuán especial era. Se le pidió a otro médico que la examinara. Este encontró una pequeña vagina, así como un pequeño pene con testículos en el interior de su cuerpo. Algún tiempo después de esto, Barbin fue considerada legalmente varón; fue obligada a abandonar el trabajo docente —lo desarrollaba en una escuela femenina— y también a renunciar a Sara.

Barbin fue oficialmente conocido desde entonces como Abel, siendo noticia brevemente. Él —tal vez podamos usar este pronombre ahora— se trasladó a París y escribió sus memorias, pero carecía de empleo y dinero y estaba solo. Finalmente buscó y halló la muerte inhalando gas de carbón de la estufa de su apartamento —ubicado, irónicamente, en la *rue de l'École-de-Médecine*—. El cuaderno con sus memorias, que yacía en el piso junto al cuerpo, fue recuperado por el personal médico y permaneció en la *Office International d'Hygiène Publique* durante un siglo, hasta que el filósofo Michel Foucault lo descubrió y lo publicó, añadiendo un comentario en el que, con razón, describía la historia de Barbin como una tragedia de identidad de género forzada.

***

Foucault fue un hombre homosexual fisiológicamente normal que, en los tres volúmenes de su *Historia de la sexualidad*, argumentó que el género está culturalmente construido. Muchas personas inteligentes aceptan hoy día esta afirmación; por supuesto, es cierta en gran medida, como sabemos por la considerable variedad transcultural de roles sexuales y el dramático cambio histórico que hemos visto en el último medio siglo. Pero si la cultura pudiera explicar por sí sola los caprichos de la expresión sexual humana, Barbin habría sido capaz de ser una niña y una muchacha cuando era eso lo que la cultura demandaba y de convertirse en un hombre cuando las exigencias de esta cambiaron. La interpretación cultural —las etiquetas que colocamos a las personas y lo que creemos que significan tales etiquetas— puede hacer cuanto desee, pero el de *construcción* cultural es, en cierta medida, un término inapropiado. Lo que las culturas hacen con el sexo no es diseñarlo o construirlo, sino someterlo a un proceso de acabado que va de la mano, y a menudo a la cola, de la biología. No hace mucho tiempo, existía la creencia de que la práctica de la enfermería era algo femenino y la de la medicina algo masculino; esto es una construcción cultural «con ganas», y el cambio cultural ha acabado con ella en gran medida. Sin embargo, cuando se trata de identidad de género, atracción sexual, sentimientos románticos, agresividad y quizá algunos otros aspectos de nuestras vidas, la construcción cultural se parece más a elegir los armarios que a levantar la casa. Esta es una afirmación muy fuerte, y parte del propósito de este libro es ofrecer una defensa de la misma.

Está de moda decir que el género es un medio continuo y que, por tanto, la designación de dos sexos, masculino y femenino, es arbitraria. Pero si fuera arbitraria, no todas las culturas lo harían de la misma manera, y en efecto no lo hacen. Algunas tienen un tercer sexo o género, o incluso más de tres, y para algunos observadores esto cierra el caso. Pero no lo hace, por la sencilla razón de que todas las culturas poseen dos categorías muy grandes, hombre y mujer, y una o dos categorías relativamente pequeñas para aquellos que no se ajustan a las principales. Podemos aprender de tales culturas y afrontar la variedad de matices de género mejor de lo que lo hemos hecho hasta ahora. Si lo hacemos, las personas como Barbin tendrán vidas más felices.

Pero el hecho es que tales personas conforman una pequeña minoría.

En un sentido del término «medio continuo», podemos imaginar un tubo largo y transparente, cerrado en ambos extremos y lleno de agua, en el que introducimos por cada uno de estos un líquido colorante diferente —digamos rojo y amarillo—. Los tintes irán difundiéndose el uno hacia el otro, y en algún momento (antes de que todo el líquido haya adquirido un tono anaranjado) tendremos un medio continuo uniforme en el que aparece un rojo verdadero en un extremo, un amarillo verdadero en el opuesto y una gama completa de naranjas en el medio. Si congelamos el tubo en este punto, deberíamos obtener bandas de color de igual tamaño —casi tantas del color naranja intermedio como de amarillo intenso o rojo intenso— que coincidirán con la cantidad de amarillo-naranja y rojo-naranja, etc. Pero supongamos que comprimimos parcialmente el tubo en el medio. Si congelamos este tubo pasada la misma cantidad de tiempo, encontraremos naranja en el medio, como antes, pero habrá mucha menos cantidad de naranja que de rojo o amarillo. Aún tendremos un medio continuo a cada lado del estrechamiento, con el rojo yendo hacia el naranja a medida que el tubo se estrecha a un lado, y el amarillo yendo hacia el naranja al otro. Esta variación a ambos lados del estrechamiento es real e importante, pero el medio continuo se da en un pequeño porcentaje del fluido. Sin embargo, podríamos decir con justicia que el tubo tiene un lado rojo y un lado amarillo —o un lado rojizo y un lado amarillento—, mientras que del primer tubo solo puede decirse que tiene un extremo rojo y otro amarillo, con cantidades iguales de cada color en medio.

Si afirmamos que el primer tubo tiene un lado amarillo y un lado rojo, esto impondría una dicotomía a un medio continuo uniforme, y un observador razonable se opondría a ello. Si intentamos lo mismo con el tubo comprimido, estableciendo una tolerancia para los tonos de rojo y amarillo y reconociendo que dentro y alrededor de la cintura del tubo hay un líquido naranja que no debe etiquetarse como rojo o amarillo —o incluso como rojizo o amarillento—, no estaríamos distorsionando la realidad, y un observador razonable nos permitiría usar, con cuidado, las dos denominaciones de color principales.

Algunos observadores del espectro del género sexual humano parecen creer que el hombre y la mujer son parte de un mito, porque de hecho encontramos de todo en medio de ellos. Pero el género sexual humano es como el tubo de cintura estrecha, no como el de sección uniforme. Si no forzamos a las personas a ser algo que no son, si protegemos los derechos de la pequeña minoría que no se ajusta en absoluto a las etiquetas comunes, así como los de la minoría más grande que no se ajusta del todo, podemos ser justos con todos sin negar el hecho obvio de que la mayoría de los seres humanos somos varones o hembras, a pesar de la gran variación existente dentro de cada categoría.

El tubo constituido principalmente por dos colores no funciona bien con muchas características. Si yo le digo cuán brillante, saturado o hermoso es el color, usted no sabrá si estoy pensando en el rojo o en el amarillo. Del mismo modo, si jugamos a un juego en el que yo le pido que adivine si la persona que tengo en mente es hombre o mujer y solo le permito hacer una pregunta antes de contestar, usted no preguntará si la persona posee talento musical, si es extrovertida o si vive en una ciudad. Con semejantes preguntas arruinaría su oportunidad. Y a pesar de la consistente diferencia de altura entre sexos, sería una tontería hacer de «¿qué estatura tiene?» su única pregunta; hay un solape demasiado grande entre las estaturas de hombres y mujeres. Sin embargo, si usted me pregunta: «¿la persona en la que piensa tiene vagina o pene?», la probabilidad de que lo adivine al oír mi respuesta supera el 99 %.

Naturalmente, lo que realmente buscamos saber es si ciertas capacidades psicológicas —tales como la ambición, la violencia física o la infidelidad sexual— son más parecidas a la habilidad musical o a la altura. Ya sabemos que los hombres y las mujeres se solapan demasiado en estas cualidades para que cualquiera de ellas —o, para el caso, la mayoría de las demás— sea decisiva o, incluso, algo cercano a ello. Ninguna pregunta relativa al comportamiento sería como la de la vagina o el pene. Pero la diferencia podría seguir siendo importante.

***

Resulta muy instructivo fijarse en las personas que realmente están en el medio, y que se hallan ahí por razones biológicas. Entre otras cosas, pronto descubrimos que la zona central no es realmente un medio continuo lineal como la cintura del tubo, sino que se parece más a una exótica escultura de vidrio: pequeña pero hermosa y extraña.

Barbin era probablemente lo que en el lenguaje médico se denomina un pseudohermafrodita, lo que no implica ignorarlo deliberadamente. Biológicamente, los verdaderos hermafroditas tienen tanto ovarios como testículos funcionales; esto significa que pueden producir óvulos y esperma. Esta condición es extremadamente rara. Más común, aun siendo bastante rara, es la condición de ambigüedad genital; esta puede darse, bajo diversas circunstancias, en personas genéticamente masculinas o femeninas. Referida a ellos, la pregunta sobre la vagina o el pene no tiene una respuesta clara, o al menos no una consistente a lo largo de la vida, a pesar de que la pregunta sobre los ovarios o los testículos sí la tendría. Tales personas nos han ayudado enormemente al resto permitiendo investigaciones que arrojan luz sobre cómo se desarrolla más típicamente el género. Tenemos que esperar que ellos, a cambio, hayan obtenido información valiosa sobre sí mismos, aunque a menudo, en el pasado, la investigación ha operado en su contra.

En este punto, quizá esté preguntándose por qué un libro centrado en el hecho de ser hembra o varón se explaya sobre aquellos que no llegan a ser ni una cosa ni otra. La razón es que ellos constituyen las excepciones que confirman las reglas. Estas personas se desarrollan como lo hacen debido a ciertas desviaciones respecto a uno de los dos caminos más típicos, y el análisis científico de tales desviaciones accidentales —junto al de las desviaciones deliberadamente provocadas en innumerables experimentos con animales— nos enseña mucho sobre cómo funcionan los caminos típicos. Las personas como Barbin —todas aquellas que no caben en las dos cajas grandes— son atípicas, no anormales. Se las ha llamado «experimentos de la naturaleza», lo que no deja de ser cierto, pero es imperativo no cosificarlas ni obligarlas a ser algo que no son. Estas son obligaciones morales que preceden y trascienden a cualquier lección científica que puedan ser tan generosos como para brindarnos.

***

Pero antes de profundizar en sus fascinantes, a veces amenazadas y a menudo heroicas vidas, hemos de fijarnos un poco en cómo la masculinidad y la feminidad, evolucionadas a lo largo de los eones, son recreadas en cada embrión, bebé y niño. ¿Cuáles son esos dos caminos clásicos de los cuales algunos de nosotros nos desviamos? El dado no se lanza de la misma manera para todos los animales sexuales, pero nosotros meditaremos sobre los mamíferos. Estos arrojan sobre nuestras vidas una luz similar a la de una vela: a veces parpadeante, más tenue otras, siempre caliente y con un hermoso tono dorado. No es posible, éticamente, investigarnos a nosotros mismos como hacemos con los animales, pero los estudios permiten, hasta cierto punto, hacer inferencias desde lo animal hasta lo humano. He aquí la historia del desarrollo sexual que surge de ambos tipos de estudios.

Los humanos tenemos cuarenta y seis cromosomas, de los cuales (generalmente) dos —X e Y— son cromosomas sexuales. Cada uno de los óvulos de una mujer contiene un cromosoma X, y los espermatozoides de un hombre se dividen casi por igual entre aquellos que portan un cromosoma X y aquellos que portan un cromosoma Y. El óvulo fertilizado se convierte en XX o XY, generalmente sinónimo de hembra y varón. Muchos millones de pequeños espermatozoides se lanzan enérgicamente contra el óvulo —mucho más grande que ellos—, pero solo uno entra antes de que el borde de este se cierre herméticamente. El espermatozoide ganador pierde la cola; aunque también podríamos decir que ha perdido la cabeza, que se desprende en el interior envuelta por el óvulo. Pero, a diferencia de la mantis religiosa macho (de la que hablaré más adelante), el espermatozoide no ofrece su cabeza como alimento; la enorme masa independiente del óvulo se encarga de eso. La cabeza del espermatozoide libera genes, partículas de preciada variación, hacia el igualmente rico en genes núcleo del óvulo. Cuando se fusionan, se establece el destino sexual del óvulo fecundado, ya sea masculino o femenino. Así, al perder la cabeza, el espermatozoide asegura su futuro reproductivo.

Lo antedicho es demasiado simple para ser un resumen adecuado, pero el cromosoma Y desempeña el papel clave en la determinación del sexo; sin embargo, esto no lo convierte en una obra maestra en sí mismo. Su tamaño es una fracción del tamaño del cromosoma X, del que diríase que es un hermano raquítico; esto no es cierto para todos los animales sexuales, pero sí lo es para los mamíferos. El cromosoma Y, pequeño como es, porta de ordinario un gen que inclina la balanza: este gen produce el factor determinante de los testículos, o TDF, que desencadena el crecimiento de estos a partir de órganos que, de otro modo, se convertirían (básicamente) en ovarios. Desde ese mismo momento, los testículos entran en funciones elaborando hormonas específicamente masculinas —los andrógenos— que moldean el resto de la masculinidad. Otro gen Y crea una molécula que impide el desarrollo los órganos femeninos.

Otros genes en los cromosomas X desempeñan un papel en el desarrollo sexual, pero el TDF codificado por el cromosoma Y es la llave química que desbloquea los andrógenos. Como dije al principio, podríamos ver la masculinidad como un síndrome, un defecto cromosómico compartido por el 49 % de los seres humanos. Este síndrome causa serios daños: anula la capacidad del cuerpo para crear nueva vida, causa un exceso de muerte a todas las edades, acorta la vida, aumenta el riesgo de sufrir enfermedades que van desde ataques cardíacos hasta el autismo y provoca violencia física, entre otros síntomas. Esto, en gran parte, se debe a la toxicidad de los andrógenos, principalmente al envenenamiento por testosterona, aunque la privación de estrógenos y otros fallos hormonales desempeñan un papel importante. La mayor parte de ello, sin embargo, es rastreable hasta el cromosoma Y.

¿Por qué «toxicidad» y «fallos»? ¿No es esto mera retórica? En absoluto. El plan corporal de los mamíferos es básicamente femenino. Si usted solo tiene un cromosoma X (síndrome de Turner) no será fértil, pero en caso contrario será hembra, siempre y cuando no posea cromosoma Y. Si usted tiene dos o más cromosomas X, pero también un cromosoma Y (síndrome de Klinefelter), será básicamente un varón, aunque no completamente típico. Hay casos raros de infertilidad en mujeres que, siendo XY, son insensibles a los andrógenos debido a otro gen. Y resulta que algunos hombres que parecen ser XX al microscopio tienen los genes Y clave accidentalmente unidos a uno de sus cromosomas X, algo que puede suceder en una división celular no del todo correcta. De otra manera, es justo decir que el plan del cuerpo es femenino a menos que el cromosoma Y lo desvíe hacia la masculinidad.

***

Apoyándonos en esta base, podemos fijarnos en los homólogos modernos de Barbin, que nos contarán mucho sobre el aspecto biológico de la historia de lo masculino/femenino. Trataré, en lo posible, de darles apodos de género neutro para evitar encasillarlos en un rol de género o pincharlos en un corcho como especímenes científicos.

En primer lugar, tenemos personas nacidas con genitales ambiguos que, en el útero, eran embriones XX parcialmente androgenizados. Esto puede deberse a una condición natural o a que a sus madres se les administró un medicamento que remedaba los andrógenos. Un problema natural es la hiperplasia suprarrenal congénita, y los bebés nacidos con ella —los llamaré «Ahs»— poseen una enzima alterada genéticamente en las glándulas suprarrenales, por lo que en vez de limitarse a producir sus hormonas habituales (relacionadas con el estrés y la sal), la glándula produce un exceso de andrógenos. Los Ahs nacen con sus genitales masculinizados en cierto modo, así como con importantes problemas médicos que pueden tratarse pero no curarse. Algunos otros bebés XX con genitales ambiguos fueron expuestos a medicaciones relacionadas con la progesterona. Desafortunadamente, la progesterona comparte determinados efectos con los andrógenos, un hecho desconocido cuando se administraba la hormona a algunas mujeres para ayudarlas a mantener sus embarazos. Los bebés resultantes —los llamaré «Andras»— también pueden tener genitales parcialmente masculinizados, pero no tienen problemas médicos.

Ahs y Andras son dos de los grupos que hacen de optar por «¡Es una niña!» o «¡Es un niño!» una decisión difícil. Pero a menudo, como en el caso de Barbin, han sido criados como niñas. A algunos les fue extirpado el pequeño pene en algún momento posterior al nacimiento a fin de que, durante la infancia, tuvieran cuerpos femeninos de aspecto razonablemente típico. Los Ahs también recibieron hormonas, además de otras durante la pubertad, en un intento de ajustar sus glándulas suprarrenales y prevenir el desarrollo masculino. En cuanto a sus genitales, hasta hace poco los psicólogos recomendaban que no se dejase a los Ahs y los Andras con identidades de género ambiguas. Los médicos pensaron, por razones tanto quirúrgicas como psicológicas, que sería más fácil convertirlos en niñas.

La teoría predominante en aquel entonces se denominaba «neutralidad psicosexual al nacer», una manera elegante de decir que los niños forman su identidad de género exclusivamente a través de la experiencia: cómo los padres y otros los tratan, cómo se les enseña a ajustarse a la norma, cómo imitan y se identifican con los adultos y cómo la mera observación de su propio cuerpo confirma su sentido de quiénes son. Esta, afirmaba la teoría, es la razón por la cual los niños (generalmente) se consideran a sí mismos niños, actúan como niños y, a su debido tiempo, eligen a las chicas como compañeras sexuales. Las niñas, según se pensaba, se convertían psicológicamente en mujeres debido a un conjunto complementario de experiencias muy diferente. Los niños y adultos que no encajaban —travestis, «marimachos», gais, lesbianas y otros— se comportaban como lo hacían debido, supuestamente, al ambiente psicológico familiar vivido durante su crecimiento, reforzado por la influencia de sus compañeros y entornos escolares.

Hoy sabemos que el proceso, aunque seguramente se ve afectado por la cultura, no depende completamente de ella; de hecho, la cultura ni siquiera está cerca de ser la clave determinante.

Los ciertamente no muy numerosos Ahs y Andras, junto con sus familias, han participado a menudo —muy pacientemente— en estudios de identidad de género, y resulta que, en muchas medidas, muestran un comportamiento más varonil que sus hermanas u otras niñas *homologadas*: escogen juegos, juguetes y ropa para niños con más frecuencia y les gustan menos las muñecas y los vestidos. En las pruebas de dibujo, al igual que los niños, tienden a representar objetos móviles y mecánicos en planta con colores fríos u oscuros, en tanto que las niñas no afectadas tienden a dibujar personas, flores y mariposas en colores claros y cálidos, representándolas en fila sobre el suelo. Durante la infancia, los Ahs y los Andras tienen menos probabilidades que otras niñas de decir que quieren ser madres algún día. No estoy diciendo que la maternidad sea una opción más deseable, tan solo expongo algunos hechos relativos a las diferencias en tendencias. Y, de hecho, una vez que crecen, no pocos de entre ellos afirman no sentirse como mujeres (aunque la mayoría lo hacen), y aún son muchos más los que se enamoran y tienen relaciones sexuales con mujeres. Ellos toman este camino de desarrollo a pesar de haber recibido tratamientos hormonales, especialmente en la pubertad, que les dieron cuerpos femeninos más o menos típicos.

No todos interpretan estos hechos de la misma manera, pero para muchos científicos confirman lo que ya se sabía por los estudios de laboratorio: al igual que el cuerpo, también el cerebro está bañado en hormonas sexuales en el útero, y en los varones típicos los andrógenos masculinizan el cerebro. En un estudio clásico, monas preñadas que gestaban fetos femeninos recibieron testosterona en la última fase del embarazo, mucho después de la formación de la anatomía femenina. Incluso antes de la pubertad, con su impresionante transformación hormonal, los monos macho de uno a dos años son mucho más agresivos en sus juegos que las hembras típicas de la misma edad. Pero la exposición a la testosterona antes del nacimiento proporcionó a estas hembras —de otro modo normales— un nivel intermedio de ese comportamiento conocido como juego de pelea y lucha[2].

Este es solo uno de los miles de experimentos realizados con muchas especies diferentes: ratones, hámsteres, conejos, hurones, perros y varios tipos de monos..., toda una colección de animales. Tales experimentos muestran cambios en al menos tres tipos de comportamiento: agresividad (seria o de juego), actividad sexual y respuesta a las crías. También hay un impacto sobre el cerebro; las hormonas masculinas afectan solo áreas pequeñas, pero estas se encuentran en circuitos involucrados en el sexo, el cuidado de otros y la agresión física. Las diferencias en el cerebro (principalmente en el hipotálamo) y en dos categorías de comportamiento —agresión y cuidado de otros— son claras antes de que las hormonas sexuales adultas entren en juego. En casi todos los estudios, la exposición temprana a los andrógenos —el momento exacto depende de la especie— empuja a las hembras en una dirección masculina, mientras que la castración o el tratamiento antiandrógenos hacen que los machos se parezcan más a las hembras. Por estas razones, muchos psicólogos y científicos del cerebro hablan ahora habitualmente de la androgenización (o masculinización) del cerebro.

¿Prueba esto sin lugar a dudas que la masculinización del cerebro y el comportamiento de los Ahs y los Andras se debe a la exposición a andrógenos u hormonas similares? No. ¿Sugiere fuertemente esto

2 *Rough-and-tumble play* en el original. N del T.

—combinado con muchas otras evidencias— que tal cosa es lo que sucede? Sí, pero eso no es todo.

No solo los individuos XX pueden nacer con genitales indefinidos. Los XY también pueden nacer con ellos, o al menos con genitales masculinos muy poco desarrollados, entre otros problemas anatómicos. Uno de estos problemas se denomina extrofia cloacal, una compleja desviación de la anatomía en desarrollo. Hoy día, las técnicas de reconstrucción quirúrgica permiten que casi todos los bebés XY con este problema —supongamos que los llamamos «Clokes»— sean asignados al sexo masculino y tengan un pene con al menos alguna funcionalidad. Pero este no era el caso en el pasado, y así, como sucedió con los Ahs y los Andras, los Clokes fueron a menudo asignados al sexo femenino y sometidos a cirugía y tratamientos hormonales a propósito.

Con el tiempo, la psicología de género de estas personas fue explorada. En 2004, William Reiner y John Gearhart estudiaron a dieciséis de ellas con edades comprendidas entre los ocho y veintiún años. Dos de los sujetos habían sido etiquetados como varones al nacer y seguían siéndolo según todas las medidas psicológicas; los otros catorce habían sido asignados al sexo femenino y criados en consecuencia. En el seguimiento de 2004, sin embargo, ocho de los catorce expresaron su deseo de ser varones, nueve tenían principalmente amigos varones, diez mostraban niveles típicamente masculinos de juego de pelea y lucha y los catorce preferían los juguetes y juegos típicamente masculinos. Es importante el hecho de que seis de ellos siguieran estando satisfechos con su identidad de género femenina, pero el peso de la evidencia se inclinó hacia un papel significativo de los andrógenos prenatales.

Ese mismo año, Reiner publicó un artículo más largo con una serie más grande de pacientes y más detalles. Este incluye una entrevista a un niño de trece años (BJ) a quien ocho meses antes se le había contado la verdad sobre su problema de nacimiento, diagnóstico y tratamiento temprano:

Pregunta: ¿Cuando tu mamá y tu papá te lo contaron, cuánto tiempo te llevó entenderlo? (…) ¿Cuánto tardaste en darte cuenta de que estaban diciéndote la verdad y todo eso?

BJ: Justo cuando me lo dijeron, porque en ese momento todo tuvo sentido.

BJ adoptó un nombre de chico, arrancó las flores de las paredes en su cuarto de color rosa y le pidió a su madre que lo pintaran de otro color. Estuvo sin ir a la escuela toda una semana, durante la cual vivió algunos momentos de angustia, principalmente porque le preocupaba la reacción de sus amigos. Según Reiner, los padres de estos chicos vivían a menudo en un estado de confusión, aunque también informaron que «a veces sus hijos parecían sentirse empoderados por su declaración»; refiriéndose a la entrevista con BJ acerca de su experiencia de transición, dijo que demostraba «un escenario que es típico de muchos de estos chicos».

Reiner no sugiere que a estos niños, ahora varones, se les presente un futuro sencillo, pero hace hincapié en que la corrección quirúrgica hacia la anatomía femenina y la crianza como niñas fueron un error para muchos de ellos. Sus padres reportaron buen funcionamiento social. Seis de ellos habían descrito espontáneamente su estado en algún momento como cambiado a masculino; otros siete habían iniciado decididamente la transición después de que sus padres les informaran, en diferentes momentos de su desarrollo, de su temprana condición. La transición fue típicamente más fácil para el niño que para los padres. Reiner (cuyo equipo de seguimiento preservaba cualquier información pactada previamente con la familia) concluye conmovedoramente: «Estos niños se adaptan a sus vidas con anomalías somáticas graves, vulnerabilidades fisiopatológicas e intervenciones médicas y quirúrgicas complejas desde su nacimiento. Ellos no observan sus vidas; ellos viven sus vidas». Y añade que la investigación apunta a «un importante papel de la exposición prenatal a los andrógenos en el desarrollo masculino típico, incluida la identidad sexual masculina. Es preciso reevaluar los algoritmos y paradigmas clínicos en estos niños».

Esto es igualmente cierto para los bebés XY que nacieron sin pene o lo perdieron a causa de una circuncisión negligente, una infección, una mordedura de perro u otro accidente, o incluso por abuso. Una vez más, la idea de que la identidad de género y el comportamiento relacionado con el género se debían principalmente a las condiciones de crianza social —combinado con el hecho de que quirúrgicamente era más sencillo crear algo parecido a una vagina que a un pene— llevó a que muchos de estos niños fueran etiquetados y criados como niñas y sometidos a tratamientos hormonales en la pubertad para convertirlos, hasta donde era posible, en mujeres. Uno de estos desafortunados niños, cuyo gemelo idéntico era típicamente masculino, fue asignado al sexo femenino poco después de un accidente. En una etapa temprana se le construyó quirúrgicamente una vagina y en la adolescencia se le administraron hormonas femeninas. Se esperaba que tales intervenciones, junto con envolventes influencias familiares y culturales, hicieran de este niño una mujer, infértil pero normal.

No fue así. La joven mujer siempre se sintió incómoda en su papel. Con el tiempo, investigó sobre sus primeros años de vida y acabó descubriendo la historia de su propio cuerpo. Lo que encontró supuso un gran alivio para ella. Explicaba por qué toda su vida se había sentido como una inadaptada, y se decidió a reorientar su identidad. Cuando era una niña llamada Joan, otros acordaron —sin contar con ella— someterla a cirugía y a tratamientos hormonales para feminizarla. Más tarde decidió convertirse en John y, ya como adulta, acordó de forma independiente someterse a las cirugías y tratamientos médicos inversos. Algún tiempo después, uno de los médicos de Joan/John declaró en una entrevista: «John se compró una autocaravana e instaló un bar en ella. Quería echarle el lazo a algunas damas». Desgraciadamente, dos años después de que su hermano gemelo se suicidase, John cayó en una profunda depresión y se quitó la vida. Puesto que su gemelo tenía una historia anatómica masculina típica, el suicidio de John no puede atribuirse simplemente a lo inusual de su propia historia; obviamente las causas fueron complejas.

Hay quien dirá que esta historia es un tributo al libre albedrío: Joan decide convertirse en John (como miles de transexuales han hecho, de una forma u otra) y, con un poco de ayuda de sus cirujanos y endocrinólogos, cruza un límite que solía considerarse infranqueable. Pero en este caso, un factor determinante, o al menos muy influyente —la acción de las hormonas masculinas en el cerebro de Joan/John antes de nacer—, hizo que ella se sintiese incómoda en el papel de «niña convirtiéndose en mujer» que le habían asignado. La compasión humana más básica permite simpatizar con su deseo de ser un hombre. En otro caso semejante —afortunadamente, estos son raros— el paciente perdió el pene cuando tenía dos meses, la reasignación de sexo y la cirugía correctiva se realizaron a los siete meses, y la criatura fue criada como una niña. Ella conservó una identidad femenina segura, aunque siempre se inclinó por los juguetes y juegos típicos de los niños. Entrevistada a los veintiséis años, reveló que había mantenido una relación infructuosa con un hombre y otra, muy satisfactoria, con una mujer; en aquel momento se describió a sí misma como lesbiana. Así pues, la biología tiene su influencia, pero interactúa con la experiencia de formas ciertamente complicadas.

¿Qué puede decirse del creciente número de transexuales: personas que recurren a la cirugía y al tratamiento hormonal para adquirir los caracteres sexuales del sexo opuesto? Hasta hoy, muchos miles de personas se han sometido a este tipo de cirugía. ¿No están acaso dando pruebas del más puro libre albedrío, ahora que por vez primera en la historia es posible ejercerlo de esta manera? En realidad, no. A las personas no se les puede brindar legítimamente la oportunidad de cambiar quirúrgica y médicamente su sexo a menos que puedan demostrar que se sienten, y que siempre se han sentido, en profundo desacuerdo con su propio cuerpo. Esto es, poseyendo un cuerpo masculino sienten que deberían ser mujeres o, teniendo un cuerpo femenino, sienten que deberían ser hombres. ¿Libre albedrío? En cierto sentido, sí. La medicina y la cirugía les permiten elegir, los médicos y los psicólogos los ayudan y, en los países tolerantes, las leyes no se lo impiden. Pero ¿de dónde surgió su voluntad de cambiar? Desconocemos la historia biológica de su profunda incomodidad, de su deseo elemental de pertenecer a lo que llamamos «el sexo opuesto».

Randi Ettner, una psicóloga que ha dedicado su carrera a ayudar a estas personas, ha escrito: «Muchos niños pequeños experimentan probándose ropa del sexo opuesto. Pocos de ellos, sin embargo, expresan el persistente deseo de pertenecer al sexo opuesto. Estos niños se duermen rezando para verse, al despertar, milagrosamente transformados». La respuesta del entorno no acostumbra a ser amable. «Pocas cosas son tan devastadoras para unos padres como descubrir que un hijo suyo es transexual. La herida narcisista al enterarse de que su hijo quiere cambiar de género está más allá de toda descripción. Los padres pueden aceptar más fácilmente a un niño que es un delincuente que a un niño transgénero. Nuestra sociedad refuerza esta intolerancia». Ni los muchos casos que Ettner y otros describen ni los propios relatos de personas transexuales en autobiografías y entrevistas dan crédito a la idea de que algún tipo de experiencia aberrante durante la crianza sea la clave para entender qué lleva a una persona a desear esto.

Pero lo que tiene sentido, como hipótesis, es que algunos antecedentes biológicos personales (genéticos, neuronales, hormonales o farmacológicos) hicieron que estas personas desearan ser diferentes de lo que, en sus cuerpos, siempre habían parecido ser. Es una hipótesis que seremos capaces de probar en el futuro, cuando podamos estudiar con suficiente detalle las imágenes cerebrales de personas que desean cambiar de sexo. Un estudio realizado en 2011 por Alicia García-Falgueras, Lisette Ligtenberg y otros encontró que los transexuales de varón a hembra, al ser sometidos a una autopsia cerebral, quedaban a medio camino entre un hombre y una mujer en lo relativo a la estructura celular y química de una parte del hipotálamo involucrado en el sexo y la reproducción. Esto necesita mucho más estudio, pero semejante evidencia podría convertirse en parte del argumentario esgrimido por quienes desean cambiar de género; diferencias cerebrales objetivas podrían apoyar lo que ellos sienten con tanta fuerza. Tal cosa, empero, no debería ser nunca un requisito —esto solo significaría más arrogancia médica—, pero podría ayudarnos a todos —ellos incluidos— a entender. Deberíamos tener, lo creo firmemente, la libertad de elegir lo que queremos ser, pero esto no significa que hayamos elegido libremente quererlo o que debamos desearlo porque otros quieran que nos ajustemos al molde de la sociedad.

***

Por último, consideraremos a las maravillosamente interesantes personas que comienzan siendo XY, pero nacen con la bastante inequívoca afirmación «Es una niña». Muchas de ellas se concentran en un puñado de aldeas en las tierras altas de la República

Dominicana. Provienen de familias endogámicas y comparten una mutación recesiva que modifica una enzima muy simple; esta se llama 5-alfa reductasa, y el síndrome que padecen se llama así por esa deficiencia. También se conocen casos en Nueva Guinea, Turquía y otros lugares, pero los mejores estudios se han realizado en la República Dominicana.

Julianne Imperato-McGinley, endocrinóloga del Centro Médico Cornell en Nueva York, estudió a dieciocho de estas notables personas, publicó los resultados en el *New England Journal of Medicine* en 1979 y realizó un seguimiento durante muchos años después. Allí descubrió que eran conocidos como «machihembra» o «guevedoce» (testículos a los doce), debido a lo que retrospectivamente se sabía de ellos. Casi todos estos niños fueron reconocidos como niñas al nacer, desempeñaron roles femeninos durante todo su desarrollo y no se les vio como especiales hasta el momento en que deberían haber entrado en la pubertad femenina. Para empezar, no desarrollaron senos; después, su clítoris se agrandó hasta convertirse en un pequeño pene; finalmente, desarrollaron hombros anchos y robustos en vez de colocar grasa corporal sobre caderas curvas y ensanchadas.

En otras palabras, estas niñas se convirtieron en hombres. Ahora bien, el hecho de haber sido criadas como niñas durante más de una década ¿no les habrá impedido hacer una transición exitosa a la masculinidad? Suponer tal cosa sería un error. De los dieciocho *machihembras* estudiados de cerca, diecisiete hicieron una transición psicológica eficaz.

¿Cómo es esto posible?

En primer lugar, ninguna teoría cultural-determinista conocida del desarrollo de género puede explicarlo. Tal y como predice toda teoría predominantemente cultural, estas personas deberían poseer identidades confusas de por vida. Ciertamente, tienen algunas dificultades para hacer la transición, pero casi todos tienen éxito. Se casan y, con un poco de ayuda de alguna clínica de fertilidad, la mayoría de ellos tiene hijos. Se convierten en hombres de su cultura, en maridos y padres, a pesar del hecho de que no fueron criados para serlo en absoluto.

Nuestra mejor explicación es biológica.

La enzima de la cual estas personas no tienen una cantidad suficiente —la 5-alfa reductasa— convierte la testosterona en otro andrógeno llamado dihidrotestosterona (DHT). El DHT, normalmente, hace que en el feto se desarrollen un pene y testículos; como los fetos considerados carecen de este andrógeno, al nacer presentan genitales femeninos. Sin embargo, lo que causa la pubertad masculina es principalmente la testosterona, y ellos poseen cantidades normales de esta; por tanto, a pesar de partir de un punto muy diferente, son capaces de pasar por algo muy parecido a la pubertad masculina, ya que los cambios habituales en la regulación cerebral de los órganos sexuales tienen lugar en la adolescencia.

Entonces, ¿por qué la mayoría de ellos logra hacer la transición? Nuestra mejor suposición es que sus cerebros han estado expuestos a niveles típicamente masculinos de testosterona en el útero. Al igual que ocurre con los Ahs, Andras y Clokes, e incluso en los casos de pérdida del pene y cambio quirúrgico al sexo femenino, la testosterona que alcanza el cerebro antes del nacimiento ha preparado a los *machihembras* para pensar y sentir como hombres algún día. Tal día llega cuando la pubertad los transforma, y ellos se encuentran sorprendentemente preparados.

***

¿Qué hay del rango más común de identidades y comportamientos de género? Los hombres y mujeres homosexuales viven un amplio e intrigante espectro de vidas diferentes, sin que puedan ser fácilmente clasificados o etiquetados (si es que tal cosa es posible en absoluto). Muchos de nosotros, si no la mayoría, tendríamos relaciones íntimas con personas del mismo sexo si nos encontráramos completamente separados de los miembros del otro sexo, como por ejemplo en una prisión. La mayoría de quienes recurren a estas relaciones circunstanciales con personas del mismo sexo vuelve a la heterosexualidad cuando las circunstancias lo permiten de nuevo. Pero en el otro extremo de ese medio continuo que son las relaciones homosexuales (y en el medio las hay de todo tipo) hay personas que nunca sentirán atracción más que hacia personas del mismo sexo, sin importar la situación.

Entre tales personas, hay hombres que sienten y actúan de una forma fuertemente masculina y hombres que lo hacen de forma femenina; hay mujeres que aman a otras mujeres, pero sienten y actúan de manera femenina, y las hay que, aun amando a otras mujeres, se sienten más masculinas. Entre los hombres que se travisten los hay que son aficionados a jugar al *rugby*, y estos hombres pueden ser homosexuales o heterosexuales. Algunas mujeres se casan con un vestido blanco con la mujer que aman, se convierten en madres sensibles y devotas y se marchan a una tierra lejana a combatir como soldados. Todas estas variaciones son normales. Y, como ocurre con los transexuales, las personas que sienten de estas variadas formas y combinaciones de formas a menudo no desean que les digan que sus sentimientos son, simplemente, una cuestión de elección: que si ellos abrazaran ciertas creencias religiosas o se sometieran a ciertas psicoterapias dejarían de tener los sentimientos que han tenido toda su vida y tendrían los que «cierto alguien» cree que deberían tener. Naturalmente, es posible coaccionar o persuadir a las personas para que sean célibes y permanezcan solas, a fin de suprimir su verdadero ser, pero esto no significa que quienes equivocadamente creen que las «ayudan» hayan cambiado sus sentimientos —*solo* han empobrecido sus vidas—. Las razones por las que es imposible que sus sentimientos cambien son en gran parte biológicas; no completamente comprendidas por ahora, pero biológicas no obstante.

***

Esto nos ayuda a entender qué es lo que le sucede a una persona XY que se ve y actúa como una mujer durante toda su vida, y es lo que la psicóloga Melissa Hines y sus colegas se propusieron hacer en un estudio de 2003. Lo antedicho es cierto para personas que, a pesar del cromosoma Y, carecen de receptores de andrógenos o no pueden producir andrógenos. Si la ausencia de andrógenos efectivos es completa, estas personas no muestran signos de masculinidad en su cerebro, comportamiento, orientación sexual o identidad. Salvo por el hecho de ser infértiles, son mujeres sin más, y a menudo adoptan niños porque desean ser madres. La comparación directa que Hines y sus colegas hicieron de veintidós mujeres con síndrome de insensibilidad a los andrógenos (pero tipo cromosómico XY) con veintidós mujeres XX comunes no reveló diferencias significativas en ninguna medida psicológica. Estas mujeres XY son, de nuevo, una excepción que confirma la regla. Si al cromosoma Y se le impide hacer su trabajo, si los andrógenos no pueden realizar su función, no cabe hablar de masculinidad en absoluto, ni en el cuerpo ni en la mente.

Pero ¿qué hay de la variedad dentro del rango típico: personas sin nada inusual en sus cromosomas y ninguna ambigüedad en sus genitales? Estas, sin embargo, pueden ser hombres que aman a otros hombres y también ir de caza, chicos que aun vistiéndose como chicas solo se enamoran de chicas reales, niñas que se pelean con niños y desean crecer para convertirse en actrices sexis; hombres y mujeres que siempre se han sentido sexualmente atraídos tanto por hombres como por mujeres; hombres que, gustando de los arreglos florales y la moda femenina, son intensamente heterosexuales; mujeres practicantes de *kickboxing* que usan lápiz labial y pestañean sensualmente ante un hombre que conocen en una discoteca; y miles de otras combinaciones y variaciones imposibles de predecir a partir de cualquier característica externa o medida fisiológica.

A qué se deben tales variaciones continúa siendo un misterio, pero la evidencia sugiere fuertemente que muchas de las causas residen en genes aún desconocidos. ¿Por qué digo esto con tanta seguridad si tales genes permanecen ocultos?

Aunque localizar un gen y rastrear la ruta química desde este hasta la fisiología —nervios y hormonas— es ahora el estándar de oro para afirmar la existencia de efectos genéticos, este no es el único estándar. Durante más de un siglo, los científicos han constatado que los gemelos idénticos (que comparten casi los mismos genes entre sí) son más similares en muchas formas mensurables que los gemelos fraternos (con tanta relación genética como los hermanos o las hermanas ordinarios) del mismo sexo. Esto es cierto para la estatura, el peso, la susceptibilidad a muchas enfermedades específicas, la longevidad, la fuerza muscular, la grasa corporal, la miopía, la pérdida de audición en la mediana edad, la complexión de la piel, el color de los ojos y el cabello, la forma de la nariz, la prominencia de los pómulos y muchas otras características físicas.

Es asimismo cierto para la mayoría de los rasgos de comportamiento y medidas psicológicas, incluyendo el coeficiente intelectual, la habilidad verbal, matemática, musical y deportiva, la extraversión o introversión, el nerviosismo, la agresividad, la susceptibilidad a muchas enfermedades mentales y emocionales específicas, la religiosidad, el conservadurismo o el liberalismo políticos, y muchos otros. Podemos discutir sobre este o aquel método de medición, podemos puntualizar que los genes interactúan entre sí y que ello complica el análisis; podemos reconocer el considerable poder del entorno —incluida la cultura—, pero en el siglo XXI no podemos seguir ignorando el hecho de que los gemelos idénticos son más similares que los no idénticos, incluso si los idénticos se criaron por separado en entornos diferentes. Existe un coeficiente para algo llamado «heredabilidad» que, a veces, se calcula a partir del grado de correspondencia entre los gemelos de los diferentes tipos. Los argumentos se enfrentan entre sí sobre la forma en que este cálculo puede o debe hacerse.

No creo que ello importe, porque ese coeficiente no es lo que cuenta. Lo que verdaderamente importa es cuán similares son los gemelos. Si un miembro de un par de gemelos desarrolla esquizofrenia, un gemelo idéntico tendrá un cincuenta por ciento o más de probabilidad de desarrollar la condición, mientras que si el gemelo no es idéntico, el riesgo será mucho menor. En el caso de la esquizofrenia, la diferencia sigue siendo muy grande aun si los gemelos se han criado por separado. Esto es cierto para muchas enfermedades, mentales y físicas, y también lo es para muchos rasgos como la altura, la capacidad verbal, la emotividad y la agresividad. No necesitamos conocer el coeficiente de heredabilidad, ni siquiera nos planteamos si vale la pena o no calcularlo; solo necesitamos saber que los gemelos idénticos son mucho más similares (incluso si crecen en entornos diferentes) que los gemelos no idénticos del mismo sexo; así es como sabemos que lo que medimos ha sido influido significativamente por los genes.

Los estudios con gemelos son una buena forma de averiguarlo, pero hay otras formas. Desde hace décadas sabemos que los hijos biológicos de personas con esquizofrenia que son dados en adopción y separados de sus padres durante su primer mes de vida tienen muchas más probabilidades de padecer esta condición que los hijos biológicos de personas no esquizofrénicas que son adoptados a la misma edad por padres con esquizofrenia. Lo mismo puede decirse de muchas otras enfermedades y rasgos humanos dentro del rango normal. Esto incluye, según la mayoría de las definiciones, la masculinidad y la feminidad; y ciertamente incluye preferencias sexuales de por vida que, en muchos sentidos, son independientes de otros aspectos de la psicología y el comportamiento de género.

La cuestión es que los genes importan mucho. La experiencia, el aprendizaje, la cultura y el entorno también importan mucho. Sin embargo, todos aceptamos esto: coja a dos gemelos idénticos, dele lecciones de piano solo a uno de ellos y creará una gran diferencia entre ambos en lo que a habilidad pianística respecta. Pero dele a ambos las mismas lecciones y es probable que acaben siendo más similares en esta habilidad que dos gemelos no idénticos que reciben la misma instrucción. En el mundo se hablan seis o siete mil idiomas, y las diferencias entre ellos se deben al aprendizaje. Las mujeres neoyorquinas pensaron una vez que era moralmente inaceptablemente mostrar sus tobillos, y millones de mujeres en otros lugares piensan hoy lo mismo sobre su cabello, en tanto que, actualmente, en las playas de Nueva York las mujeres lucen unos biquinis diminutos y en la Riviera ni siquiera usan la parte superior. Casi todas las mujeres modernas, a veces o con frecuencia, usan pantalones: algo impensable —e incluso punible— hasta no hace mucho tiempo.

Todas estas diferencias e innumerables más son culturales e históricas, creencias y experiencias colectivas y contingentes en entornos humanos particulares. Cualquiera de ellas puede cambiar de nuevo mañana, al igual que las fluctuantes modas de la falda, el cabello y la longitud de la barba; mientras escribo esto, las grandes barbas esponjosas son populares en las Grandes Ligas de Béisbol, un deporte que en mi juventud presumía de rasurados apurados. Sabemos todo esto, y ello tiende a hacernos pensar que los genes no cuentan, pero lo hacen y mucho. Lo que ha de especificarse es dónde y cómo cuentan. Las cosas que acabo de mencionar pertenecen a alguna de las innumerables parcelas en las que los genes no lo hacen. Pero si su gemelo idéntico padece esquizofrenia, usted, desafortunadamente, tiene una posibilidad entre dos de desarrollarla, mientras que la probabilidad de su hermano adoptivo, que compartió con usted y su gemelo idéntico el mismo entorno de crecimiento, es menor de una entre cien. Esto deja un amplio margen para las influencias del entorno, pero si usted tiene un 50 % de posibilidades de no coincidir con su gemelo idéntico en la esquizofrenia y su hermano adoptivo un 99 %, la diferencia sigue siendo grande.

Ahora está claro, más allá de toda duda, que para algunas diferencias entre hombres y mujeres la influencia genética es mucho mayor que para otras. Dicho de otro modo, los hombres y las mujeres difieren en sus genes, y estas diferencias explican algunas —solo algunas— de las diferencias de género que muchos de nosotros habíamos atribuido al aprendizaje. La cultura es poderosa, pero no todopoderosa.

***

Probemos una extensión del juego al que jugamos al principio. Elegiré una persona al azar de un listín telefónico en línea —de cualquier ciudad del mundo— y descargaré mucha información sobre ella. Entonces le contaré un hecho sobre esa persona, y usted deberá adivinar si se trata de un varón o una hembra. Si acierta, le pagaré cincuenta dólares. Si falla, usted me pagará la misma cantidad. O puede decidir no arriesgarse y pasar al siguiente candidato. Depende de usted. No lo olvide: elijo la persona al azar y solo entonces investigo el hecho en cuestión sobre ella. Sin trucos ni manipulaciones.

Suponga que comenzamos con algo trivial. Le digo que la persona escogida tiene pene. Ahora bien, usted es lo suficientemente inteligente como para saber que esto no garantiza una respuesta correcta, pero se acerca tanto que tendría que ser la persona más pusilánime del planeta para negarse a probar suerte con esta. Usted es, casi con toda seguridad, cincuenta dólares más rico.

Escogemos otro nombre e investigamos a la nueva persona. Puedo decirle que a esta, durante su infancia, le gustaba jugar con muñecas; hoy le gusta ponerse vestido para ir a las fiestas. Bueno, ahora no se siente tan seguro como la última vez, pero tiene un nuevo billete de cincuenta dólares al alcance de la mano, y las posibilidades siguen estando abrumadoramente a su favor. Anímese. Es probable que ahora tenga cien dólares.

Escojo una tercera persona y le digo que para tener relaciones sexuales prefiere o insiste en que su compañero sea un hombre. Yo diría que esta vez está asumiendo un riesgo significativo, digamos que del orden de un 5 %. Pero tiene un 95 % de posibilidades de acertar, ¿qué hará usted?

Está empezándole a gustar este juego. Le informo que la cuarta persona aleatoria padece trastorno por déficit de atención e hiperactividad. La quinta ha sido arrestada tres veces por asalto. La sexta, heterosexual, ha sido maltratada físicamente por su pareja sentimental. La séptima sufre a menudo de depresión y ha intentado suicidarse infructuosamente cuatro veces. La octava paga regularmente por tener sexo. La novena nunca se ha masturbado hasta el orgasmo. A la décima le encantan los juegos y deportes violentos.

Ahora, ni una sola de estas apuestas es segura. Pero el juego sigue y sigue, y demostraría muy poca valentía si no se arriesgara a responder cada pregunta que le he hecho hasta aquí, pues es muy probable que lo haga correctamente. Las personas numeradas del cuatro al diez tienen mayor probabilidad de ser: varón, varón, hembra, hembra, varón, hembra y varón. A la larga, con estas probabilidades —incluso si no acertara en todas las ocasiones—, va a ser un jugador muy feliz.

Naturalmente, podría contarle otros hechos. Podría decirle que la persona habla mandarín, que es tímida, que le gusta ver la televisión, que tiene sobrepeso o una mascota, que está casada… Usted podría arriesgarse y, probablemente, a la larga haría saltar la banca incluso con esta clase de información, pero también podría pasar y esperar algún hecho que estadísticamente, en gran medida y en todo el mundo, distinga a las mujeres de los hombres. Tales hechos pueden cumplir dicho estándar solo porque la cultura no los contraviene fácilmente; estos surgen en gran parte de diferencias genéticas entre los sexos y se desarrollan como resultado de las influencias hormonales en el cerebro, comenzando antes del nacimiento.

Consideremos el poder de la cultura en su dominio natural. Si un turista extranjero señala con expresión interrogativa lo que nosotros llamamos «perro», un nativo servicial podría decirle: *chien*, *dog*, *hund*, *kalb*, *kelev*, *gou*, *kutta* o cualquiera de las miles de palabras que significan lo mismo y nos han llegado arbitrariamente a través de la tradición cultural. Las posibilidades son infinitas, y si el mundo continuara lo suficiente, las variaciones también serían infinitas.

Pero si el mismo turista le preguntara a una persona bien informada: «¿Los homicidios en su país son cometidos principalmente por mujeres?», solo hay tres respuestas probables: sí, no y por hombres y mujeres en igual medida. Si la cultura determinara la respuesta y los hombres y las mujeres no fueran fundamentalmente diferentes en cuanto a violencia física, podría esperarse que expertos de muchos de los países dijeran «por hombres y mujeres en igual medida», y que el resto de las personas se dividiera al cincuenta por ciento entre el «sí» y el «no». Pero el hecho es que nunca y en ninguna parte obtendrá una respuesta a esa pregunta que no sea «no». Naturalmente, la respuesta podría ser más elaborada, algo como: «No, idiota. ¿Qué clase de pregunta es esa?». Los hombres cometen la abrumadora mayoría de los crímenes violentos en todas partes. Esta es una de las pocas verdades sólidas de la criminología.

De hecho, en el juego que acabamos de jugar, yo elegía un nombre al azar de una lista de todos los adultos de un país determinado, pudiendo elegirlo luego de una lista de un país diferente. Si viajamos por el mundo visitando todos los países, y usted juega de la misma forma y con esa misma lista de preguntas, perderá ocasionalmente cincuenta dólares, pero al final será rico.

No hay nada en el comportamiento humano que no sea variable. Algunas mujeres son muy violentas y matan a otras mujeres u hombres, aunque sus víctimas masculinas suelen agredirlas o amenazarlas primero. Las mujeres evolucionaron para defender a sus crías, y parte de la violencia cometida por las mujeres o por cualquier hembra de mamífero sirve a este objetivo vital. Paradójicamente, la mayoría de asesinatos de niños y bebés en entornos domésticos son cometidos por mujeres, pero esto se debe a que son estas quienes pasan más tiempo con ellos, y tales actos son mucho más probables cuando la madre convive en el hogar con un hombre que no es el padre. En muchas culturas donde la violencia entre hombres es la norma, algunos de ellos piden, y se les concede, desempeñar roles femeninos. Alguna cultura, de tanto en tanto, usa a las mujeres como guerreras.

También existe una gran variación en cuanto al total de asesinatos. Las culturas más violentas, como las tradicionales de las tierras altas de Nueva Guinea, tenían una tasa de homicidios mil veces mayor (tiempos de guerra y de paz combinados) que las menos violentas, cuya tasa era similar a la del Reino Unido en la actualidad. Esta tasa en Estados Unidos es diez veces más alta que la del Reino Unido. Y lo más importante: lo crea o no, la violencia ha experimentado un constante declive histórico en todo el mundo durante al menos cientos de años. Estas diferencias son de la mayor importancia y demuestran, una y otra vez, el poder de la cultura para canalizar, contener o dar rienda suelta a la biología. Pero sobre este amplio rango de variación intercultural —con una diferencia de tres órdenes de magnitud o mil veces— permanece una afirmación sólida: los hombres cometen la gran mayoría de los asesinatos en todas las culturas.

Rastrearemos las consecuencias de este simple hecho a través de las complejidades de la historia y la política en todo el mundo, pero antes de ello hemos de recurrir a la teoría de Darwin y a las realidades que esta predice y explica.

Capítulo 2

ENVUELTO EN LA OSCURIDAD

Sea cual sea su psicología de género, ciertos aspectos centrales de la misma no son el resultado de la educación que ha recibido. La identidad de género básica, la orientación sentimental y sexual y la tendencia a la violencia son aspectos propios de la condición masculina o femenina (o de alguna combinación o estado intermedio entre ambas) que están fuertemente moldeados por los genes, las hormonas y el cerebro. Pero ¿en qué punto del largo curso de la evolución surgió esta biología? No es solo una explicación psicológica o incluso neurocientífica lo que vamos buscando, sino el trasfondo evolutivo del sexo y el género, la masculinidad y la feminidad. Esto nos llevará muy lejos, a criaturas y sociedades del presente y del pasado que nos ayudarán a comprender de dónde provienen nuestra biología y psicología de género. Somos una especie perteneciente a una vasta colección de seres sexuales, y aunque ofrecemos una versión particular de los temas comunes del sexo y el género, esta no es la única. Sin embargo, para comprender nuestras propias debilidades, hemos de fijar nuestra vista en otros mundos. En particular, es preciso averiguar de dónde vienen los varones, por qué son como son, si son realmente necesarios y cómo pueden ser manejados más eficazmente si (como es probable) las mujeres deciden mantenerlos a su alrededor.

Supongamos que es usted una hembra de dragón de Komodo. Sé que es mucho suponer, pero hagamos el esfuerzo. Es usted un lagarto gigante, aproximadamente del tamaño de una mujer pequeña, que habita en un lugar arenoso y cubierto de hierba cerca de un bosque indonesio, donde un ciervo o un búfalo de agua pueden deambular lo suficientemente cerca para que pueda sentir su olor en el aire. Se apresura hacia uno de estos y lo muerde en una pata, inyectándole un veneno muy activo (y, según algunos, quizá también lo infecta con bacterias…, todos tenemos que ganarnos la vida), luego espera pacientemente a que la desventurada bestia sucumba por fin para darse un festín con su carne. Vive usted en un mundo de olores, los cuales percibe en cualquier brisa pasajera, degustándolos con la punta bífida de su lengua. Un dispositivo diabólico, tal vez, pero como el suyo es un cerebro muy pequeño, no puede captar la ironía y no se siente culpable.

Sobreexcitada después de la caza y de darse el gran atracón, necesita dormir al amparo de un buen refugio, donde permanecerá el resto del día y todo el siguiente. Al tercer o cuarto día, algo en su interior le recuerda a su simple cerebro la necesidad que usted tiene de reproducirse, ordenándole este órgano a su lengua que *husmee* en busca de un aroma diferente: el de la masculinidad. Si se mantiene lo suficientemente receptiva, se ganará un corto y brusco cortejo, seguido de una áspera lucha de extremidades y colas enredadas y un mecánico asentamiento de unos lomos masculinos sobre los suyos. Él le introducirá uno de sus penes —dispone de otros de recambio, por si acaso— y le depositará algunos de sus genes, con resultados que, a partir de entonces, dependerán solo de usted. Naturalmente, podría optar por resistirse, pero el grandísimo patán, seguramente más pesado que usted, puede subírsele encima y aplastarla sin más hasta que acabe. Si su cuerpo está listo, está listo.

Pero suponga que no percibe el aroma de un macho y que no hay ninguno cerca que perciba el suyo. ¿Está condenada a pasarse la vida cazando ciervos y búfalos sin poner un triste huevo? Pues resulta que no lo está. Bajo ciertas condiciones, usted podría duplicar el número de cromosomas en algunos de sus propios óvulos o fecundarlos usted misma con los cromosomas en un cuerpo polar, un pequeño brote en la célula del óvulo que es una especie de hermana pequeña de su última división celular. Esta no es la rutina reproductiva habitual de su especie, pero podría permitirle a usted y a algunas otras hembras colonizar una nueva isla sin la ayuda (o la molesta intrusión) de los machos. Naturalmente, usted no hace nada de esto conscientemente, pero la evolución la ha preparado para hacer el trabajo.

Ahora suponga que su tamaño se ha reducido mil veces y que es un lagarto de cola de látigo de cuatro centímetros de largo, tal vez un cola de látigo del desierto o un cola de látigo de Nuevo México, en el suroeste de Estados Unidos. No es necesario especificar que es usted una hembra, pues en su nueva especie es cuanto uno puede ser. De hecho, los científicos llaman *uniparens* a los de su especie porque los padres no existen, ni siquiera como donantes de esperma. Las hembras tienen hijas, al igual que estas y las suyas; cada cría se convierte en una generadora de huevos y, por tanto, en la única engendradora del mundo por venir de los lagartos de cola de látigo.

Pero consideremos ahora el lagarto de cola de tigre, que habita en entornos semiáridos de Arizona; no difiere mucho del cola de látigo en tamaño, hábitos alimenticios o comportamiento…, pero hay un gran inconveniente: esta especie posee machos, y las hembras los necesitan para tener crías. En lugar de tener solo crías hembra, una hembra cola de tigre pone huevos de los que, al eclosionar, surge un 50 % de machos, los cuales, reproductivamente hablando, no pueden hacer más que inseminar a las verdaderas reproductoras. Puesto que estas hembras cola de tigre están desperdiciando la mitad de su sustancia, la mitad de su productividad y la mitad de sus alimentos en individuos no reproductores, ¿cómo, en nombre del cielo, van a competir con una especie como la suya, en la que todos los individuos son hembras?

Darwin lo expresó mejor hace más de 150 años, en un artículo de atrevido título acerca de las prímulas y «sus notables relaciones sexuales» —ya ve, hay un modo de ser atrevido con las prímulas— que leyó en una sociedad científica en 1861: «Ni siquiera en lo más elemental conocemos la causa final de la sexualidad; por qué los nuevos seres deberían ser producidos por la unión de elementos sexuales, en vez de por un proceso de partenogénesis. (...) Todo el asunto se halla aún envuelto en la oscuridad».

«Partenogénesis» es el término griego para lo que usted hacía como lagarto de cola de látigo de Nuevo México: «nacimiento virginal». El Partenón era el santuario de Atenea, diosa de la razón y la sabiduría. Atenea permaneció virgen, pero no se reprodujo por sí sola ni transmitió ninguna inteligencia para ayudarnos a entender el enorme despilfarro que supone la reproducción sexual. El sexo no intervino en su propio nacimiento, ya que nació de la cabeza de Zeus, el padre de los dioses. Pero en la partenogénesis real son los machos los que sobran; las hembras cola de látigo pueden enviar a paseo a Zeus y sus hijos.

John Maynard Smith, uno de los grandes herederos de Darwin, definió el problema como «el doble coste de producir machos». Usted y sus hermanas cola de látigo de Nuevo México podrían duplicar su número en cada generación, mientras que el de los cola de tigre en Arizona se mantiene constante. O dicho de otro modo: si una hembra cola de tigre naciese con una esperanzadora mutación que le permitiera reproducirse sin machos, ella, sus hijas y sus nietas no tardarían en levantar el campo, llevándose consigo toda posibilidad de ser lagarto en Arizona. Pero el sexo tiene incluso más costes que estos: los machos y las hembras han de encontrarse entre sí, y la selección sexual (como veremos) puede producir fácilmente resultados que van en contra de la supervivencia.

Sin embargo, el sexo se halla en todas partes en el mundo de los animales complejos —en el de las plantas, para el caso, también—, y la mayoría de las especies integradas exclusivamente por hembras descienden de ancestros que *cargaban* con machos. De hecho, es cada vez más probable que los primeros eucariotas, simples criaturas unicelulares con sus genes encerrados en un núcleo, ya tuvieran algo parecido a los machos.

Así pues, he aquí la paradoja: ¿por qué el sexo se estableció tan firmemente y por qué es raro que las especies se deshagan de él, a pesar de la gran ventaja que supone caminar sola? Esta última parte de la pregunta podría tener implicaciones para nosotros. ¿Está hoy la respuesta a la pregunta de Darwin de hace un siglo y medio envuelta en la oscuridad?

***

Para empezar, hay más de una respuesta. Puede hallarse una de ellas yendo más allá de Charles hasta otro Darwin, su abuelo Erasmus.

Este ancestral Darwin no solo escribió un tratado científico sobre la evolución, sino también un poema épico sobre ella; contrariamente a la creencia popular, la idea de la evolución fue considerada durante siglos antes de que Charles descubriera cómo funciona. Erasmus Darwin, un galeno que rechazó la oportunidad de convertirse en protomédico del rey Jorge III (célebre por la Revolución de las Trece Colonias), dedicó gran parte de su vida a unos estudios que presagiaban los del nieto que lo eclipsó. En su gran tratado botánico —*Fitología o filosofía de la agricultura y la jardinería*— escribió que…

> «a partir de la generación sexual, o amatoria, de plantas se obtienen con frecuencia nuevas variedades o mejoras; del mismo modo que muchas de las plantas jóvenes surgidas de semillas son diferentes al padre, siendo algunas de ellas superiores a este en las cualidades que deseamos obtener».

Por estas razones, «la reproducción sexual es la *chef-d'œuvre*, la obra maestra de la naturaleza».

Tal vez se necesite ser hombre para no entender el aspecto negativo del sexo y llamarlo «obra maestra de la naturaleza». El mismo Erasmus era sexualmente liberal (y liberalmente sexual); el padre de Charles era solo uno de los catorce hijos que Erasmus tuvo con dos esposas y —luego de enviudar— la institutriz de sus hijos. Puede que tuviera un decimoquinto con la esposa de otra persona. Fue, no obstante, un gran defensor de los derechos de la mujer y un enemigo de la esclavitud, y entendió lo que estaba gestándose al otro lado del océano[3]. En 1787 escribió a Benjamin Franklin, refiriéndose a él como «un filósofo y un amigo», así como «el más grande estadista del presente, o quizá de cualquier siglo, y el propagador de la feliz plaga de la libertad». Dado su amor por la infanta América, se comprende que Erasmus no confiase en sí mismo para atender al rey Jorge, quien trataba de ahogarla en su cuna.

Pero la fama de la que Erasmus Darwin gozaba se debió, principalmente, a unos largos poemas que en su época desempeñaron el papel de la más exitosa ciencia popular de hoy, aunque es difícil para

3 La Revolución Estadounidense. N del T.

nosotros comprender la popularidad de los poemas con extensión de libro de aquel entonces. El poema más celebrado de Erasmus fue *Los amores de las plantas*, que ofrecía un relato refinadamente sicalíptico de la reproducción de las plantas. Puesto que la jardinería era un arte popular entre las mujeres, y la botánica, por tanto, un tema de estudio popular entre ellas, *Los amores de las plantas* se convirtió en una fuente no tan secreta de placer culpable, y como tal fue condenado. El Dr. Darwin describe, verbigracia, la vida sexual de las plantas del género Lychnis, una flor campestre inglesa conocida como flor de cuclillo, cuyas hembras de color púrpura o rosa brillante compiten para ser fertilizadas por los machos:

Cada inmoderada belleza, adornada en toda su gracia,
sacude las brillantes gotas de rocío de su rostro sonrojado;
en alegre desnudez muestra sus encantos vernales
y llama a sus brazos a sus fascinados amantes.

Los amores de las plantas tenía muchas —algunas quizá furtivas— lectoras que, en aquella época, no podían leer nada más explícito que esto sin perder la respetabilidad.

Pero el caso es que Erasmus dio una respuesta correcta a eso que su nieto llamaría la pregunta envuelta en la oscuridad: al producir descendientes diferentes del progenitor, la reproducción sexual proporciona el grano para el molino de la evolución. Hoy decimos que el sexo, cada vez que los espermatozoides y los óvulos se forman y encuentran, remezcla los naipes de la «baraja» de los genes, y la tasa de evolución depende de la variación genética disponible. Esto, empero, solo reembolsa parte del doble coste del sexo. Y puesto que sabemos que el cambio es posible en las especies asexuales y que incluso las especies sexuales pueden no cambiar durante millones de años *—si funciona, no lo toques*, dice la selección—, tiene que haber algo más en la reproducción sexual que un simple acelerador de la evolución.

Una segunda respuesta es la conocida como hipótesis del «banco enmarañado», llamada así por este famoso y elocuente pasaje del nieto Charles:

> «Es interesante contemplar un banco enmarañado, cubierto con muchas plantas de muchas clases, con pájaros cantando en los

arbustos, con diversos insectos revoloteando y gusanos arrastrándose por la tierra húmeda, y reflexionar que estas formas elaboradamente construidas, tan diferentes entre sí y tan complejamente dependientes unas de otras, han sido todas producidas por leyes que actúan a nuestro alrededor. Estas leyes, tomadas en un sentido más amplio, son la del *crecimiento con reproducción*; la de *herencia*, que casi está implícita en la de la reproducción; la de *variación* por la acción indirecta y directa de las condiciones externas de vida y por el uso y desuso; y una *tasa de incremento* tan alta como para conducir a una lucha por la vida y, como consecuencia, a la selección natural, que implica una divergencia de caracteres y la extinción de formas menos perfeccionadas[4]».

Lo anterior pertenece al último párrafo de *El origen de las especies*, una de las mejores obras científicas de todos los tiempos. En una sola oración —«Estas leyes…»— expone el meollo de su teoría fundamental, y podemos ver cómo este fue anticipado por el abuelo al que nunca conoció. Y en las dos célebres oraciones que siguen, Charles mostró algo del genio poético de Erasmus:

> «Así, de la guerra de la naturaleza, del hambre y la muerte resulta directamente el objeto más puro que podamos concebir, esto es, la producción de los animales superiores. Hay grandeza en esta visión de que la vida, con sus diferentes fuerzas, ha sido infundida por el Creador en unas pocas formas o en una sola; y que mientras este ciclo sigue la inmutable ley de la gravedad, un sinfín de las formas más bellas y maravillosas han evolucionado y siguen desarrollándose».

Así finaliza *El origen*, que incluye un relato menos *picante*, pero más claro, de la reproducción sexual, la «obra maestra de la naturaleza» a decir del abuelo Darwin.

Pero Charles Darwin dice algo importante sobre el valor de la variación en el «banco enmarañado» que nos pide que visualicemos. Sus innumerables formas —siendo todas diferentes, siquiera ligeramente— dependen unas de otras para disfrutar del sencillo regalo

---

4 La mejor versión en castellano de esta obra está disponible en la Biblioteca virtual Miguel de Cervantes: http://www.cervantesvirtual.com/obra-visor/el-origen-de-las-especies-por-medio-de-la-seleccion-natural--0/html/ N del T.

de la vida. Al ser únicas, cada una puede explotar las oportunidades enmarañadas del banco de una manera ligeramente diferente. En otras palabras, si su descendencia es idéntica a usted y entre sí, cada uno de ustedes tendrá las mismas necesidades y competirá directamente con los demás y con su madre idéntica. La variación crea espacio vital; los medios de vida de cada descendiente son ligeramente diferentes de los de los demás. Otra forma de crear espacio vital, incluso en especies sexuales, es la dispersión. Cuando un roble arroja su semilla al viento, su descendencia compite menos con él y entre sí. Pero no todas las especies pueden arrojar su semilla, de modo que la variación es necesaria.

Según se ha demostrado recientemente, esta idea es especialmente cierta para una especie de tunicados. Hablamos de un organismo translúcido con forma de florero de color amarillento o turquesa, aproximadamente del tamaño del pulgar medido desde el talón de la mano, aunque el pequeño florero parece dividirse en dos boquillas en la parte superior. Cuando un grupo de tunicados fijan sus bases pegándose unos a otros, como acostumbran a hacer, semejan un ondulante amasijo de tentáculos gelatinosos del tamaño de una mano.

Se los encuentra a menudo en rocas, cascos de botes y otras superficies sumergidas; los tunicados son una plaga, lo que evidencia su gran éxito evolutivo, y ahora sabemos que una de las razones es que al juntarse una hembra con múltiples machos, esta aumenta la variación genética en su descendencia. Esto, a su vez, hace que disminuya la competencia entre ellos cuando, como suele suceder, permanecen juntos.

Pero hay una tercera explicación, la más aceptada actualmente, para la evolución y el mantenimiento del sexo: la hipótesis de la reina Roja.

La reina Roja no proviene de ninguno de los Darwin, sino (indirectamente) de un contemporáneo más joven del nieto —otro Charles— apellidado Dodgson: el matemático más conocido como Lewis Carroll. «Es preciso correr cuanto uno pueda», le advierte la reina Roja a Alicia en *A través del espejo*, «para mantenerse en el mismo lugar». Así pues, la hipótesis de la reina Roja dice, sencillamente, que: «Es preciso evolucionar cuanto uno pueda para permanecer en el mismo lugar», porque nuestro entorno sigue cambiando y, parafraseando a Heráclito, uno no puede entrar en el mismo banco enmarañado dos veces.

Evolucione como le plazca, sus depredadores también lo están haciendo. Si usted lo hace más rápido, ellos lo harán más rápido; será mejor, pues, que no se duerma y lo haga más rápido aún. Usted desarrolla una piel más dura, ellos desarrollarán dientes más afilados. Usted desarrolla toxinas, ellos desarrollarán vísceras más resistentes. Usted desarrolla camuflaje, ellos desarrollarán visión en color. Usted se hace más grande, ellos desarticularán sus ominosas mandíbulas. Para responder, necesita variación a raudales. Necesita ADN de reserva, genes en espera que no está usando ahora pero que quizá necesite para un día lluvioso. Y todo este «correr para permanecer en el sitio» ni siquiera ha alcanzado el punto crítico. Esto es de la máxima importancia cuando pasamos de los depredadores que lo engullen honestamente desde el exterior a los que lo mordisquean insidiosamente desde dentro.

Me refiero a los micropredadores: parásitos, virus, gérmenes. Y he aquí lo que quieren de usted: ningún cambio en absoluto. Ya les lleva bastante tiempo adaptarse a un individuo. Una vez que lo han conseguido, ¡basta de cambios! No desean más desafíos. Supongamos que Mike X (un microorganismo) evoluciona dentro de una de las hijas que usted tiene, y que ella lo combate con células inmunes hasta quedar libre de la progenie de Mike en un 99 %. Pero el tiempo de duplicación de la población de este microorganismo es de… ¿cuánto, quince minutos? Los chicos de Mike están de vuelta en un periquete con una nueva cepa resistente. De modo que su hija acaba con el 90 % de ellos. Mas entonces… Bueno, ya ha captado la idea. Es por eso que hoy está tomando un antibiótico diferente al de hace cinco años.

La cuestión es que si usted se ha reproducido sin sexo —se ha limitado a clonarse a sí mismo—, Mike X solo tiene que resolver este rompecabezas una vez. En última instancia, la inmunidad depende de los genes. Y si usted tiene docenas o miles de hermanas genéticamente copiadas, él o ella o eso (Mike X) ya ha evolucionado alrededor de cuanto ellas pueden hacer para defenderse. Y lo mismo es válido para su madre, hijas, sobrinas, nietas…, todas son vulnerables. La reina Roja dice: «jaque». Y luego: «jaque mate».

Pero supongamos que usted exporta algunas copias de sus preciosos genes a una clase de descendientes que nunca se reproducirán. Siga haciéndolo durante suficientes generaciones para que las mutaciones tengan un impacto significativo. Ahora tome un individuo de esta clase no reproductiva —también conocidos como machos— y junte algunos de sus genes un tanto diferentes con algunos de los de usted. Mezcle vigorosamente y cocínelo a fuego lento. Usted ha encontrado una receta para arruinarle la vida a Mike X, una forma de resistir el movimiento tras movimiento tras movimiento de la reina Roja. El único inconveniente real es que ahora tiene usted que cargar con Mike Y, que no es un microorganismo en absoluto. Es un miembro no reproductivo de su propia especie, portador de un cromosoma Y de aspecto bastante patético. Él no va a comérselo —usted tiene su destino en sus manos, o al menos en sus órganos internos—. Bajo ciertas circunstancias, *usted* podría comérselo a él, pero primero necesita hacerse con sus genes díscolos, por lo que —a menos que disponga usted de otras opciones— no se dará un festín con él hasta que haya acabado de aparearse o casi. En cierto modo, él pertenece a la misma especie que usted. Pero sus cromosomas difieren de los suyos, lo suficiente como para otorgarle a usted un nuevo tipo de protección.

¿De modo que pensaba que los gérmenes provenían del sexo? Pues ya ve, en la evolución, el sexo proviene de los gérmenes.

***

La araña viuda negra y la mantis religiosa han encontrado, también, una forma de tener sus machos y sacarles rendimiento gastronómico. Estos insectos llevan el concepto de donante de esperma mucho más lejos de lo que lo haría el más imprudente don Juan. Las hembras aceptan el regalo del esperma y dejan el resto del macho para el postre. Pero no es solo el melodrama del canibalismo sexual lo que nos atrae hacia la pose orante de la mantis o la telaraña de la viuda. Es que estas especies, como las vírgenes cola de látigo y las flores inmoderadas del abuelo Darwin, son puntos de anclaje científico vitales en la red que tendemos para atrapar el misterio del sexo.

La viuda negra vive en una ancha franja que circunda el planeta, desarrollando su venenosa industria en todos los climas salvo en los más fríos. Es una criatura de una belleza austera, del tamaño de una uva pasa sostenida por ocho largas patas; posee un caparazón negro brillante decorado con su característico reloj de arena rojizo o por puntos rojo anaranjados parcialmente ribeteados de blanco, como si su lomo estuviera tachonado de setas brillantes y planas. El hilo de seda que segrega es más ligero y más resistente que el alambre de acero del mismo grosor. Su veneno, mucho más potente que el de una serpiente de cascabel, puede matar a un niño; rutinariamente mata un amplio espectro de insectos —incluidos, por cierto, machos de viuda negra—. Se muestra solitaria y tímida durante todo el año, salvo en este más bien violento ritual de apareamiento. La hembra pesa treinta veces más que el macho, de modo que no es exactamente un combate.

Pero es un cortejo. Piense en una poderosa reina amazona que ha conquistado el corazón de un liliputiense. El galán entra cautelosamente en la telaraña de su amada y golpetea los hilos, al igual que los patinadores de agua de los que hablamos en la introducción, aunque aquí son los golpes de los machos los que emiten una canción de amor —o de lujuria, al menos— codificada en patrones vibratorios. Si ella es adecuadamente conmovida, le permitirá acercarse; luego dejará que se encarame a su enorme cuerpo, donde él continuará el cortejo con su elegante forma de moverse. El macho deposita su esperma dentro de ella mediante una sonda especial, que se rompe una vez finalizada la operación; será un chico afortunado si esa es la única parte de su cuerpo que deja atrás.

A veces, diríase que el reloj de arena en el caparazón sirviese para señalar la hora postrera de nuestro Romeo, pero es solo parte del canto de sirena de su Julieta. Si la suerte no acompaña al galán, ella lo agarra, lo aguijonea y lo envuelve como haría con un mosquito, luego inunda el capullo de enzimas digestivas a fin de convertirlo en un sabroso caldo y se lo bebe. Ayudada en parte por esta deliciosa y nutritiva comida, la viuda no tarda en depositar un abultado saco sedoso con doscientos huevos y tejer una manta a su alrededor, envolviéndolos cuidadosamente y fijando el capullo a su telaraña. Ella hará lo mismo cinco veces más con huevos fecundados por ese valiente o loco macho, y en dos semanas habrá mil nuevas crías de viuda negra.

En un estudio de 2012 sobre una araña estrechamente relacionada con la viuda negra —la tejedora de orbes—, Klaas Welke y Jutta Schneider descubrieron que las hembras a las que no les permitieron comerse a sus parejas ponían menos huevos y más pequeños, que además sobrevivían peor en condiciones de estrés ambiental. Esto también es cierto para las tarántulas hembra, aunque si ellas ya se han apareado una vez, pueden atraer algunos machos más y comérselos uno a uno sin siquiera dejarles disfrutar de su momento sensual al sol. Los científicos observan secamente que las tarántulas hembra tienen «déficit de nutrientes» y que «los machos son presas de alta calidad». Otro estudio de tejedora de orbes, titulado «Sexo más seguro con hembras que se alimentan de machos» [«Safer Sex with Feeding Females»], demostró que los machos han desarrollado formas para evitar ser devorados, aunque solo algunos tienen éxito.

Las mantis religiosas hembra poseen encantos y apetitos sexuales ligeramente diferentes. Hay quien conjetura que los machos rezan para sobrevivir al sexo (lo que de hecho intentan), pero las hembras, si están hambrientas, diríase que lo hacen para que no se retrase su siguiente bocado masculino. Las mantis hembra son cazadoras de primer orden capaces de matar y comer ratones, culebras y colibríes más grandes que ellas. La hembra puede, y a menudo lo hace, comerse al macho después del apareamiento, pero no tiene por qué esperar a que él haya acabado. Ella puede empezar arrancándole la cabeza mientras él está en plena faena, y el cuerpo decapitado (qué típicamente masculino) es capaz de continuar con el espectáculo. Si a veces parece que los hombres prescinden de su cerebro para tener relaciones sexuales, acuérdese de la mantis macho; por no hablar del chico que pierde la cabeza por una chica.

Probablemente el animal más complejo con canibalismo sexual es el pulpo. Una hembra se demoraba en el exterior de su guarida, cerca de un arrecife de coral del Pacífico, mientras un pequeño macho se apareaba con ella: trece veces en cuatro horas. Los pulpos macho pueden mantener contacto físico directo con la hembra o aparearse a una distancia segura, depositando esperma con uno de sus tentáculos; nuestro macho se mantuvo a distancia en todo momento. A menudo, sintiendo peligro, saltaba hacia atrás unos cuantos centímetros. En cinco ocasiones «ella sacudió levemente la cabeza, mostrando un ligero oscurecimiento en su patrón corporal. En cinco ocasiones el macho emblanqueció momentáneamente» —una señal de miedo—, pero en todas volvió cautelosamente a la carga.

El trece no era su número de la suerte. Poco después del último intento de apareamiento —no está claro si realmente depositó esperma—, ella se aproximó furtivamente a él y lo golpeó con fuerza contra una repisa de coral. El macho lanzó abundante tinta para defenderse. «Ella se abalanzó rápidamente sobre él, lo envolvió en sus tentáculos» y se alejó nadando con su presa hacia a una cavidad en el coral, donde lo mató y pasó veinticuatro horas comiéndoselo lentamente. A la mañana siguiente, otro macho pequeño —discretamente, desde detrás de una roca— extendió un tentáculo hacia su guarida y se apareó con ella durante tres horas.

Tal vez el desafortunado primer macho no logró inyectar esperma en ninguno de sus intentos, por lo que su amada finalmente pensó: «como no pareces bueno para nada más, podría aprovecharte como alimento». También es posible que depositara esperma y ella recibiera más de su siguiente amante, cuyo destino pudo asimismo haber sido el de satisfacer el apetito de comida de la hembra. Naturalmente, ella no pensó en tales estrategias; no tenía cerebro para eso, y pocos animales aparte de nosotros —si hay alguno— lo hacen. Pero la evolución le dio los medios para actuar en beneficio de sus intereses reproductivos, casi como si pudiera planearlo detenidamente —y tal vez mejor, pues nuestras mentes conscientes no siempre nos sirven bien.

Todo esto nos da una lección sobre cómo funciona la evolución del sexo y el género. Los machos de viuda negra, mantis o pulpo solo tienen una función en la vida: inseminar a la hembra. Una vez hecho esto, también pueden encontrar una función en la muerte: alimentar a la hembra y procurarle así una mejor nutrición a la prole que portará los genes combinados de ambos. Piense en el padre de familia que, desempleado y deprimido, se suicida para que su viuda y sus huérfanos se beneficien de su pensión o seguro de vida. Ellos no se lo comen, pero, según las leyes locales, pueden vivir durante un tiempo gracias a los fondos generados por su muerte. Entre nosotros los humanos, un varón podría examinar morbosamente los pros y contras de estas horripilantes ganancias y los de su futuro como padre. Pero entre criaturas sin nada que se parezca remotamente a la paternidad, sacrificar el propio cuerpo por la causa puede ser el mejor movimiento posible para uno…, especialmente desde el punto de vista de su pareja.

No obstante, un macho (independientemente de la especie) tiene sus propios intereses, los cuales podrían llevarlo a querer aparearse otro día, tal vez con otra hembra. Ahora la explicación de las acciones cambia y aprendemos una lección crítica: macho y hembra, unidos para crear descendencia, tienen intereses diferentes que, al final, incluso difieren de los de cada una de sus crías. Esto es cierto no solo para las criaturas practicantes del canibalismo sexual, sino para todas las especies sexuales en el gran espectro de la vida. Y es aquí donde las hembras pierden el control de los machos que ellas mismas inventaron, iniciándose un proceso de evolución divergente o incluso antagónico.

Consideremos ahora el espeso limo primordial de hace tres mil millones de años. La primitiva corteza terrestre se ha enfriado en su mayor parte y, en el proceso —diríase de un proceso de cocción—, las moléculas simples se han transformado en otras orgánicas y más complejas. Estas, finalmente, construyen una cadena de material genético y una enzima o dos que pueden ayudar a la cadena a copiarse a sí misma. Por definición, la cadena prevalece creando más cadenas como ella, de modo que los inevitables dardos y flechas de la fortuna —rayos cósmicos, pulverización volcánica, toxinas, etc.— no podrán desbaratarlas todas. Si la cadena genética (ARN o ADN) puede alargarse lo suficiente como para producir otras moléculas grandes —como proteínas—, las cuales ofrecen protección adicional, tendremos una nueva complejidad y, durante cientos de millones de años, una célula muy simple que dará lugar a muchos tipos diferentes de criaturas unicelulares.

En este punto, los seres vivos han comenzado a enfrentarse a los desafíos de la nutrición, la depredación y los parásitos que podrían hacer de la variedad algo ventajoso. Aún no es hora de que la «obra maestra de la naturaleza» aparezca en su forma acabada. Pero algunas mutantes logran intercambiar genes, y al hacerlo, cada una de ellas aumenta la variedad de su descendencia. El artículo femenino está correctamente empleado aquí, porque ambos socios en este viscoso intercambio pueden producir sus propias copias, a partir de sus propios cuerpos.

Algunas especies no sexuales poseen grupos de apareamiento: cepas dentro de las especies que difieren genéticamente entre sí lo suficiente como para evitar la clonación mediante el intercambio de genes. Esto significa que, aunque usted y su pareja (la socia con la que usted intercambia algunos genes) son capaces de crear descendencia, usted la escoge de un grupo distinto al suyo. Los opuestos se atraen, incluso dentro de una especie básicamente femenina. Un probable ejemplo es el *Trichomonas vaginalis*, conocido como «trich»: el protozoo que produce en la vagina y el pene un tipo indeseado de hormigueo. Irónicamente, el *trich* es asexual, salvo por esos intercambios de genes; sin embargo, puede haber tenido un antepasado sexual. La forma en que hemos descubierto esto contiene una pista sobre el origen del sexo.

Trich es capaz de reproducirse mediante meiosis. Este flagelo de la biología del instituto se reduce a algo muy simple. La división celular, o mitosis, produce dos células hija idénticas. Esto ocurre continuamente en muchas partes de nuestro cuerpo. La meiosis difiere en que asigna aleatoriamente la mitad de los genes o cromosomas de la célula en división a cada una de las dos hijas. Esto mismo sucede cuando producimos óvulos o espermatozoides, de modo que al unirse puedan crear algo nuevo. Los intercambios de genes sin meiosis implican un riesgo de incompatibilidad entre las partes de los genomas intercambiados y sus futuros anfitriones genéticos. La meiosis divide elegantemente el genoma de cada socio en dos mitades, de modo que estas puedan combinarse con sus complementarias en el compañero; esto reduce los errores que pueden cometerse cuando los miembros de la pareja mezclan sus genes. Se trata del mismo principio que el del óvulo y el esperma, salvo que, en el caso que consideramos, las mitades combinadas no son tan diferentes. Pero las ventajas de la meiosis pueden ayudar a explicar por qué el sexo evolucionó y se afianzó en tantas especies:

es una forma más eficaz de mezclar y combinar genes y, por tanto, de obtener el premio de la variación adaptativa.

La versión sexual de este proceso se desarrolló hace dos mil millones de años entre algunos organismos unicelulares, y la mayoría de las plantas y animales la han mantenido. Pero algunos organismos, como el *trich* vaginal y la virginal cola de látigo, se volvieron asexuales de nuevo de algún modo. Es difícil saber por qué, pero en un animal bastante sorprendente ha podido seguirse en tiempo real una reversión similar —aunque en sentido inverso—, y esto nos da pistas sobre cómo evolucionó el sexo desde el principio.

La criatura en cuestión es el asexual —al menos solía serlo— caracol del cieno de Nueva Zelanda. En un asombroso caso de cambio evolutivo visto en el transcurso de una generación humana —no es el único que conocemos, a pesar de lo que afirman los creacionistas—, estos caracoles han vuelto a evolucionar hacia el sexo. Se infectaron con un gusano llamado *Microphallus* que esteriliza los caracoles —machos o hembras, sexuales o asexuales—. No hace falta decir que esto es malo para el chico o la chica y la especie entera.

En el laboratorio, cuando los caracoles son infectados intencionadamente con este gusano, tanto los caracoles como los gusanos evolucionan más rápido: la reina Roja, de nuevo, corriendo sin moverse del sitio. Pero el verdadero logro de esta investigación es que muestra que en la naturaleza, en los lagos de Nueva Zelanda, una pequeña minoría de caracoles que se hizo sexual evolucionó superando a sus mucho más comunes homólogos asexuales. El *Microphallus* acabó rápidamente con los clones asexuales más comunes, y los más resistentes fueron engendrados por aquellos caracoles que (re)inventaron los machos. Así pues, la reina Roja favoreció a los caracoles sexuales, desplazando a la descendencia de lo que podríamos llamar reinas vírgenes.

***

Sin embargo, como ya hemos visto, aún persisten en la naturaleza algunas especies exclusivamente femeninas. De hecho, como señalan Olivia Judson y Benjamin Normark en «Antiguos escándalos asexuales» [«Ancient Asexual Scandals»], puede que algunas de ellas nunca hayan sido sexuales. Otras especies están conformadas por hermafroditas —individuos que son machos y hembras y producen tanto óvulos como espermatozoides—, y estas pueden enseñarnos mucho sobre nuestra propia guerra de los sexos. Los caracoles de jardín ordinarios son un buen ejemplo. En caso de apuro, pueden fecundarse a sí mismos (autofecundación o «*selfing*» para abreviar), pero lo habitual es que busquen un compañero igualmente versátil. Ahora la cosa se pone interesante. Cada individuo con ambos sexos intenta inyectarle su esperma al otro. Puesto que se aparean durante horas, podemos presumir que es divertido. Pero en realidad están compitiendo, incluso si ambos tienen éxito.

En uno de los rituales de apareamiento más extraños de la naturaleza, ambos se disparan dardos de amor —tal es el término científico— de unos pocos milímetros de largo. El dardo semeja una punta de lanza, y cuando los caracoles se aparean, uno o ambos acabarán con un dardo alojado en su cuerpo, como una flecha clavada en la espalda de un enemigo. El dardo generalmente no causa muchos daños, pero parece doler y puede dejar secuelas. ¿Por qué insertarlo entonces? Porque está recubierto de una mucosa rica en hormonas que ayudan a los espermatozoides del caracol que lo disparó, aumentando al mismo tiempo la cantidad de huevos producidos en el caracol que lo recibió.

Cada uno de los caracoles intenta lanzar estos misiles durante el apareamiento, habiendo almacenado uno o más dardos cerca del pene, que está unido a los órganos femeninos de cada propietario. Ronald Chase, biólogo experto en caracoles, ha escrito: «El amor está, de algún modo, deviniendo en guerra. El conflicto sexual se desarrolla»..., incluso entre hermafroditas. Aparentemente, en la guerra amorosa de los caracoles vale todo, y se me antoja una forma bastante machista de tener relaciones sexuales. Sin embargo, yo diría que, con toda justicia, podemos considerar hembras a ambos caracoles, porque cada uno de ellos es capaz de crear nueva vida, poniendo alrededor de ochenta huevos en el suelo que, con suerte, eclosionarán en uno o dos años. Además, aunque no es lo ideal, cada uno puede, como último recurso, reproducirse solo.

Chase cree que el mito de Cupido y sus dardos de amor proviene del conocimiento que los antiguos griegos tenían de los caracoles.

Los griegos eran buenos naturalistas y se habrían percatado de este comportamiento. Los dardos de Cupido, según es fama, hacen que uno se enamore — caemos heridos de amor, suele decirse—, y aunque esto puede sucederle a ambos miembros de la pareja, no siempre lo hace en igual medida, y a veces el que está más profundamente herido se coloca en desventaja. Esta es una asimetría que tenemos en común con los caracoles de jardín.

Otro caso de «dos sexos en uno» es el del gusano plano de punta roja, así llamado por su impresionante colorido, que incluye una franja blanca con punta roja en la parte posterior de un cuerpo azul casi iridiscente. Mide aproximadamente cinco centímetros de largo y habita en arrecifes, bahías y lagunas costeras desde Birmania hasta Australia. Además de los órganos reproductores femeninos, cada gusano tiene dos penes que *esgrime* —el término, nuevamente, es de los científicos— en el ritual previo al apareamiento. Los dos futuros amantes se yerguen sobre sus extremos traseros en el fondo del océano y se baten *a pene* de una manera hipermasculina, acometiéndose entre sí y parando los golpes lo mejor que ellos —¿ellas?— pueden.

El duelo —¿romance?—, que dura hasta una hora, es descrito en detalle en un artículo titulado «Sexo y violencia entre hermafroditas» [«Sex and Violence in Hermaphrodites»]. Los gusanos no usan armas que, a decir de algunos, podrían simbolizar penes. Están usando sus propios penes (dos cada uno), haciéndolos chocar con los de su pareja —¿oponente?— y tratando de clavar al menos uno de ellos en la carne del otro, para pegarse a él/ella sin quedar atrapado. No tienen que acertar a ningún punto o cavidad especial, tan solo perforar la piel. Pueden inyectar su esperma en cualquier lugar, y la corriente llegará a los ovarios del otro formando unas vetas pálidas parecidas a rayos, visibles a través de los cuerpos translúcidos de los gusanos.

He aquí la guerra entre los sexos… sin sexos. Cada uno de ellos es, al mismo tiempo, agresivo y tímido, intrusivo y selectivo. Pero como Leslie Newman —coautora del artículo junto a su colega Nicolaas Michiels— dijo: «Es mejor apuñalar que ser apuñalado». Cada duelista está tratando de seleccionar resistiéndose a la fecundación. Esto limita el apareamiento a los rivales más hábiles, al mismo tiempo que asegura las mismas habilidades a la descendencia del vencedor.

El naturalista William Eberhard lo denominó «rendición selectiva». Si usted es pinchado —por así decirlo— crea descendencia. De otro modo, si apuñala pero evita ser apuñalado, no tiene heridas que sanar ni carga de huevos, sin embargo, transmite sus genes.

No es difícil ver cómo los machos podrían evolucionar en un sistema de este tipo, y hay otras especies de gusanos planos que poseen machos y hembras convencionales. Estas hembras evitan a algunos machos y dan la bienvenida a otros, y no son los machos más agresivos quienes obtienen el premio. Quizá el sexo evolucionó originalmente a partir de hermafroditas, aunque también podría haber sucedido al revés. La posibilidad de evolucionar hacia adelante y hacia atrás parece clara.

En cualquier caso, estos ejemplos de intensa competencia durante el apareamiento ponen de relieve un hecho clave: todos los organismos están en alguna medida en conflicto con todos los demás, sin importar cuán íntima sea la relación. Sí, en muchas especies existe la cooperación e incluso el altruismo, pero estos buenos comportamientos siempre implican límites. Los gusanos planos de punta roja están comprometidos con la cooperación más importante, la que está en el corazón de toda evolución propiamente dicha. Sin embargo, cada uno quiere tener la sartén por el mango —o más bien por el pene—; cada uno tiene algo que ganar a expensas del otro. Y esto ocurre en especies que ni siquiera se dividen en machos y hembras.

***

Lo que nos lleva de vuelta a nuestro viejo amigo el unisexual lagarto de cola de látigo. La especie no pasó de «macho *o* hembra» a «macho *y* hembra»; simplemente se deshizo de los machos. Se trata una criatura altamente evolucionada, con un cerebro bastante más complejo que el de un caracol o un gusano plano. En el vasto espectro de la vida, la especie exclusivamente femenina de los cola de látigo no es mucho más simple que la nuestra. Sin embargo, ellos evolucionaron inequívocamente hacia la supresión de los machos. En un tercio de las cuarenta y cinco especies conocidas de lagartos de cola de látigo, los machos no son necesarios. Aquí siempre podemos decir «ella», pues estas especies están integradas exclusivamente por *ellas*; constituyendo hermandades en las que todas las hermanas producen crías por sí solas.

O casi... Pues resulta que estos lagartos —llamémoslos *parths*— disponen de algo denominado reproducción pseudosexual. Sin embargo, si algo así se diera entre nosotros —o, para el caso, entre nuestros cercanos parientes simios los bonobos (de los que hablaré más adelante)— lo llamaríamos sexo entre hembras, y en estos lagartos es algo obligatorio. Una hembra monta a otra tal como lo haría un macho con una hembra de una especie sexual de lagartos. Cualquier hembra puede ser *montadora* o *montada* en algún momento, así como desempeñar uno u otro papel en encuentros cambiantes. No hay nada que insertar, tampoco esperma ni intercambio alguno de genes.

La *montadora*, sin embargo, suele haber pasado la fase ovulatoria o posee ovarios sin desarrollar, mientras que los ovarios de la *montada* rebosan de huevos maduros. Una vez que ella los pone, puede hacer de *montadora* en la siguiente cita. Esta transición es posible gracias a la progesterona, la cual es liberada (como en los humanos) por el órgano productor de huevos; en los *parths*, sin embargo, esa misma hormona induce a actuar como *montadora*. Debido a que los *parths* descienden de especies de lagartos cola de látigo con machos, las hembras *parth* responden a la testosterona si les es administrada en el laboratorio, a pesar de que prácticamente carecen de ella. El neurobiólogo David Crews, quien ha estudiado estos reptiles durante décadas, define su biología reproductiva como una «instantánea de la evolución».

Sin profundizar mucho en el cerebro sexual del lagarto, tanto en las hembras montadoras como en los machos de sus parientes con dos sexos se observa la misma actividad neuronal en el hipotálamo. Esta es una región del encéfalo que interactúa con el cuerpo, incluyendo las hormonas sexuales. Los mismos centros son estimulados por la testosterona y reprimidos por el estrógeno, tanto en los machos sexuales como en las hembras asexuales *montadoras*; de hecho, esto sucede incluso en los mamíferos. No solo eso, sino que los estudios de Brian Dias, en colaboración con Crews, mostraron similitudes biológicas básicas entre los circuitos cerebrales que gestionan el comportamiento sexual de tipo femenino y los que gestionan el de tipo masculino. En 2008 escribieron:

> «Considerando que el primer "sexo" fue el femenino y que el estrógeno receptor es el más ancestral receptor de hormonas esteroideas sexuales, resulta más apropiado considerar la hembra [y el estrógeno] como ancestrales, y el macho y el andrógeno como derivados. (...) [Este concepto] mantiene el elemento del "fenotipo masculino" que se impone a lo que de otro modo sería un "fenotipo femenino", pero extiende la investigación en nuevas direcciones teóricas. Si de hecho los machos son el sexo derivado, se deduce que estos pueden parecerse más a las hembras que las hembras a los machos. Varias líneas de evidencias (...) respaldan esta idea, como, por ejemplo, la relativa facilidad con que los animales son masculinizados en comparación con la dificultad que supone desfeminizarlos, así como la *resurrección* [experimental] de machos cola de látigo partenogenéticos, lo que indica que los genes que determinan los rasgos masculinos se hallan presentes en esta especie exclusivamente femenina.»

En otras palabras, aunque los antepasados inmediatos de los *parths* cola de látigo eran sexuales, si uno retrocede lo suficiente no solo descubrirá que el primer sexo fue el femenino, sino que su existencia original y fundacional dejó huellas en la química del cerebro: primero el estrógeno, luego los andrógenos como una mejora al plan original y la eliminación de los machos —al menos entre algunos lagartos— como una nueva mejora al plan mejorado. En cierto sentido, las hembras *parth* simplemente estaban usando sus cerebros, antiguas adaptaciones hormonales, para recuperar su condición original.

Al igual que en todas las clases de machos, incluidos los humanos, la castración en los cola de látigo con dos sexos reduce o elimina en gran medida el comportamiento sexual masculino. Pero, curiosamente, muchos machos de especies con dos sexos responden tanto a la progesterona como a la testosterona. De hecho, la progesterona induce «el conjunto completo del comportamiento sexual» en aproximadamente un tercio de los machos castrados de las especies ancestrales con dos sexos. Uno de los químicos cerebrales involucrados en ambos casos es el óxido nítrico, la misma molécula mejorada en fármacos como Viagra. En los lagartos el efecto se produce en el cerebro, no en el pene —donde el Viagra regula el flujo de sangre—. En las especies de cola de látigo exclusivamente femeninas no hay nada que poner erecto. En estas, dos individuas juntan sus genitales —el equivalente entre los lagartos al frotamiento de vulvas— y en unos minutos empieza a funcionar la reproducción, naturalmente asexual, de la *montada*.

***

En este punto, puede que esté preguntándose si la progesterona podría ayudar a mejorar el rendimiento sexual masculino; lo que sin duda sería una bendición para muchos hombres y, tal vez (como ocurre con el Viagra), una pesadilla para algunas mujeres, que podrían muy bien preferir menos *avances* masculinos. Además, si es usted de los que tienden a considerar todas las posibilidades, puede que también se pregunte si, a la larga, los humanos podríamos seguir un camino evolutivo similar al de los cola de látigo unisexuales. ¿Podría nuestra evolución futura eliminar a los varones, manteniendo conexiones sexuales únicamente femeninas? Este no es solo un escenario de ciencia ficción, por dos razones.

En primer lugar, no tenemos que esperar millones de años. Cada vez somos más responsables de nuestros propios genes y pronto seremos capaces de dirigir nuestra evolución. Posibilitar que las mujeres se reproduzcan asexualmente, con o sin contacto íntimo, podría estar en nuestro horizonte, y si nos preocupa la reducción de la variación —perder la partida con la reina Roja o superpoblar el banco enmarañado—, siempre podemos fecundar los óvulos de una mujer con genes de otra o buscar nuevas formas de introducir genes para aumentar la variación y evitar los riesgos de la clonación idéntica.

En segundo lugar, podríamos estar simplemente acelerando un proceso que ya está en marcha. El cromosoma Y ha perdido muchos genes en los últimos 300 millones de años, aunque solo se ha dejado uno por el camino desde que nos separamos de los monos hace unos 25 millones de años. Asimismo, sabemos por los espermogramas que la cantidad media de espermatozoides por milímetro de semen se hundió en todo el mundo durante la década de 1990, aunque esto puede haberse estabilizado. Pero dejando a un lado estas inciertas tendencias biológicas, la sociología y la psicología parecen evolucionar alejándose de la idea de la indispensabilidad de los varones.

En Estados Unidos hay unos doce millones de familias monoparentales, el 85 % de las cuales están formadas por la madre y sus hijos. No es fácil separar los efectos de la ausencia del padre de los de la pobreza y otras privaciones, pero la epidemia de psicopatología que algunos psicólogos predijeron como consecuencia de la ausencia de los padres no se ha materializado. Afortunadamente, la decreciente importancia de la violencia en nuestras sociedades ha eliminado parte de la necesidad, para las mujeres, de tener un hombre cerca —aunque nuestras instituciones han de esforzarse más en protegerlas de sus propios compañeros sentimentales y de extraños—, y la enorme afluencia de mujeres al mercado de trabajo, combinada con redes de seguridad social, hace de los hombres algo aún más prescindible. He aquí una de las razones por las que los hombres en las culturas supremacistas masculinas están tan preocupados por las tendencias actuales. Muchas madres solteras han terminado usando inintencionadamente a los hombres como donantes de esperma y poco más. Y más mujeres están asignando intencionadamente a los hombres un papel aún más insignificante, mediante la inseminación artificial. Aquí, la elección femenina puede reducirse a hojear un catálogo de estadísticas sobre el coeficiente intelectual, la estatura, el peso, la salud, la educación, el historial atlético y los registros de comportamiento de los varones donantes: con fotos, pero sin ataduras.

Actividades masculinas tradicionales como el boxeo y la caza están en declive, y la menor afluencia masculina a las oficinas de reclutamiento y el fortalecimiento del papel de la mujer en el ejército han herido de muerte el estatus especial que, como defensores de la sociedad, se habían autoconcedido los hombres. Las máquinas han estado reemplazando al músculo masculino durante siglos.

Más chicas que chicos están ingresando en las universidades, y más mujeres que hombres están finalizando sus estudios. Si las mujeres olímpicas no pueden superar a sus homólogos masculinos en algunas disciplinas, pueden ganar fácilmente a la mayoría de los hombres en todos esos deportes y en más. ¿Cuánto tiempo pasará antes de que las mujeres puedan, a todos los efectos, hacer cuanto los hombres pueden hacer? ¿Cuán largo es, en realidad, el camino que va desde la inseminación artificial con esperma donado hasta hacer lo mismo con esperma sintético, preseleccionado para tener solo cromosomas X, con futuras generaciones «engendradas» por espermatozoides que transportan genes de otro óvulo?

Los obstáculos legales, éticos y sociales son mayores que los técnicos, los cuales se superarán en décadas, no en siglos. Pero antes de que decidamos seguir ese incierto camino, debemos tener en cuenta que los cola de látigo exclusivamente femeninos y los caracoles de jardín hermafroditas, con sus flechas de Cupido, no son los únicos modelos animales que podríamos emular en un mundo nuevo y excitante de evolución guiada.

La mayoría de los peces de arrecifes de coral, aun no siendo simultáneamente machos y hembras, pueden cambiar de un sexo a otro durante su vida reproductiva. Esto ha sido documentado en muchas especies diferentes, incluidos los hermosos peces damisela y los peces loro, comunes en los acuarios domésticos. La eliminación del único macho en un grupo de hembras activa en la hembra dominante los procesos hormonales que la convertirán en un nuevo macho. Los humanos, en un mundo futuro, podrían quizá vivir todos como hembras, designando a una de ellas para que se convierta en varón solo cuando colectivamente sea deseable o necesario.

O consideremos el rape, una especie en la que las hembras son diez veces más largas que los machos y mil veces más pesadas. El pequeño macho encuentra una hembra, hunde sus dientes en su costado y procede a fusionar su carne con la de ella. El macho, entonces, va debilitándose hasta convertirse en poco más que un dispensador de esperma, listo para fecundar los huevos cuando ella los ponga. Los caballitos de mar poseen un elaborado ritual en el que la hembra y el macho se emparejan, nadan en sincronía durante unos días e incluso enredan un poco sus colas, todo lo cual, según se cree, coordina sus estados reproductivos. Lo que persigue esta coordinación es que cuando la hembra produzca sus cientos o miles de huevos, el macho esté listo para que ella los transfiera a la bolsa incubadora de este, luego de lo cual él secretará esperma para fecundarlos. Ahora él está embarazado y ella se va a producir más huevos. Parece ser una relación más o menos igualitaria: «De acuerdo, tú quédate embarazado, yo me dejaré llevar por la corriente, ovularé un rato y traeré algunos huevos más». El macho usa la prolactina (la hormona que produce la leche en los mamíferos) para gestar los huevos, y cuando estos eclosionan, las crías salen de su vientre por cientos: una nube de diminutos caballitos de mar bullendo en las profundidades.

Hay bastantes especies de aves y mamíferos cuyas hembras son más grandes que los machos. En algunos casos, los machos sirven y atienden a las hembras, cuidan de las crías y respetan y temen el dominio y la capacidad de agresión de las hembras. Al aparearse con un harén de machos, cada hembra tiene una descendencia más variada aún que la que tendría con un solo macho. Un estado de dominación femenina de este tipo sería más fácilmente alcanzable para las mujeres —sin necesidad de deshacerse de los hombres— que las otras opciones que hemos considerado.

Pero supongamos que las mujeres del futuro no desean invertir los términos, solo igualdad real o, tal vez, una modesta ventaja sobre los varones para mantenerlos a raya, sin grandes cambios biológicos. Con este objetivo en mente, nos fijaremos en nuestros parientes simios los bonobos; cuyas hembras mantienen a los machos cerca para algunos de sus escarceos sexuales —aumentando así su disfrute—, al tiempo que los mantienen a raya gracias a la autoridad de sus coaliciones exclusivamente femeninas. Esto protege a las hembras bonobo de todas las amenazas hipermasculinas que sufren sus —y nuestros— otros primos, los chimpancés. Sin embargo, antes de que se dispongan a elegir una de entre todas las posibilidades futuras de este muestrario animal, las mujeres deben decidir para qué son útiles los varones.

Capítulo 3

HEMBRAS EXIGENTES, MACHOS DÓCILES

Charles Darwin, en el capítulo IV de *El origen de las especies*, dejó caer unas pocas palabras sobre eso que llamó «selección sexual» que resuenan, a menudo con dureza, hasta el día de hoy:

> «Esto no depende de una lucha por la existencia, sino de una lucha entre los machos por la posesión de las hembras; el resultado no es la muerte del competidor desafortunado, sino poca o ninguna descendencia. La selección sexual es, por tanto, menos rigurosa que la selección natural. En general, los machos más vigorosos (…) dejarán más descendencia. Pero en muchos casos, la victoria no dependerá tanto del vigor general como de la posesión de armas especiales limitadas al sexo masculino. Un ciervo sin cornamenta o un gallo sin espolones tendrían pocas posibilidades de dejar mucha descendencia».

Darwin entendió claramente las consecuencias:

La selección sexual, al permitir siempre al vencedor reproducirse con seguridad, le dará un coraje indomable, longitud a su espolón y fuerza a su ala para empujar la pata armada con él, como hace el brutal criador de gallos, que sabe bien cómo mejorar su raza mediante una cuidadosa selección de los mejores gallos. Ignoro hasta qué grado desciende esta ley del combate en la escala de la naturaleza; se ha descrito cómo los cocodrilos macho pelean, rugen y giran alrededor, como los indios en una danza guerrera, por la posesión de las hembras; se han visto salmones macho riñendo durante todo el día; los ciervos volantes macho a menudo muestran heridas producidas por las enormes mandíbulas de otros machos. (…) La guerra es, quizá, más severa entre los machos de los animales polígamos, y a menudo tales machos parecen estar provistos de armas especiales. Los machos de los animales carnívoros se hallan siempre bien armados; aun cuando a estos y a otros se les pueden dar medios especiales de defensa mediante la selección sexual, como la melena del león, la crin del jabalí y la mandíbula ganchuda del salmón macho; pues el escudo puede ser tan importante para la victoria como la espada o la lanza.

Ahora bien, hay mucho aquí con lo que mostrarse en desacuerdo. ¿Los machos luchan por la *posesión* de las hembras? ¿Los «mejores gallos» son los que mejor ejercen la violencia? ¿Los cocodrilos son como «indios en una danza guerrera»? Nada de esto sería aceptado hoy día en una obra científica. Pero Darwin nos ofrece un aspecto positivo:

> «Entre las aves, la contienda suele tener un carácter más pacífico. (…) Existe la rivalidad más severa entre los machos de muchas especies para atraer, cantando, a las hembras. (...) Las aves del paraíso y algunas otras se congregan; y los machos muestran sucesivamente su hermoso plumaje y realizan extrañas exhibiciones ante las hembras, que, asistiendo como espectadoras, eligen finalmente el compañero más atractivo. (...) No puedo ofrecer aquí los detalles necesarios para respaldar esta opinión; pero si el hombre puede en poco tiempo proporcionar belleza y un porte elegante a sus gallinas *bantam* (...) no veo ninguna buena razón para dudar de que las aves hembra, al seleccionar durante miles de generaciones los machos más melodiosos o bellos, de acuerdo con su estándar de belleza, puedan producir un efecto señalado».

De modo que tenemos, por un lado, un combate de gladiadores con machos destrozándose entre sí y un ganador posesionándose de unas hembras pasivas y, por otro, unos machos aspirantes exhibiéndose y mostrando lo mejor de su repertorio, con su destino en manos de unas hembras exigentes. En cualquier caso, se trata de un teatro peculiar en el que se decide la historia de la vida: ciertamente, «extrañas exhibiciones».

Pero obviando el escaso tacto con el que aborda la cuestión, ¿tenía razón Darwin? Pues bien, hay una cosa en la que se equivocó: la selección sexual es más —no menos— rigurosa que la selección natural. Naturalmente, morir entre las garras de un depredador o por la acción de un parásito, al caer de un árbol o de *simple* inanición, no puede ser agradable. Pero para la aritmética del destino evolutivo, la selección sexual es más severa que cualquiera de las eventualidades citadas, pues es posible que el desdichado individuo en cuestión se haya reproducido con éxito antes de ser engullido. Sin embargo, uno puede vivir mucho tiempo y quedarse corto aportando al acervo genético de la siguiente generación, en cuyo caso (evolutivamente hablando) usted bien podría no haber nacido. La evolución es una lucha por la reproducción, no por la existencia, y el único objetivo de la supervivencia es reproducirse (o ayudar a los parientes cercanos a hacer lo propio). La vida es la doncella; la procreación, la reina.

Consideremos una población de mil individuos en la que no hay supervivencia diferencial. Todos viven exactamente sesenta años y caen muertos al cumplir esta edad. No hay evolución, ¿verdad?

Falso. De los mil individuos, cien tienen diez descendientes, cien no tienen ninguno y el resto tiene un número de descendientes comprendido entre esos valores. En la medida en que cualquier característica, incluso modestamente genética, haya contribuido a tales diferencias, ese rasgo y sus genes subyacentes se propagarán. No tiene por qué haber variación en la supervivencia, aunque en la vida real sí la hay, y además figura en la evolución. Pero usted no la necesita para evolucionar. Lo que usted necesita es variación en el éxito reproductivo, en parte determinada por rasgos que, a su vez, son parcialmente determinados por genes. Irónicamente, el proceso mismo de domesticación —la selección artificial—, que Darwin usó como modelo para su selección natural, no actúa en absoluto a través de la supervivencia diferencial. Los granjeros y los criadores producen ganado más gordo, ovejas más lanudas, caballos más rápidos, perros más activos y gallinas más ponedoras simplemente decidiendo qué ejemplares se reproducen.

Darwin acabó escribiendo un libro sobre todo esto, ampliando las «pocas palabras» dichas al respecto en *El origen*. Allí, describió el proceso en todo el mundo animal y demostró su importancia.

Pero no fue hasta 1972 —un siglo después— cuando se empleó un lenguaje más neutral[5] a fin de establecer una teoría general. Esto ocurrió en un artículo titulado «Inversión parental y selección sexual», firmado por Robert Trivers, quien expuso el caso de esta manera:

> «Cuando un sexo invierte considerablemente más que el otro, los miembros de este último competirán entre sí para aparearse con miembros del primero. Cuando la inversión es igual, la selección sexual debería operar de forma similar sobre ambos sexos. El patrón de inversión parental relativa, en las especies actuales, parece estar fuertemente influido por la temprana diferenciación evolutiva en células sexuales móviles que fecundan a las inmóviles, y la selección sexual actúa para moldear el patrón de inversión parental relativa».

A decir verdad, esto resume un largo artículo cuyo lenguaje no era tan equilibrado, pero en este pasaje, al menos, tenemos una explicación neutral en cuanto al género. Comenzamos con la idea de que un sexo invierte más en su descendencia y, a continuación, razonamos que este sexo es un recurso escaso por el cual el segundo sexo tendrá que competir. Este último desarrollará adaptaciones para asegurarse la victoria en la batalla —tamaño, músculos, garras, cuernos simples y dientes— o cosas como trinos, plumas de cola, astas elegantes, crines, bailes o la capacidad de construir nidos o generar espectáculos de luz, pequeñas descargas eléctricas o aromas que el primer sexo, más valioso, encuentra atractivas.

Si está pensando que este lenguaje más neutral es solo una forma de encubrir las mismas afirmaciones machistas de siempre, considere el casuario, un hermoso pájaro australiano no volador del tamaño de un hombre y muy peligroso, con garras como cuchillos y una patada que ha mutilado y matado a gente. Mejor dicho, la hembra es del tamaño de un hombre; el macho mide aproximadamente dos tercios del tamaño de esta. Ambos sexos están provistos de *casque* (el nombre se deriva de la palabra francesa para «casco»), una protuberancia ósea que se alza de la testa del gran pájaro formando una cresta, como la cimera de bronce de un casco de

---

5 En cuanto al género. N del T.

gladiador. La cabeza del ave es de color azul pálido y el cuello de un azul oscuro que, en el cogote, se convierte en un naranja brillante; del garguero le cuelga un apéndice carnoso de color rojo. La hembra es más espectacular y atrae a sus pequeños admiradores con una serie de gruñidos de tono bajo. Cuando aparece uno, ella puede mostrarse chapoteando dramáticamente en un charco, salpicándolo todo de agua a su alrededor. Macho y hembra se aparean durante dos meses; a su debido tiempo, esta pone sus huevos —quizá no todos de aquel— y se marcha en busca de otros machos manejables. Él mismo incubará los huevos y criará los polluelos, y durante nueve meses, bajo su atenta mirada, ellos aprenderán a buscarse la vida en el bosque.

En un artículo publicado en septiembre de 2013 en *National Geographic*, la bióloga y escritora Olivia Judson describe un macho llamado Dad:

> «Sus polluelos, que tienen aproximadamente cuatro semanas de vida y le llegan casi hasta las rodillas, pían y silban cómicamente mientras corretean alrededor. Dad permanece en silencio la mayor parte del tiempo, pero de vez en cuando hace chocar las dos partes de su pico armando un gran estrépito. También eructa. Y a veces vocea. Es decir, dobla la cabeza hacia abajo, infla el cuello y emite una serie de sonidos bajos y estridentes. Al hacer esto, su plumaje se hincha. Cuando se sienta, los polluelos se acurrucan contra él, a menudo refugiándose entre sus plumas. (…) Los polluelos también atrapan las garrapatas del cuello de su padre y se las comen».

Entretanto, la madre errante busca pastos sexuales más verdes. Como una madre (humana) de cinco hijos le dijo a Judson: «Regreso como una hembra casuario».

Los casuarios son las aves más grandes con padres devotos y madres de «aquí te pillo, aquí te mato», pero no son las únicas. Las jacanas, conocidas también como pájaros Jesús, parecen caminar sobre el agua cuando corren sobre los nenúfares, mas no es ese su mayor mérito para la fama. Lo que las hace más conocidas es el hecho de que, como en los casuarios, el sexo que más invierte en las crías es el masculino. La hembra, antes de depositar sus huevos en el nenúfar elegido, agarra del cuello a un macho que, de este modo, está obligado a cuidar de ellos..., y eso es cuanto a ella le interesa de él. ¿Y el macho? Pues se queda *compuesto y sin hembra* mientras esta, dos veces su tamaño, se aparea con otros machos —hasta cuatro en una hora, treinta en una temporada—. ¡Zas!, ¡pum!, ¡gracias!, señor *comosellame*.

Solo que no se oyen muchos «gracias» en este mundo de nenúfares, donde las hembras están demasiado ocupadas enfrentándose a sus rivales y apareándose aquí y allá para andarse con sutilezas. ¿Sus rivales? Otras hembras que intentan robarles sus machos. Al final de la temporada habrán reunido un harén de pequeños y lindos papás, cada uno de ellos incubando servilmente una postura de huevos y, a su debido tiempo, mimando durante casi un año una nidada de polluelos. Pero ni los mayores esfuerzos del padre detendrían a la extraña y aviesa merodeadora femenina que puede, cuando la reina amazona del harén masculino está despistada, amedrentar al pequeño papá, abrir sus huevos a picotazos y zamparse sus crías..., tan duramente ganadas.

Y no es solo la nidada. Él puede haber arriesgado su vida para alejar de ella una serpiente o un caimán, dejándose caer instintivamente como si tuviera un ala rota a fin de que el no demasiado listo depredador se olvidara de comerse a sus pequeños. Pero ahora él ve una hembra extraña —dos veces su tamaño, cierto, pero seguramente menos peligrosa para él que los reptiles— y hace poco o nada para evitar que ella haga lo mismo con los polluelos. ¿Por qué?

Probablemente por lo que sucede después. Ella le muestra sus extraordinariamente atractivos cuartos traseros, y él no tarda en aparearse con ella, fecundando sus huevos. Esta hembra le ha arrebatado el premio a la primera. ¿El premio? *El sexo que más invierte en el cuidado de las crías*. Aunque tiene la sartén por el mango, ella es solo, a decir del ornitólogo Stephen Emlen, una máquina de hacer huevos. Instintivamente, el futuro padre comienza a preparar un nuevo nido sobre el nenúfar, y en una semana más o menos la otrora amenazante intrusa regresa, pone algunos huevos y se marcha en busca de su próxima conquista. Pasado un tiempo, todo el estanque está salpicado de familias monoparentales.

***

Ocho especies de jacanas habitan en las zonas tropicales del globo, y a pesar de la existencia de algunos fósiles, no acabamos de entender su origen. Es probable, sin embargo, que evolucionaran a partir de aves que forman parejas, de las cuales existen unas ocho mil especies. Estas, también, tienden a tener papás dedicados, aunque no solteros, ya que la pareja comparte —de forma más o menos equitativa— la carga que supone criar los polluelos. Y ciertamente es una carga.

Observe esos pequeños pájaros posados en los aleros de su casa o en su jardín. Si tienen polluelos, macho y hembra entrarán y saldrán constantemente del nido —qué bien les vendría un controlador de tránsito aéreo en él— para que no les falte alimento. Cuando se posan en el borde del nido, se enfrentan a un grupo de bocas abiertas, a menudo coloreadas y marcadas de tal modo que, junto con los ojos intensamente fijos en ellos, convierten a mamá y papá en esclavos consentidores. Si usted es cabeza de familia, esto le sonará familiar. Si no lo es, tómese un minuto para dar las gracias a quienes se esclavizaron para mantenerlo a base lombrices de tierra y a salvo de gatos peligrosos. Los humanos, como veremos, también tienden a unirse formando parejas, un destino que conlleva un conjunto de otras adaptaciones bajo la lógica de la selección sexual.

En la mayoría de especies de aves que forman parejas ambos sexos tienen aproximadamente el mismo tamaño, y generalmente ninguno de los dos ha desarrollado armas adicionales o una gran belleza en comparación con el otro. Puede que cada uno de los sexos deba enfrentarse a rivales, pero no hasta el punto alcanzado por las jacanas, cuyos machos invierten en el valioso recurso por el que las hembras han de luchar. En las parejas estables la crianza se comparte equitativamente, por lo que una vez que se han encontrado, los tortolitos pueden concentrarse en los polluelos. Como sabemos por la jacana macho, esta es una ocupación a tiempo completo, pero en las especies con vínculos de pareja es una ocupación a tiempo completo para dos. En su gélido entorno antártico, los pingüinos emperador ponen un solo huevo cada vez, y el macho y la hembra —muy similares entre sí— se turnan para incubarlo y cuidar luego del polluelo mientras uno sale a pescar al mar helado, volviendo fielmente a regurgitar peces para la cría.

Esta forma equitativa de cuidar las crías, tan común en las aves, da como resultado el hecho crucial de que los machos y las hembras tienen, aproximadamente, el mismo éxito reproductivo. Juntos se aparean, incuban los huevos y crían los polluelos, y juntos repiten el proceso la siguiente temporada. Naturalmente, no faltarán cópulas robadas, merodeos por ambos lados e incluso deserciones ocasionales; folclore aparte, en ninguna especie con vínculos de pareja —ni siquiera entre los gansos— existe una lealtad perfecta. Pero ¿por qué no actuar como la jacana hembra, correteando alrededor, acorralando un macho tras otro, endosándoles la nidada y desentendiéndose de la manutención de las crías? Tal comportamiento tiene una grandísima ventaja: ella puede poner en el campo docenas de crías en una temporada, mientras que el macho produce mucha menos descendencia propia.

Solo hay un inconveniente. El macho puede contar con esa misma exigua descendencia año tras año. Ella tiene posibilidades en la lotería de la cría, pero muchas más de ser expulsada por una hembra más grande, más dura e incluso más agresiva. Algunas jacanas pueden tener harenes de machos dóciles y dispuestos por todo el estanque y, por ende, dejar sus huevos a buen recaudo, pero —salvo un raro excedente de machos— esto significa que otras hembras no tienen ninguno. De hecho, es esta mayor variación de tipo «todo o nada» en la reproducción lo que hizo a las hembras grandes y rudas desde el principio. Mucho más que para sus pequeños y dóciles machos, se trata de un juego de suma cero[6]. El resultado para las hembras es más competencia, una evolución más rápida y divergencia respecto al macho en cuanto a tamaño, forma, color y comportamiento.

En muchas otras especies, incluyendo grandes cantidades de peces e innumerables insectos, las hembras son más grandes que los machos. Ya vimos cómo el uso y abuso de los machos, por parte de las hembras, encuentra su máxima expresión en la araña viuda negra (cuyas hembras saben cómo *liarlos* para tomar un refrigerio nocturno) y en la mantis religiosa (que tras rezar para encontrar uno hace presa de él y, sin perder el ritmo, lo descabeza en mitad de la

---

6 Representación matemática de una situación en la que la ganancia o pérdida de utilidad de cada participante queda equilibrada por las pérdidas o ganancias de utilidad del resto de participantes. N. del T.

cópula). También hemos visto caballitos de mar macho preñados y lagartijas asexuales que han dado carpetazo a la cuestión masculina. Comparado con el de estas especies, el comportamiento de la jacana es casi dulce. Pero en aves y mamíferos, incluso este nivel de dominio femenino es raro. Tenemos esas ocho mil especies de aves que forman parejas, así como bastantes mamíferos, en el campo igualitario. Sin embargo, a menudo entre las aves y más generalmente entre los mamíferos se da la vuelta al sistema de las jacanas.

***

Un pavo real exhibe sus dones haciendo girar, parsimoniosamente, grandes penachos color turquesa que empequeñecen su reluciente cuerpo azul, alzando una panoplia de iridiscentes monedas de oro y desplegando, a continuación, una delicada malla verde en forma de brillante abanico salpicado de hermosos ojos verdes y dorados, ante el cual el ave aparece sola en el escenario, irradiando una llamativa aureola de plumas como los rayos del sol y, por su colorido, única. Una o dos vueltas más tarde se envuelve en exquisitas pañerías, abatiendo sus suntuosas plumas para formar una elegante e interminable cola multicolor con la que parece ir barriendo el suelo. Diríase que la anodina hembra que observa con recato este espectáculo no tuviera ninguna oportunidad, pero ella se mantiene firme, pues no es este el único macho que intenta sorprenderla y cortejarla. De hecho, ella escoge entre ellos al que mejor brinca y al que extiende, menea y arrastra sus impresionantes plumas con más gracia.

Como haría una experta criadora en una exhibición canina, ella elige qué genes son dignos de pasar a la posteridad. Evalúa al candidato y le permite (o no) añadirse a su propio yo, valioso e indolente —proporcionándole así al macho un canal genético, una oportunidad en este juego de suma cero—. A lo largo de los eones, los pavos reales se volvieron más grandiosos y atractivos porque llamaban la atención de las hembras, y estas dijeron: *Tú*, o al menos: *Oh, tan bueno él como cualquiera*. El resto es historia evolutiva, la más grandiosa exhibición de moda masculina que, moviéndose coqueta y suavemente, ha desfilado por una pasarela de tierra; como si él estuviera pensando: *No me pases por alto, nena, no hay nada mejor que esto*, mientras ella piensa: *Chico, supérate*. La hembra puede hacerse de rogar o esperar a un macho aún más elegante. En realidad, a la larga ella puede elegir varios compañeros. Pero, tal vez, este último macho no esté tan mal, y después de todo ella se encuentra especialmente receptiva.

En cuanto a lo receptiva que está ella, ahora sabemos, gracias a los experimentos bellamente diseñados por Marion Petrie y sus colegas durante muchos años, que las pavas ponen más huevos cuando se aparean con los machos con trenes de plumas más largos (posiblemente un producto del estado hormonal femenino) y que sus crías crecen y sobreviven mejor al ser liberadas en la naturaleza, incluso cuando las hembras son aleatoriamente asignadas a diferentes machos y los pollos se crían en condiciones equiparables. Esto sugiere que un tren de plumas largo es un reclamo honesto de calidad general que se transmitirá a la descendencia, pero también podría ser que los machos más impresionantes (que no participan en el cuidado de las crías) inspirasen a las pavas a invertir más en su prole.

El criterio de elección de las hembras de pavo real resultó ser más complejo de lo que en un principio parecía, pero un elegante estudio de 2013, realizado por Roslyn Dakin y Robert Montgomerie, demostró decisivamente que un componente de la exhibición masculina tiene mucho peso para ellas: «Nuestro estudio muestra que el tono del ocelo azul verdoso influye abrumadoramente en el éxito de apareamiento del pavo real». Es al incidir la luz solar con cierto ángulo sobre esos puntos cuando el macho se gana a la pava. Los autores, que titularon su artículo «Ojo para un ocelo» [«Eye for an Eyespot»], continúan examinando otros aspectos de esta impresionante danza romántica y, las más de las veces, confirmando la suposición original de Darwin.

Hemos visto algo parecido a este proceso en las jacanas, con la diferencia de que entre los pavos reales son los machos quienes compiten por la preciosa capacidad parental de las hembras. Los pavos reales macho no contribuyen en nada al cuidado de las crías. Ellos dedican toda su energía a dotarse de una hermosa cola que desplegar a la vista de las hembras. Según el «principio del hándicap» del zoólogo Amotz Zahavi, tales apéndices inútiles o incluso perjudiciales —las plumas del pavo real confundieron poderosamente a Darwin, porque parecían atraer a los depredadores— son en realidad una señal de calidad, pues solo un macho superior podría permitirse el coste y el riesgo que suponen. Muchos estudios recientes han demostrado que tales accesorios realmente indican la calidad masculina según otros estándares —medidas de la salud como la carga de parásitos y otras—. En este caso, al ornamento y las cabriolas que lo acompañan se les denomina «reclamos honestos» de excelencia.

Pero según la teoría clásica de la «selección autorreforzante» (también conocida como la hipótesis de los «hijos sexis») del biólogo matemático Ronald Fisher, puede que realmente esto no importe, pues una vez que se introduce (incluso por casualidad) la preferencia por las colas más hermosas, las hembras seguirán prefiriéndolas porque sus crías serán más atractivas con ellas, y este ciclo se fortalecerá generación tras generación. Esto debería ser más cierto en entornos ricos, donde el coste de las florituras puede ser más fácilmente soportado y la ganancia para los machos elegidos muy grande. Independientemente de si han evolucionado por hándicap o por selección autorreforzante, los adornos funcionan; en la mayoría de los experimentos, las pavas prefieren los pavos con colas más elaboradas.

Se han demostrado efectos similares en muchas especies, incluidas algunas que se nos antojan mucho menos elegantes que la del pavo real. Aunque la coloración también cuenta, la longitud de la cola en las golondrinas de granero macho puede manipularse para influir en el éxito de apareamiento; en condiciones por lo demás naturales, las hembras apareadas con machos a los que antes se les alargó la cola son mejores para criar huevos y roban menos cópulas con otros machos. Es por eso que las colas largas han persistido a pesar de no aumentar la supervivencia y de entorpecer la búsqueda de alimento.

En los tritones palmeados, la cola del macho acaba en un filamento filiforme. En su pequeño mundo salvaje de estanques europeos, las hembras pasan más tiempo observando el cortejo cuanto más largo es el filamento del pretendiente; y en los experimentos, tanto la longitud del filamento como la duración de la exhibición predicen cuántas masas de esperma aceptará una hembra de un macho dado. Las hembras del pequeño pez millón que eligen machos con cola más larga tienen más crías, y estas, también, poseen colas largas. Entre los mandriles, grandes monos más estrechamente relacionados con nosotros que los tritones o los peces millón, los machos tienen una nariz roja y brillante flanqueada por abultadas mejillas iridiscentes de color azul pálido; Joanna Setchell demostró que cuanto más brillantemente coloreado está el macho, más hembras tiene alrededor acicalándolo y apareándose con él, incluso tras reducir el efecto de su rango en la escalera de dominación. La lista sigue y sigue, e incluso en nuestra especie relativamente formadora de parejas, características masculinas como hombros anchos, grandes pectorales y bíceps, vello en el pecho, mandíbulas cuadradas y barba de dos días figuran entre las preferencias sexuales de muchas mujeres.

Así pues, en las especies que forman parejas la elección femenina sigue siendo importante, pero esta sigue un camino diferente. En primer lugar, la selección sexual está más equilibrada; tanto machos como hembras pueden sentirse atraídos por ciertos rasgos físicos. El charrán rosado es un elegante volátil de unos 30 cm de largo conocido en todo el mundo. Ambos sexos tienen la parte inferior blanca, alas grises, un casquete negro y, a veces, un pico naranja. Las colas de ambos, bifurcadas como las de las golondrinas, terminan en dos largas serpentinas, y los dos sexos aprecian las serpentinas largas en el otro. En una población en Queensland (Australia), la escasez de machos llevó a algunas hembras a emparejarse con otras hembras, en tanto que aquellas con serpentinas más largas consiguieron hacerlo con machos, tan codiciados y difíciles de encontrar. Pero a pesar de la formación de parejas, la similitud entre los sexos y la crianza equitativa, hay un comportamiento dramáticamente asimétrico: el cortejo de alimentación. La golondrina de mar hembra espera pacientemente mientras el macho que la corteja va de pesca, mas no para pasar la tarde. El atareado galán va y viene en busca de presas plateadas como regalo para ella; el camino que lo llevará a su corazón pasa por su estómago. Naturalmente, él también le está demostrando que es capaz de llevar a casa las anchoas para las futuras crías de ambos.

Miles de especies de aves practican el cortejo de alimentación. Los cardenales macho traen semillas y las depositan en el pico de la hembra. Los pretendientes de las gaviotas hembra regurgitan, a modo de presente, una mezcla de pescado y calamar a medio digerir a los pies de la dama. Los cernícalos y los búhos ofrecen roedores recién cazados a sus pretendidas, mientras que entre otras rapaces los machos entregan el paquete sangrante a la hembra en pleno vuelo, dejando caer el pájaro o la culebra cuando la ágil futura mamá pasa por debajo de ellos. A pesar del esfuerzo parental equitativo una vez que los huevos son depositados, la hembra aún tiene que producirlos y ponerlos, y esto la convierte en un objetivo por el que vale la pena esforzarse, y alimentarla mejorará su condición nutricional y la de las crías. No es hasta que una especie adopta el sistema de la jacana cuando la involucración en la crianza de los machos supera realmente a la de las hembras. En otras especies, los machos tienen que demostrar su valía: como forrajeros, cazadores, proveedores, padres, objetos sexuales o luchadores. Pero incluso en nuestro mundo, posmoderno y posfeminista como es, los hombres pagan generalmente la cuenta del restaurante en las citas: nuestra versión del cortejo de alimentación.

Tales rituales no funcionan por arte de magia; en las aves, al menos, están *cableados* en el interior del cerebro. Entre las palomas torcaces, las reverencias y el *pavoneo* por parte del macho y los arrullos por parte de ambos sexos estimulan las gónadas masculinas y femeninas, una rutina de canto y baile que dura días y los prepara para el apareamiento. Primero el macho persigue a la hembra y esta se aleja, pero en cierto momento, él se sienta en el nido y le dedica un arrullo más suave; al oírlo, ella regresa, estimulando aún más sus propias hormonas. Esto se repite hasta que la hembra, en caso de aceptar al macho, se aparea con él, para luego criar juntos los pichones.

Naturalmente, nada de esto es consciente o deliberado, como podría serlo si los hombres y las mujeres humanos practicáramos alguna versión del mismo ritual. Se trata de algo hormonal; de algo instintivo; de algo que evolucionó. Pero, consciente o no, nuestra versión también lo hizo. Los hombres cortejan de diversas maneras, pero solo quienes lograron persuadir a una mujer tienen descendientes que puedan contar la historia. Es cierto que, en muchas culturas y en gran parte de nuestro pasado, los hombres hubieron de persuadir a las familias de las mujeres, pero, como veremos, la elección de estas también contaba entonces.

***

De hecho, no está lejos de la verdad pensar en toda la evolución —en todo caso, la evolución desde que se inventó el sexo— como en un largo, lento y meticuloso experimento de cría con machos realizado por hembras. Naturalmente, si una hembra (ave o mamífero) quiere reproducirse, habrá de elegir entre un macho u otro y, por desgracia, podría no ser un espectáculo deslumbrante, sino un tamaño superior y la fuerza bruta los que decidan la cuestión (como sucede al revés entre las jacanas). Aun así, una hembra tiene que estar dispuesta y lista, y no todos los machos pueden lograr esa buena disposición.

Incluso una rata hembra debe ser llevada hasta la lordosis, un dramático reflejo provocado por algunos machos. Antes de nada, la rata ha de querer al ratón. Entonces ella se lanza hacia él para alejarse luego saltando coquetamente o, simplemente, lo esquiva en un movimiento conocido como «regate». Después de esto, esperará un poco no muy lejos de él, moverá seductoramente las orejas y repetirá la secuencia. Ella podría, incluso, interceptar el avance del macho hacia otra hembra correteando alrededor de este. Si este juego de seducción tiene éxito, el macho comenzará a montarla, y el roce de sus patas en los costados de ella activará el último reflejo habilitador. La hembra arqueará el lomo y alzará su trasero para facilitarle la entrada al lugar donde ella lo quiere.

Esto es el estro, instintivo y cíclico. En un momento determinado, cuando la secuencia ha llegado lo suficientemente lejos, usted podría desencadenar la lordosis pasando el dedo por el costado de la rata, pero esto no sucede en la vida real. Al igual que ocurre con la paloma torcaz, el cerebro y las hormonas están involucrados. Usted podría lograrlo estimulando parte de su hipotálamo. Administrándole estrógenos pondría sus circuitos, incluidos los nervios pélvicos, en alerta máxima. Y es asimismo posible inducir la repuesta contraria: en un célebre estudio brillantemente titulado «Sexo con modelos silenciados» [«Sex with Knockout Models»], Emilie Rissman y sus colegas demostraron, usando ratones, que las hembras cuyo gen para el receptor de estrógenos es silenciado atacan a los machos cuando normalmente serían receptivas, además de no mostrar lordosis cuando sus costados son estimulados, ni siquiera después de recibir inyecciones de estrógenos. Estos sistemas integrados son solo parte del significado del instinto. Pero la elección también cuenta. De acuerdo, la rata no está sentada con sus amigas discutiendo lo guapo que es cierto macho, cuánto dinero gana o con qué frecuencia se ducha. Pero la rata y el ratón tienen sus formas de elegir, y eones de evolución han perfeccionado sus instintos de aceptación o rechazo de acuerdo con la calidad masculina.

Las especies de animales como los pavos reales son conocidas como especies de torneo, porque se reúnen en un terreno de reproducción donde los machos se exhiben mientras las hembras observan y escogen. La elección femenina aquí es fuerte. Pero a diferencia de las jacanas o las especies que forman parejas, las hembras no están buscando posibles padres complacientes; el complacer a la madre de su prole no está en el carné de baile de los machistas machos disponibles. Así pues, las hembras buscan tres cosas: atractivo sexual para sus futuras crías; una calidad tan alta que permita al macho desperdiciar energía y asumir riesgos para desarrollar adornos y exhibirlos en deslumbrantes exhibiciones; y, significativamente, la capacidad de intimidar y derrotar a otros machos.

Aquí es donde entra en juego el torneo. En muchas especies, los machos son como las jacanas hembra: no tan ornamentados como grandes y duros, dominantes y peligrosos, tanto para las hembras como para otros machos. El urogallo negro es un ejemplo clásico; los machos se congregan en un lugar que tiene poco de recomendable, salvo que las hembras saben que pueden hallar compañeros allí. Los machos, de unos 60 cm de largo, color gris oscuro con reflejos azules iridiscentes y dramáticas cejas de color rojo brillante, emiten un distintivo canto de apareamiento y se *pavonean* hasta la extenuación o hasta que una hembra, más pequeña y de un anodino color marrón, los elige. Estas demostraciones tienen lugar durante la primavera, normalmente al amanecer, y pueden congregar a cientos de aves. Pero Anni Hämäläinen y sus colegas, en un estudio de 2012, demostraron que es el rendimiento en el combate lo que las hembras buscan principalmente en los machos. De manera similar, entre los cobos de Uganda —un antílope de unos 90 cm de alzada— los machos son más altos y pesados que las hembras y ostentan cuernos.

Muchos machos defienden, de forma individual, territorios donde intentan mantener harenes; otros se reúnen en áreas de apareamiento, donde entre tres y siete machos ocupan el centro y monopolizan el sexo con muchas más hembras. Sin embargo, no es necesario acudir a concurridos torneos para ver una intensa competencia masculina. Consideremos el majestuoso ciervo rojo, estudiado durante décadas en la isla Rùm, en la costa occidental de Escocia, por el zoólogo Tim Clutton-Brock y otros. Parientes cercanos del alce americano, son igualmente imponentes y muy prolíficos, extendiéndose por Europa y partes de Asia y África del Norte. Los ciervos pueden pesar más de 225 kg y sostener en alto un intimidante conjunto de astas; las ciervas tienen la testa desarmada, pero pueden llegar a pesar 160 kg. Los ciervos maduros mantienen harenes y alcanzan el momento óptimo para la reproducción a los ocho años. Durante el celo de otoño, son desafiados por sus rivales. Los competidores caminan en paralelo a fin de evaluar el tamaño corporal y la cornamenta del contrario. A menudo berrean, lanzando un fuerte y ronco bramido. Si pelean, el choque de las cornamentas es brutal y pueden lastimarse gravemente entre ellos. Los vencedores ganan harenes o mantienen los suyos y se acercan a hembras para montarlas, incluso inician el acto con varias antes de completarlo. Una hembra puede alejarse. El celo es extenuante; los ciervos llegan a perder hasta el 20 % de su peso. No es extraño, pues, que los machos se avejenten mucho en unos pocos años.

Pero para estos y otros cérvidos y antílopes, ¿son los cuernos genuinas armas, en el sentido original de Darwin, o simplemente costosos reclamos de calidad? Probablemente ambas cosas. Ciertamente, las astas y los cuernos impresionan a las hembras exigentes, pero también intimidan a los machos rivales. Si el rival tiene la edad y el tamaño adecuados para hacer algo más que ofrecer un espectáculo, estos accesorios pueden causar graves daños. Pero a menudo no tienen sentido como *simples* armas; las astas y los cuernos están diseñados no tanto para dañar como para inspirar. Así pues, la ornamentación es claramente importante. El tamaño en sí mismo es vital para la defensa masculina, pero también es claramente sexi en muchas especies, y las hembras de algunas de ellas pueden «verlo» en la oscuridad. El estruendo nocturno alrededor de las charcas es producido por ranas macho comunicando a distancia su presencia a las hembras. Al mismo tiempo, están informando de su tamaño. Aunque también importan otros factores, cuanto más grave sea el canto, más grande es la rana y más probable es que la hembra se acerque al oírlo.

En ninguna otra especie, sin embargo, el tamaño y la fuerza son tan importantes como para el elefante marino. Permanecer a su alrededor en una playa es percatarse de cuán insignificantes somos los humanos. Las relativamente esbeltas hembras miden *solo* 3,5 m de largo y pesan 640 comparativamente modestos kilos; los machos son un metro más largos y triplican dicho peso. Estos poseen cavidades hinchables en sus hocicos que los ayudan a emitir rugidos colosales, y acostumbran a lanzarse a través de la playa a velocidades asombrosas para golpearse entre sí. Hunden sus dientes en los cuellos y lomos de los rivales, quedando sus cuerpos embadurnados de arena y sangre y surcados por heridas que dejan cicatrices permanentes. En estos épicos combates no se repara en nada ni en nadie que se cruce en el camino de los contrincantes, lo que incluye las hembras e incluso las crías que podrían ser las suyas —que a veces mueren aplastadas como ardillas atropelladas por camiones—. Las hembras de los casuarios y las jacanas pueden ser igual de grandes y crueles a sus respectivas escalas, pero la escala de los elefantes marinos es titánica.

Sin embargo, cada kilo de masa del elefante marino macho y cada impulso de su brutalidad bien valen el coste y el riesgo asumidos, porque la recompensa potencial es enorme. Como Burney Le Boeuf demostró hace muchos años, el 4 % de los machos acapara el 85 % de la actividad sexual. Del otro 96 %, la mayoría no tiene absolutamente ninguna..., y eso si sobrevive. Pero un toro ganador llega a inseminar cincuenta vacas en una temporada, engendrando tantos terneros que puede permitirse aplastar alguna pareja mientras defiende sus ventajas exclusivas. El plan B es ser reemplazado en la cúspide de su enorme harén por un rival y no reproducirse más.

Es fácil ver que estos tipos de desigualdades y diferencias en el éxito reproductivo podrían resultar en una rápida evolución, al menos durante un tiempo. El tamaño no puede aumentar indefinidamente, porque existen limitaciones físicas y fisiológicas. Y los genes compartidos por machos y hembras establecen un límite a la divergencia entre los sexos, especialmente en aves y mamíferos. Pero el proceso de alcanzar dicho punto, de divergir hasta topar con estos límites y luego mantener la posición, puede seguir una obstinada lógica evolutiva. Los casuarios y las jacanas son excepciones que confirman la regla; estas aves demuestran decisivamente que no se trata de masculinidad y feminidad, sino de inversión parental y selección sexual. Entre los mamíferos, sin embargo, el sexo que invierte más en su descendencia suele ser el femenino, lo que significa que la mayoría de las especies con marcado dimorfismo sexual está en las antípodas de las jacanas.

***

En un artículo clásico, «Mamíferos cuyas hembras son más grandes que los machos» [«Mammals in Which Females Are Larger Than Males»], Katherine Ralls abrió un nuevo campo de investigación. Ella comenzó señalando que las hembras son probablemente más grandes que los machos en la mayoría de las especies de invertebrados, en muchos peces y en algunos anfibios y reptiles. Entre las aves, recordó a sus lectores los casos de las jacanas y los falaropos, pero también dijo que pocos biólogos parecen ser conscientes de que el fenómeno de las «hembras-más-grandes» también se da entre los mamíferos. Ella encontró ochenta y cuatro ejemplos.

Entre ellos había hipopótamos, okapis, varios pequeños ciervos y antílopes, mangostas, hienas, ciertas focas, ballenas y delfines, varios ratones y musarañas, bastantes murciélagos, un par de ardillas voladoras, algunas liebres y conejos, chinchillas, la cebra de Burchell y una serie de pequeños marsupiales, incluido el demonio de Tasmania. Entre nuestros parientes los primates, ella menciona especies de monos sudamericanos, pero ahora sabemos que las hembras son más grandes y dominan a los machos en muchas especies de lémures de Madagascar, como veremos en el siguiente capítulo. Ralls también descubrió que en casi todas especies consideradas, las hembras superan a los machos en longitud en menos del 10 %, con un promedio de menos del 5 %. Esto no se parece en nada a la diferencia de tamaño a favor de las hembras en muchas especies de insectos y peces o incluso en casuarios y jacanas. Y no se parece en nada al exceso de tamaño que muestran los machos en numerosas especies de mamíferos, siendo el de los elefantes marinos el caso más extremo.

Sin embargo, cuando consideramos que los hombres son solo alrededor del 7 % más altos que las mujeres, la ventaja del mayor tamaño femenino en todas esas otras especies no parece tan trivial. El hámster dorado, por ejemplo, invierte nuestra propia razón de tamaños. Y en la que se ha dado en llamar la especie más grande que jamás haya existido en la tierra —la ballena azul—, las *vacas* son más grandes que los *toros*, alcanzando la hembra récord sus buenos 330 m.

Ralls pensaba, y la investigación reciente lo confirma, que las razones para la existencia de hembras más grandes que los machos son complejas. Algunas de estas «hembras-más-grandes» de mamíferos reciben mucha ayuda en la crianza de sus compañeros machos, pero la mayoría de ellas no. Los machos defienden a las crías, pero esto también ocurre en muchas especies con machos más grandes que las hembras. Tampoco las «hembras-más-grandes» son más agresivas que sus correspondientes «machos-más-pequeños»; los machos suelen pelearse más, como ocurre entre otros mamíferos. En muchas de estas especies con machos más pequeños que las hembras, estos poseen armas y ornamentos darwinianos típicos especializados para el combate… contra otros machos. Ralls especuló que un tamaño más pequeño les da a los machos de algunas especies (las ballenas, verbigracia) una mayor movilidad en el apareamiento. Así pues, la selección puede no haber hecho tanto hembras grandes como machos pequeños: nuevamente la elección femenina, pero en estos casos favoreciendo la agilidad, no el volumen.

Y quizá también la docilidad. En muchas de estas especies, las hembras dominan a los machos en disputas sobre alimentos y otros recursos, no obstante la mayor agresividad masculina. En nuestros cercanos parientes los bonobos, las hembras controlan la agresión masculina mediante alianzas; no son «hembras-más-grandes», aunque hay otras especies matriarcales en las que las hembras son más pequeñas que los machos. Tal vez la mejor explicación es que las «hembras-más-grandes» se reproducen mejor. Esto es positivamente cierto para muchos insectos y peces, y existe evidencia de ello en mamíferos.

Pero Ralls también llegó a una conclusión sorprendente: «Una vez que las hembras de los mamíferos se comprometieron con la gestación interna y la lactancia, su inversión parental fue tan grande que la probabilidad de evolucionar hacia un sistema social en el que la inversión parental relativa de los machos excediera a la de las hembras, convirtiéndose aquellos en un recurso limitante para estas, se hizo extremadamente escasa». En otras palabras: una vez que se pasa por el embarazo, ya no es posible actuar como una jacana hembra. Aunque las hembras en estas especies de mamíferos intimidan y dominan a los machos, están lejos de parecerse a las jacanas, porque incluso a un padre complaciente le resultará imposible igualar la inversión que su compañera hubo de realizar antes de que nacieran las crías de ambos, así como la inversión en curso con la que ella está comprometida biológicamente para producir leche. Cuando el genoma del ornitorrinco fue secuenciado, este primitivo mamífero ponedor de huevos resultó tener genes para tres proteínas de la leche que coinciden con las nuestras, a pesar de que la madre ornitorrinco ni siquiera tiene pezones, secretando su fluido lechoso por las glándulas sudoríparas modificadas que se extienden sobre su pecho y su vientre. Esto significa que la leche es tan antigua como los mamíferos —más de 200 millones de años hasta el ancestro común entre nosotros y el ornitorrinco— y que la evolución posterior no recortó el presupuesto para los cuidados maternales. Sin embargo, como veremos, algunas especies de monos sudamericanos tienen padres cuya inversión parental es tan alta que, realmente, representan un serio desafío para las madres.

Desde la aparición del trabajo pionero de Ralls, hemos aprendido mucho más sobre las especies en las que las hembras dominan a los machos. Ella conocía alguna evidencia de que entre las aves de presa los «machos-más-pequeños» se ven favorecidos por una mayor agilidad en la caza, y esto ahora ha sido demostrado. La sofisticada comparación de Oliver Krüger de 237 especies en los tres grupos principales —buitres, halcones y búhos— no logró hallar un papel para la competencia femenina o la agilidad masculina en el cortejo, pero sí apoyó firmemente la hipótesis de la caza: en especies que cazan presas más ágiles, escasas y grandes, los machos son más pequeños que las hembras, porque entre estas aves los machos pequeños y ágiles proporcionan la mayor parte del alimento consumido por las hembras mientras incuban huevos y crían polluelos. Como pensaba Ralls, las exigencias reproductivas pueden proporcionar a las hembras un mayor tamaño.

El trabajo de Ralls sobre mamíferos también ha sido puesto al día. Una exhaustiva revisión realizada en 2011 por Patrik Lindenfors y Birgitta Tullberg concluyó que casi la mitad de todos los mamíferos tienen machos que son más grandes que las hembras, «un patrón que está claramente relacionado con la selección sexual». Muchos menos mamíferos poseen «hembras-más-grandes», y hay poca o ninguna evidencia de que esta inversión se deba a una selección sexual al estilo de las jacanas. Así pues, si la mitad de los mamíferos tiene machos más grandes, muchos poseen machos y hembras de un tamaño similar y solo algunos tienen hembras más grandes, no es debido a la competencia por el acceso a múltiples padres, sino a que un gran tamaño le permite a uno reproducirse mejor al viejo estilo de los mamíferos. Esto también significa que una puede defender sus recursos, incluido su propio cuerpo, contra las demandas masculinas. Mas esto, a su vez, no significa que las hembras no compitan por los machos.

Ralls se refirió brevemente a las hienas, y una nueva investigación ha demostrado que estas se encuentran entre los mamíferos más fascinantes, desmintiendo por completo su reputación negativa. La zoóloga Kay Holekamp y sus colegas, al resumir en 2011 sus veintitrés años de investigación de la hiena manchada de Kenia, advirtieron la gran complejidad y el alto nivel de cooperación existente en la sociedad de la hiena, incluidas las jerarquías dominantes y las coaliciones que recuerdan a las de los babuinos. Esto favoreció rasgos inusuales: «Las hembras adultas son más grandes y más agresivas que los machos adultos, son socialmente dominantes sobre todos los machos alóctonos y sus genitales están muy "masculinizados". Estos rasgos inusuales no solo otorgan a las hembras la máxima prioridad de acceso a los alimentos, sino que también les dan un control prácticamente completo sobre el apareamiento». En la imaginación popular, las hienas son desagradables animales carroñeros, en tanto que los leones son gloriosos cazadores de grandes piezas. En realidad, las hienas también son depredadores de primera línea (matan el 95 % de sus alimentos, incluyendo algún ser humano) y los leones tienden más a rebuscar alimento que las hienas. A menudo ambas especies pelean por un cadáver fresco, con independencia de quién o qué lo matase. Durante mucho tiempo compartieron hábitats, como lo indica el arte rupestre de Lascaux y Chauvet, cuya antigüedad es de unos treinta mil años.

Sin embargo, las hembras desempeñan papeles muy diferentes en las dos especies.

Las leonas son más pequeñas que los leones y no lucen hermosas melenas, pero consiguen la mayor parte de la caza de su manada, para lo que a menudo forman pequeñas partidas femeninas. Los machos descansan y comen —son felices devorando los restos de algún cadáver cazado por hembras— hasta que algún macho extraño aparece en sus herbazales, en cuyo caso tendrán que defender no solo su vida de ocio, sino también los cachorros que han engendrado con las hembras de la manada. Los machos alóctonos tratarán de matar a los cachorros (ignorando las generalmente inútiles protestas de sus madres), y si los padres tampoco pueden protegerlos, estos serán expulsados de la manada, a menudo para morir al poco —como los infantes— a causa de sus mortales heridas. Las melenas, por cierto, provocan el sobrecalentamiento del cuerpo de los machos cuando cazan, pero las hembras, no obstante, prefieren las crines más densas y oscuras.

Las hienas, en cambio, viven en un mundo matriarcal. Sus grandes manadas son colecciones de parientes maternos, y las jerarquías femeninas son de vital importancia. Hay una diferencia de hasta cinco veces en el éxito reproductivo entre las hembras de mayor rango (que viven más tiempo, se reproducen antes y tienen más cachorros supervivientes) y sus hermanas de menor rango, aunque la hembra menos dominante triunfa sobre el macho más dominante. Los machos permanecen o se marchan en función de la elección femenina, y cuando un macho se aproxima a una hembra en celo para cortejarla, aun estando esta biológicamente «dispuesta», puede que no lo esté para él, de modo que el pretendiente arriesga la vida por sus esperanzas sentimentales. Ambos sexos son promiscuos, pero mientras que el macho suplica, la hembra consigue lo que quiere. Micaela Szykman y sus colegas observaron de cerca muchos apareamientos. De uno de ellos informaron:

> «La asunción de una actitud receptiva por parte de la hembra pareció indicarle al macho que era seguro montarla. Después de varios intentos, el macho montó a la hembra e intentó penetrarla repetidamente. Aparentemente, esta tarea se vio extremadamente dificultada por la peculiar morfología genital de la hembra. El macho tuvo que acuclillarse y quedar por debajo de la hembra —tanto que a veces daba con su trasero en el suelo— para colocar su pene erecto en el falo flácido de la hembra».

¿Falo? Digamos mejor un clítoris que las hormonas prenatales han agrandado enormemente. El informe lo explica con más detalle:

> «No hay vagina externa, ya que los labios están fusionados para formar un pseudoescroto y el clítoris es alargado y completamente eréctil, de modo que es muy similar en tamaño y estructura al pene masculino. Este pseudopene está atravesado hasta su punta por un canal urogenital central, a través del cual la hembra orina, copula y da a luz. Esta morfología femenina única hace que la penetración por parte del macho sea considerablemente más difícil de lo que lo es entre otros mamíferos, haciendo también que la cópula forzada sea anatómicamente imposible. Aunque ella retrae su clítoris hacia dentro del abdomen para permitirle al macho la introducción del pene (...) aquel generalmente experimenta una dificultad inusual para localizar esta abertura y lograr la penetración».

Así pues, los necesitados, temerosos y desfavorecidos machos «deben superar desafíos motivacionales únicos asociados al acercamiento y cortejo a hembras grandes, agresivas y bien armadas». Las hienas hembra son más «masculinas» que las macho en cuanto a tamaño, dominancia y capacidad de lucha, así como lo son en cuanto a sus genitales, y aun así traen vida al mundo y cuidan de sus crías. Los machos no solo tienen que ser aprobados para aportar su porción de genes, sino que a menudo han de acuclillarse por debajo de la hembra, siendo la violación anatómicamente imposible.

***

Estos viajes alrededor del mundo para ver cómo las criaturas grandes y pequeñas organizan sus vidas amorosas están destinados a ayudarnos a pensar en nuestras propias formas, históricamente dolorosas, de llevar tales asuntos y, especialmente, para hacernos comprender que la dominación masculina, por común que esta sea, no es la única forma ni es más natural que el dominio femenino o, para el caso, la igualdad. Pero hay muy pocos sistemas en los que el sexo no implique la elección femenina. Y hoy podemos profundizar en este proceso fundamental mucho más de lo que nunca antes fue posible.

Las dos tendencias más apasionantes en biología hoy día son el estudio minucioso del funcionamiento del cerebro y el surgimiento de la ciencia genética. Cuando uno las junta para descubrir cómo los genes hacen que el cerebro produzca el comportamiento, la emoción se duplica. Agréguese a esto la posibilidad de hacer converger tales herramientas sobre especies estrechamente relacionadas que, no obstante, actúan de forma notoriamente diferente, y abriremos nuevos mundos de descubrimiento.

Consideremos los pequeños peces tropicales estudiados por Molly Cummings de la Universidad de Texas en Austin, descritos en su artículo de 2012 «En busca de la selección sexual en el cerebro femenino» [«Looking for Sexual Selection in the Female Brain»]. Ella comenzó con un par de especies de peces estrechamente relacionadas que difieren mucho en cuanto al grado de elección femenina: en una de ellas es muy alto; en la otra, muy bajo. Ambas poseen fecundación interna, lo que significa que el macho ha de lograr la intimidad física con la hembra, y ambas tienen crías vivas llamadas alevines.

La especie con alto grado de elección femenina es el espada pigmea de El Abra, que se encuentra en el río Pánuco de México. Es un elegante pez de unos tres centímetros de largo con escamas opacas de color marrón verdoso, salvo por una veta negra flanqueada por dos hileras de rayas azules brillantes como plumas de flecha. El macho añade una larga y delgada franja negra en forma de espada, que se extiende a lo largo del borde inferior de una aleta de cola por lo demás traslúcida. La especie con coerción sexual masculina, llamada pez mosquito porque se alimenta de larvas de estos insectos, habita en la cuenca del Mississippi. Es de un gris amarillento iridiscente y aproximadamente del tamaño del espada pigmea, salvo que las hembras son bastante más grandes que los machos.

Cummings separó los dos sexos con una pantalla de vidrio y permitió que las hembras permanecieran tan cerca de un macho como ellas quisieran. Los espada pigmea macho poseen una gran variedad de tamaños; los más pequeños son elegidos con menos frecuencia y (curiosamente) son más coercitivos. Quizá este comportamiento coercitivo resulte de su desventajoso tamaño, tal como a veces vemos en varones humanos inseguros. Las hembras estuvieron expuestas durante media hora a una de estas cuatro opciones: *simple* (entre un macho grande y uno pequeño); *mínima* (entre dos machos pequeños); *del mismo sexo* (entre dos hembras del mismo tamaño); y *vacía* (entre dos compartimentos vacíos). Al observar la actividad genética en sus cerebros después de esto, Cummings se centró en cuatro genes que se activan en el cerebro solo durante la elección femenina, incluso en las hembras que eligieron estar entre dos machos pequeños.

Repitiendo el proceso con el pez mosquito, ella encontró una preferencia más débil por los machos más grandes, pero los genes que eran más activos durante la elección femenina en las hembras espada lo eran menos en las hembras mosquito, las cuales, en la naturaleza, tienen menos opciones y *sufren* más coerción masculina. Cummings razonó que los peces mosquito hembra podrían tener que suprimir sus genes cerebrales selectivos, a fin de permitir el desarrollo del proceso de apareamiento en su especie: algo lamentable, pero en su caso reproductivo.

Los genes cerebrales en cuestión se encuentran en muchos animales y tienen que ver con la remodelación de los circuitos cerebrales, una base para el aprendizaje y la memoria. La elección femenina en los espada pigmea puede aprenderse, en parte, por medio de la experiencia con los machos, mientras que los peces mosquito podrían tener que suprimir el proceso de aprendizaje mismo. Cummings está tratando ahora de llevar esto aún más lejos, silenciando y sobreexpresando genes cerebrales y observando luego cómo las hembras hacen sus elecciones. Las posibilidades para transformar el sexo y el cortejo son abrumadoras.

Cummings se inspiró en parte en otra comparación entre especies estrechamente relacionadas que se aparean de forma diferente: los topillos. Los estudios con topillos llevan haciéndose más de un cuarto de siglo: fueron iniciados por Sue Carter y continuados por Thomas Insel, Larry Young y muchos otros. Para empezar, Carter y sus colegas demostraron la importancia de la ahora célebre oxitocina química cerebral en el cuidado maternal. Esto provocó un aluvión de estudios sobre la influencia de la oxitocina en el apego, la amistad y la confianza; incluso los humanos, cuando se les administra oxitocina por medio de un inhalador (para que llegue rápidamente al cerebro), se vuelven más sociables y confiados. La oxitocina también se ha probado en personas con trastornos del espectro del autismo, los cuales se caracterizan por la dificultad para establecer vínculos sociales. Este cuerpo de investigación en constante crecimiento fue revisado por Carter en 2014.

La oxitocina ha creado una emocionante frontera en la investigación del autismo, pero también ha revelado la biología básica de la vinculación afectiva entre individuos. Después de trabajar con Carter, Insel comenzó a comparar topillos de pradera (que forman parejas y comparten la crianza) con topillos montanos (especie con apareamiento múltiple y cuidado unilateral materno). La fidelidad y la inversión parental masculinas resultaron depender de una sustancia química cerebral, la vasopresina, mas no era el nivel de esta lo que importaba —uno podría inyectársela a los topillos montanos macho y ni por esas se comprometerían—. Lo que contaba era la ubicación de los receptores de la vasopresina en el cerebro. Esto, a su vez, dependía de la expresión génica; los genes que formaban los receptores se activaban en los circuitos emocionales clave en el cerebro de los machos de pradera, pero no en los de los machos montanos. El interruptor está en el promotor del gen, que puede ser largo o corto. En 2013, Zoe Donaldson y Young mostraron cómo el gen controla la expresión del receptor en el sistema límbico, también conocido como cerebro emocional.

Ahora viene la parte sorprendente. Puesto que sabemos mucho sobre cómo manipular los genes de los ratones, y dado que los ratones normales no forman parejas ni comparten la crianza, el laboratorio de Young colocó el promotor del gen del topillo de pradera (la versión larga) en ratones macho, a partir de lo cual, estos machos rehechos no querían otra cosa que pasar el rato cerca de las hembras. Hay otras especies de topillos que se ajustan al patrón: los topillos del pino forman parejas y comparten la crianza, y el patrón de los genes cerebrales de los machos coincide con el de los topillos de pradera; los topillos de campo remedan el cerebro y el comportamiento de los topillos montanos. Sin embargo, Miranda Lim y sus colegas, al realizar el mismo tipo de inserción de genes de topillos de pradera hecho por Young en ratones, convirtieron a los descarriados topillos de campo macho en *hombres* nuevos, en la misma línea de fidelidad e inversión parental de los topillos de pradera. Sus nuevos genes hicieron de ellos adorables padres y maridos.

Y no es necesario mucho cambio genético —lo cual ayuda a explicar por qué especies tan similares poseen hábitos de apareamiento tan diferentes—. Si algún cambio en el entorno les da al emparejamiento y a la inversión parental masculina una nueva ventaja, diríase que la evolución puede pulsar un interruptor y producir (a lo largo muchas generaciones) un nuevo sistema de apareamiento. Y esto no es solo aplicable a los topillos. En la actualidad, Donaldson está explorando el mismo gen en los primates para descubrir cómo funciona todo esto en algunos de nuestros parientes más cercanos. Entre los chimpancés, estudiados por William Hopkins, Donaldson y Young, los machos con la variante corta del promotor del gen fueron considerados menos dominantes y más estables en su personalidad que las hembras. En 2014, Stephanie Anestis y sus colegas informaron de la primera investigación sobre el gen en chimpancés salvajes; ellos compararon la población salvaje del Parque Nacional Kibale, en Uganda, con los del Centro de Investigación New Iberia, en Luisiana, y los chimpancés del Centro de Primates Yerkes que el grupo de Hopkins había estudiado.

El promotor largo era mucho más común en los chimpancés salvajes del África Oriental que en los de cualquier centro de cautivos, donde los chimpancés descendían de antepasados del África Occidental. Entre los machos de la población de Luisiana, el promotor largo fue asociado con el comportamiento social «inteligente», que incluye formar coaliciones e iniciar el juego, así como la facilidad para entablar amistad; esto no parece encajar con el hallazgo de Yerkes de personalidades más estables y menor dominancia en los machos con la versión corta, pero las medidas de comportamiento utilizadas fueron muy diferentes. Los necesarios análisis de comportamiento de los chimpancés salvajes no se han realizado aún. Hasta ahora, sin embargo, todos los estudios señalan la importancia del promotor de vasopresina como base para la variación en el comportamiento social. Y lo más notable de todo, la investigación en Suecia realizada por Hasse Walum y sus colegas ha demostrado que la variación natural en el promotor (aunque no es lo mismo que las variantes en los topillos) está relacionada con la fidelidad en la pareja entre los humanos.

A veces, tras la conferencia de algún experto sobre esta investigación, alguna mujer joven se levanta y pregunta, en tono de broma, por algo que pueda echarle a su novio en la cerveza para que se comprometa. Hoy día no existe tal cosa, porque no podemos insertar genes a través de la cerveza; si su novio consume rapé o usa un inhalador, teóricamente usted podría añadir oxitocina, la cual, según parece, hace que las personas de ambos sexos sean más confiables y cariñosas (no intente esto en casa, por favor). Pero la cuestión de si nosotros, como especie, podríamos dirigir la evolución hacia una unión conyugal más perfecta, con hombres más leales que sean mejores padres, es de nuevo otra cosa. Como veremos, bien podríamos hallarnos en medio de un cambio evolutivo de este tipo ahora mismo. Y quién sabe: tal vez la próxima generación de científicos descubra una forma de acelerar el cambio añadiendo alguna sustancia a la cerveza.

Capítulo 4

POSIBILIDADES PRIMATES

Nos acercamos ahora a nuestro propio rincón del mundo biológico, donde observaremos los roles de machos y hembras entre nuestros parientes los primates. Puesto que en la escala de tiempo evolutiva comenzamos como prosimios —mamíferos del grupo de los primates—, sus actuales representantes tienen mucho que enseñarnos acerca de dónde venimos y hacia dónde vamos. Y tienen noticias para nosotros sobre la supremacía masculina.

Los lémures, los prosimios más comunes, habitan —o más bien se mueven incesantemente— en los frondosos bosques de la gran isla de Madagascar, frente a la costa oriental del sur de África. Son menos parecidos a nosotros que los monos y los simios, pero más parecidos a nosotros que cualquier otro mamífero. Otrora encontrados en todo el mundo, fueron rechazados por los monos a los que sus ancestros dieron origen —salvo en su mundo insular, que los monos nunca habitaron—. Ellos representan, en líneas generales, la clase de animales que éramos antes de convertirnos en monos o simios, y en eso reside una gran parte de su interés.

Pero además tenemos esto: en todas las especies de lémures, las hembras dominan a los machos. Esto sucede en la naturaleza y en cautividad, en combates singulares por alimento, hierba y espacio vital, de formas sutiles y crudas.

Como dijo Alison Jolly —la gran pionera de los estudios de campo de lémures, fallecida en 2014—, la vida de estos primates es una larga telenovela. Entre los machos se dan gravísimas peleas —por las hembras, verbigracia— y las hembras también compiten entre sí. En algunas especies, pero no en todas, las hembras son más grandes. Pero el hecho clave es que las hembras dominan, mientras que los amilanados y sumisos machos saben bien cuál es su sitio y se mantienen en él. Las hembras pueden dominar de forma individual, pero generalmente lo hacen mediante coaliciones femeninas. Tal es el denominado síndrome del lémur, que puede ser un elemento clave para la evolución de la inteligencia social de los primates.

Fijémonos en el lémur negro de ojos azules, un animal increíblemente hermoso con unos impresionantes ojos —cuyo espectro cromático va del azul pálido hasta un impactante azul eléctrico— y un afelpado pelaje negro. Mientras se mueven entre las frondas, balanceándose en las ramas con sus colas largas, delgadas y tupidas, podrían parecer gatos grandes y elegantes, pero sus ojos denotan una gran inteligencia y sus manos se asemejan a las nuestras y trabajan de forma similar. En un estudio realizado por los primatólogos Leslie Digby y Alexandra McLean Stevens, las hembras de lémur negro de ojos azules ganaron el 99 % de las disputas con machos, combinando la coerción social —amenazas y mensajes más sutiles— con el más frecuente empleo de la agresión directa. Durante la etapa de crecimiento, los *chicos* ganaban algunas disputas, pero las *chicas* aún dominaban y mejoraban a medida que se convertían en adultas imbatibles. A pesar de su actitud sumisa, algunos machos logran aparearse con múltiples hembras, lo que indica la existencia de una elección femenina importante.

Sin embargo, los variados patrones de apareamiento de los lémures parecen funcionar a favor de las hembras. Brigitte Marolf y sus colegas compararon el lémur de vientre rojo, una especie monógama, con el lémur coronado, una especie con apareamiento múltiple entre machos y hembras. Los coronados macho eran más agresivos entre ellos, pero las hembras también eran más rudas con *sus* machos, aunque estos superaban en diligencia a sus fieles homólogos de vientre rojo cuando de acicalar hembras se trataba. Sin embargo, a pesar de estas diferencias, los machos de ambas especies se inclinaban ante el poder femenino.

Esto es también aplicable a los lémures de cola anillada —criaturas grises con llamativas bandas negras rodeando sus colas largas y gruesas—, cuyo estilo de vida es altamente social. Les gusta apiñarse y tomar el sol panza arriba, lo que los hace parecer adorables, pero cada hembra domina a cada macho del grupo, a pesar de que ambos sexos tienen el mismo tamaño. También poseen niveles de andrógenos similares, aunque las hembras duplican sus niveles —junto con su beligerancia— durante el periodo de apareamiento. La psicóloga Christine Drea y la anatomista Anne Weil demostraron en 2008 que (al igual que las hienas) las hembras de cola anillada tienen, de forma natural, partes íntimas de tipo masculino; vistos de lejos, estos órganos podrían tomarse por un pene y testículos, y examinados de cerca poseen la morfología observada en los primates hembra que reciben hormonas masculinas. Su principal ornamento es un clítoris alargado y colgante; como en los humanos, es el único órgano que no tiene una función conocida aparte de la de proporcionar placer, solo que en los lémures es mucho más grande. Así pues, las hembras de cola anillada no solo hacen de ello un símbolo de su superioridad sobre los machos, sino que probablemente también lo disfrutan a fondo.

El espectacular maullido de satisfacción femenina, no obstante, puede darse también en el diminuto lémur ratón gris. Ambos sexos son monadas de ojos como platos, muñequitos de Yoda sacados directamente de una colección de *Star Wars*, pero como los cachorros de chihuahua taza de té, caben en la palma de una mano. Sin embargo, estas hembras tampoco tienen problemas a la hora de tiranizar a los manejables machos en su mundo nocturno. Un trabajo de investigación, titulado «Sexo en la oscuridad» [«Sex in the Dark»], encontró que los machos han de viajar mucho para ver cumplido el deseo de su corazón, aunque con las hembras manejando el cotarro, la mayoría de las camadas tienen múltiples padres. En otro estudio, publicado en 2012, la ecologista Doris Gómez y sus colegas descubrieron que las hembras prefieren machos que han derrotado a otros machos, a pesar de que esos mismos ganadores no podrían vencerlas a ellas. Imagínese una atlética princesa contemplando cómo sus pretendientes se baten entre sí (sabiendo que ella podría derrotar al mejor de todos), para dignarse luego a permitir que el vencedor la sirva —según los términos de aquella, claro.

En un estudio de laboratorio de 2012, la ecologista conductual Elise Huchard y sus colegas compararon el tamaño de los sexos. Ella predijo que las hembras más pequeñas se aparearían con más machos —esto se denomina «poliandria de conveniencia»—, ya que serían físicamente menos capaces de resistir los asaltos de los *chicos*. Se equivocó. Cuanto más grande es la hembra, más compañeros tiene; los investigadores llamaron a esto «poliandria adaptativa», porque tales hembras van dando permiso a uno tras otro: los torneos de lucha simplemente deciden quién es el primero en la fila. En el documento señalaban secamente: «Las hembras de lémur ratón gris ejercen un control estricto sobre el apareamiento y buscan activamente múltiples compañeros, lo que sugiere que la poliandria podría constituir una estrategia más provechosa» que el patrón habitual de elección femenina antes del apareamiento. Provechosa, quizá, en más de un sentido.

***

La gran primatóloga y antropóloga evolutiva Sarah Blaffer Hrdy, en un libro intrigantemente titulado *La mujer que nunca evolucionó* [*The Woman That Never Evolved*], ya nos permitió entrever todo esto hace décadas. La inexistente mujer del título era la mujer pasiva del mito masculino: un objeto sexual misteriosamente frío y caliente, inaccesible y receptiva, virgen y cortesana, sin un hueso duro en su cuerpo o un pensamiento agresivo en su cabeza que, por arte de magia, se transformó en una dadivosa diosa madre tan pronto como tú —chico listo— descubriste cómo derribarla de su pedestal. Este mito tenía una versión evolutiva, en la cual las hembras primates esperaban mientras los machos peleaban por ellas: el ganador se quedaba con todo. Al fin y al cabo, ¿qué otra cosa podían hacer las pobres y delicadas criaturas? Sacaron de ello el mejor provecho. Después de todo, ¿no era eso lo que ellas querían?: ¿los mejores luchadores para protegerlas?, ¿los mejores cazadores para alimentarlas a ellas y a sus crías, ¿los padres más audaces y duros para su prole?

El mito echó profundas raíces en nuestra cultura. Eran Aquiles y Agamenón peleando por la bella esclava Briseida; Grecia y Troya haciendo correr ríos de sangre alrededor de la bella Helena. Odiseo, después de innumerables hazañas y no pocos festejos, regresa a casa para encontrar a Penélope esperándolo, después de veinte años, tan cariñosa y fiel como siempre, habiendo rechazado a todos sus pretendientes. Y si usted cree que la tradición judeocristiana es diferente, lea el Génesis o Jueces. En estas sagas sagradas los hombres luchan entre sí mientras las mujeres, con muy pocas excepciones, esperan y toman cuanto pueden obtener. En el mejor de los casos las mujeres se valen de artimañas, pero rara vez demuestran fortaleza o coraje. El tipo de cultura al que pertenecían estos relatos, no obstante, era muy diferente al de la cultura en la cual evolucionamos. Y, con toda probabilidad, ninguno de esos libros fue escrito por mujeres. La mujer que evolucionó fue una bien diferente.

Hrdy lo sabía bien porque ella misma —corajuda primatóloga de campo— hubo de vencer muchas dificultades para realizar un estudio trascendental sobre los langures: monos grandes, elegantes y de color grisáceo de la India central. Ella hizo famoso un fenómeno que, intelectualmente, puso el foco en un extremo del medio continuo de la peor violencia masculina: el infanticidio competitivo. Otros investigadores lo encontrarían en muchas otras especies: más de cincuenta en el último recuento, solo entre primates. Pero los langures de Hrdy resultaron ser una sorprendente primera revelación. En pocas palabras: las huestes de estos primates poseían jerarquías masculinas inestables. Las hembras, sus parientes y sus crías formaban el núcleo, pero los machos, después de un par de años en la cúspide, eran expulsados por otros machos. Cuando esto sucedía, los usurpadores mataban a todas las crías menores de seis meses, lo que hacía que las madres de las víctimas fueran de nuevo sexualmente complacientes…, esta vez, para los vencedores.

A primera vista parecía la misma historia de siempre: los nuevos machos haciendo valer cruelmente sus privilegios masculinos. Las hembras hubieron de ver sus crías muertas y despedazadas y, a su debido tiempo, aparearse con sus verdugos, del mismo modo que las mujeres apresadas como esclavas en innumerables guerras se convirtieron en esposas y concubinas de sus enemigos. Pero, en realidad, no era algo tan simple. Las madres se defendían. Las hembras de langur intentaban valientemente evitar que los nuevos y empoderados machos se hicieran con sus crías y arriesgaban sus propias vidas tratando de protegerlas, sujetándolas o arrebatándoselas aun estando ya las crías gravemente heridas. Y lo hacían ayudándose mutuamente, desplegando alianzas de hermanas, madres y primas, compartiendo el riesgo y el coste de la resistencia conjunta. Si finalmente sucumbían a una fuerza abrumadora, no era sin haber luchado hasta el final.

El viejo mito occidental también se equivocaba en otros muchos aspectos. Las hembras primates nunca se mostraron pasivas en ninguna situación. Incluso en periodos de calma, cuando no se enfrentaban a algo tan grave como el infanticidio, se resistían a los abusos masculinos. Se mantenían constantemente activas en beneficio propio y de sus crías, intentando sacar ventaja de un orden de dominación femenino, compitiendo por los machos, la comida y el territorio, protegiendo a sus crías de cualquier daño y haciendo todo lo posible para que estas, al crecer, ocuparan puestos donde (machos o hembras) también fueran dominantes. Si algunas hembras primates habían de vivir en un mundo masculino —y no todas lo hicieron— no permanecerían de brazos cruzados; sacarían el máximo provecho posible de la situación.

Con el tiempo, Hrdy comprendió que sacar el máximo provecho en el sexo significaba intentar ejercer la elección no solo antes del apareamiento —lo que a menudo era posible—, sino también después de este. Al igual que el diminuto lémur ratón gris, todas las hembras primates tenían opciones: oportunidades de apareamiento más allá de la primera; cópulas extraparejas (cuando había una pareja); poliandria adaptativa o de conveniencia; sexo con otras hembras; y, en las circunstancias apropiadas, promiscuidad selectiva. Incluso en las especies que forman parejas, donde ambos padres contribuyen al cuidado de su descendencia, el *chico* preferido de una puede ser engullido por un depredador, caerse de un árbol, ser perseguido por otros machos o simplemente mudarse a las copas de otros árboles más frondosos. Para una *chica* todas las precauciones son pocas: ella necesita un seguro sexual. Y también necesita los mejores genes masculinos que su propio atractivo sexual pueda comprar. La creciente evidencia en apoyo de estos puntos, en todo el mundo animal, llevó a Hrdy a escribir un célebre artículo titulado «El número óptimo de padres» [«The Optimal Number of Fathers»]. A estas alturas, no le sorprenderá descubrir que el número óptimo a menudo no es uno.

***

No solo entre los primates, sino también entre los mamíferos en general, los padres más impresionantes son unos pequeños monos sudamericanos, parientes nuestros no muy lejanos, llamados tities y tamarinos. Viven en el bosque formando familias pequeñas (aunque no siempre convencionales) en las que los padres son permanentes y contribuyen grandemente a la crianza de la prole. Salvo por gemelos ocasionales, tener una cría a la vez es un sello distintivo de los primates, algo que permite un largo y lento proceso de crianza y aprendizaje. Pero los tities dan a luz gemelos rutinariamente, una hazaña que es posible, principalmente, gracias a los padres macho.

No es tarea fácil mantener gemelos con vida en la naturaleza. Incluso en las poblaciones humanas, antes de los tiempos modernos, sobrevivían menos niños de cada cien pares de gemelos —esto es, doscientos bebés— que de cada cien nacimientos individuales. Es decir, en partos gemelares morían más del doble de bebés que en partos individuales, lo cual explica por qué la gemelización fue históricamente rara en humanos. La selección trabajó contra ello, a pesar de la aparente ventaja de duplicar la progenie de uno.

Pero en algún punto del camino evolutivo, los tities dieron con un medio para evitar esto: convertirse en los padres macho más dedicados al cuidado de las crías en todo el mundo de los mamíferos. Estos no pueden quedarse embarazados o dar de mamar —ni siquiera ellos podrían saltarse 200 millones de años de biología—, pero se encargan de todo lo demás. En su alto y denso reino boscoso, donde las crías caerían al vacío o serían atrapadas por un halcón o una serpiente si se las dejara solas unos minutos, ellas no lo están ni siquiera unos segundos, pues cuando los gemelos no están mamando están cabalgando a lomos de papá. Esto supone 24x7 —salvo breves intervalos de lactancia— acarreando gemelos cuyo peso combinado equivale al 20 % del peso del padre y subiendo, y ello sin dejar de saltar de un árbol a otro en busca de alimento con el que mantenerse con vida y pagar la enorme cuenta calórica.

Ahora bien, la vida de la madre tití tampoco es un pícnic. Ella debe conseguir comida para tres, después de llevar a los gemelos en su interior durante meses y afrontar el riesgo del parto múltiple. Las crías son también el 20 % de su tamaño; es como si diéramos a luz rutinariamente dos obuses de quince libras que, además, crecieran a ritmo acelerado y mamaran con todas sus ganas. Pero de las docenas de especies de monos en todo el mundo, solo estas pocas pueden permitirse gemelos de forma constante, porque el esfuerzo parental es tan equitativo como en cualquier especie de aves que forme parejas. Y aunque mamá y papá no están constantemente entrando y saliendo del nido en busca de alimento, la carga que soportan es enorme. De hecho, en algunas especies de tities las familias no solo están formadas por mamá, papá y los pequeños, sino también por ayudantes: machos o hembras, casi o completamente adultos, que se abstienen de reproducirse mientras cuidan a las crías de la pareja principal.

Consideremos una pareja de tities orejas de borla de color blanco dorado justo antes de que la hembra dé a luz, a solo unos pasos por delante de un jaguar que acecha y huele el embarazo en la noche. Después de algunos intentos fallidos, ella encuentra un árbol con un gran hueco que no está ocupado por un mapache u otro habitante del bosque, también necesitado de refugio contra los jaguares. Al atardecer la hembra se pone de parto, con contracciones cada cinco minutos. Se acuclilla y estira el tronco hacia arriba, convulsionando un poco y cerrando los ojos con cada contracción. Su compañero está cerca, esperando para ayudar como solo los machos tití saben hacerlo. En menos de una hora, las contracciones comienzan a aumentar rápidamente en intensidad y duración, y al cabo aparece el primer gemelo. La hembra lame la cría cuando está fuera, y esta no tarda en aferrarse al pecho materno. El macho asoma la cabeza a la abertura del hueco y escruta la noche en busca de depredadores. En unos pocos minutos nace el segundo bebé, el macho lo olfatea cuidadosamente a medida que sale. Acto seguido este mastica los dos cordones umbilicales, comiéndoselos como largos haces de espagueti. Finalmente se atiborra con la placenta mientras la hembra lame los gemelos.

Al día siguiente, los cuatro abandonan el árbol y reanudan su viaje a través del bosque. Los gemelos se aferran a su madre mientras el macho la acicala, pero por ahora ella rechaza los intentos de este por abrazar a sus crías. Pronto se les unen otros miembros de su extensa familia que han pasado la noche en otro lugar. Todos muestran un vivo interés, olisqueando y acariciando a las crías, hasta que finalmente es reconocida la prerrogativa del padre y la madre le permite sostener una. Él la acuna con ternura. Una joven ayudante intenta quitarle a la madre la segunda cría, pero no tarda en angustiarse al ver que esta se aferra a ella como a su misma vida; su primera actuación como canguro acaba con la mamá tratando de tranquilizarla. En unos pocos días el padre cargará con los gemelos casi todo el tiempo, dejándoselos ocasionalmente a los ayudantes (que ciertamente ayudan) y a la madre para que los amamante.

Pero este no es el caso en la mayoría de los primates, más allá de la familia de los tidíes. Los ayudantes en muchas especies hacen poco y, a veces, hacen más daño que bien. En cuanto a los machos, padres o no (ellos a menudo ignoran que lo son), su contribución suele ser mínima.

***

Barbara Smuts, otra brillante primatóloga de la generación de Hrdy, estudió los babuinos en la sabana africana. Estos monos terrestres no solo son parientes mucho más cercanos a nosotros que los lémures o los tities, sino que también son muy prolíficos —en algunos países se los considera plaga: un equívoco tributo a sus adaptaciones—; son, en fin, grandes, peligrosos e inteligentes primates con intrincadas vidas sociales. Como tales, nos permiten atisbar cómo nuestros remotos ancestros pueden haberse adaptado a la vida en el suelo. Irven DeVore, un mentor de Smuts y Hrdy, había demostrado que, en la naturaleza, los machos babuinos gobernaban sus nutridas huestes —hasta cientos de ellos juntos— no solo por la fuerza, sino también por medio de alianzas (no lo sabíamos entonces, pero las alianzas también eran comunes entre las hembras de muchas especies). Podríamos entender cómo funciona una escalera de dominación lanzando un pedazo de comida entre dos machos cualesquiera. Los resultados de todos los posibles combates entre dos nos dirían qué macho vencería a cada uno de los otros en singular combate, el cual derrotaría a todos los demás salvo al primero, y así sucesivamente en todo el orden jerárquico[7] —un término derivado de la organización social de las aves, donde todo gira alrededor de quién picotea y quién es picoteado.

Pero en el caso de estos inteligentes monos, esa escalera del experimento no nos diría quién está al mando en la vida real, porque el dominio de los babuinos exige coaliciones. La cuestión no es si Chuck podría vencer a Sam en un combate singular, sino si Sam podría confiar en Joe y tal vez en Fred para unirse contra Chuck. Por más que Chuck sea el macho más fuerte y cruel, si no logra crear una alianza podría ser derrotado por cualquiera de los demás, siempre y cuando el desafiador no se viera atrapado a solas con él. Las coaliciones también ayudan a proteger el grupo de los grandes felinos y otros depredadores terrestres africanos. Las madres con crías se sitúan en el centro, los jóvenes permanecen cerca de ellas, otros adultos más débiles gravitan hacia los anteriores y, en la periferia, los equipos compuestos por los machos más grandes y fuertes plantan cara a la amenaza.

En una especie en la que las crías se desarrollan lentamente, con mucho que aprender sobre la vida social —amigos, enemigos, prestigio, amenazas, coaliciones, jerarquías—, la relación madre-cría conduce gradualmente al joven hasta un lugar bastante seguro en un complejo mundo social. El juego, también, desempeña un importante papel socializador, ya que las crías y los jóvenes se revuelcan enérgicamente unos sobre otros. Pero los babuinos han de crecer como machos y hembras, haciéndolo así a ritmos diferentes y acabando ambos con tamaños diferentes. Los machos no solo son más grandes y voluminosos que las hembras, poseen además caninos mucho más largos para asustar y, a veces, para desgarrar.

Los machos pueden amenazar a las hembras, pero son especialmente peligrosos para otros machos. No olvide que en los sistemas donde los machos pueden aparearse con muchas hembras —verbigracia los gorilas, cuyos machos superiores tienen harenes, o, en el extremo, los elefantes marinos, donde el 4 % de los machos monopoliza el 85 % de los acoplamientos—, los mayores perdedores en términos evolutivos no son las hembras explotadas, sino los

7 *Pecking order* (del verbo *peck*, «picotear») en el original. N. del T.

machos totalmente excluidos. Esto es verdad hasta cierto punto en los babuinos, aunque como ocurre con muchos primates, existe una dimensión temporal; los machos envejecen apartados del poder y la reproducción. Si bien esto podría parecer una rotación que, con el tiempo, permite a todos el acceso a las hembras, los machos han de envejecer en posiciones que les permitan aparearse, y en muchas especies esto implica la transferencia de machos en la adolescencia. Cuando los parientes femeninos constituyen el núcleo del grupo, los machos jóvenes son expulsados cuando se acercan a la edad adulta, y este es un momento especialmente crítico para ellos. La mortalidad es alta. Para poder sobrevivir, y naturalmente para poder aparearse, han de ser admitidos en otros grupos, donde los machos alóctonos más fuertes, viejos y bien posicionados no los quieren, como tampoco lo hicieron sus padres y tíos en sus grupos natales.

Smuts descubrió una maravillosa solución alternativa, empleada por los babuinos macho jóvenes que intentaban introducirse en semejantes mercados nuevos y desconocidos. Ellos no podían acercarse a las hembras sexualmente receptivas, que estaban monopolizadas por peligrosos machos residentes, pero poco a poco fueron capaces de frecuentar a las hembras con crías. En su notable libro, *Sexo y amistad entre babuinos* [*Sex and Friendship in Baboons*], Smuts describió el patrón en detalle cuantitativo. Es el caso opuesto al de los langures. Entre estos, los nuevos machos son adultos jóvenes —pero fuertes— que, en primer lugar, se enfrentan a los machos locales de más edad. Si los recién llegados ganan, van a por las crías con malas intenciones y, a su debido tiempo, se aparean con sus madres. Los babuinos macho alóctonos, por el contrario, se aproximan a las madres con crías, manteniéndose a una distancia segura y mostrando posturas corporales y expresiones faciales que dicen: «No soy una amenaza». Con el tiempo van acercándose más a ellas, al poco comienzan a acicalarlas y finalmente tocan y sostienen a la cría.

Entretanto, cualquier intento de agresión por parte de los machos establecidos es frustrado por la cercanía de la cría. Tal «amortiguación agonista» se da en muchas especies de primates, cuyas hembras o machos más débiles se protegen a sí mismas tomando prestadas las crías de otras. Esto a menudo es un seguro confiable contra ataques de todo tipo. Pero tras muchos meses de estudio, Smuts llegó a conocer bien a sus sujetos; ella descubrió que las hembras que hacían amistad con los jóvenes machos alóctonos estaban cubriéndose las espaldas. En última instancia, estos machos podían convertirse no solo en amigos, sino también en protectores y tal vez incluso en amantes. En términos evolutivos era un arreglo con el que todos ganaban; los nuevos machos se ganaban la tolerancia y la aceptación gradual de un grupo que, para ellos, podría haber sido una fuerza hostil, en tanto que las hembras optimizaban el número de padres. Si estos machos eran «amigos con beneficios», tales beneficios eran mutuos y podían durar toda la vida.

Así pues, aun estando dominadas por machos más grandes, las hembras pueden obtener ventajas en cuanto a la supervivencia, la protección de su descendencia y la elección de pareja —incluidas las parejas múltiples—, valiéndose sutilmente de su poder conforme avanza el tiempo. Muchas alianzas femeninas logran fines similares frente a las amenazas masculinas; pero aquí se trata de una alianza entre machos y hembras basada en la tolerancia de una madre joven y la complacencia de un macho forastero, vulnerable y suplicante.

Smuts, sin embargo, sabía que este proceso —bastante dulce y, para las hembras, empoderador— no era la única forma en que los babuinos macho se acercaban a las hembras; esparcidos por todo el mundo de los primates existían patrones de conducta mucho más desagradables. En 1993, ella y su padre, Robert Smuts, escribieron un artículo sobre la coerción sexual masculina en los primates que constituyó un punto de inflexión tan importante como el trabajo de Hrdy sobre el infanticidio. Padre e hija hallaron que este comportamiento coercitivo estaba muy extendido entre primates y mamíferos en general. Esto no era desconocido, pero su visión general sistemática estimuló una gran cantidad de investigación adicional, gran parte de la cual se reunió en un libro de 2009 editado por los primatólogos Martin Muller y Richard Wrangham. Algunos patrones de coerción masculina tienen un objetivo a corto plazo, pero otros resultan en relaciones a largo plazo; algunos parecen diseñados solo para persuadir, mientras que otros resultan en lesiones muy graves.

Informes de otros primatólogos están ahora mismo en proceso. Nicole Gibson y sus colegas publicaron recientemente un caso de violación entre monos araña peruanos. Los conocemos como elegantes acróbatas que parecen volar a través del bosque usando sus largas colas como una quinta extremidad de agarre. Pero en un caso bastante menos elegante, una hembra fue acometida por un macho que «se acercó rápidamente, abriéndose paso por entre las frondas». Ella logró escapar, pero el macho la persiguió y, atrapándola al fin, la agredió ininterrumpidamente durante diez minutos. La pelea incluyó una «sesión de golpes» —aporreándola repetidamente en la cabeza con un brazo— «y una feroz lucha cuerpo a cuerpo». Ella gritaba y se quejaba; él gruñía. La hembra «cayó sobre una enredadera baja junto al tronco del árbol, pero [él] la inmovilizó contra ella y comenzó a copular». La víctima defecó dos veces, algo que las hembras nunca hacen durante el sexo normal, mas sí cuando son atacadas. La hembra trepó por el árbol, pero el macho la alcanzó rápidamente y volvió a penetrarla. Él eyaculó y permaneció dentro de ella durante dos minutos, hasta que, finalmente, la hembra chilló y se alejó del agresor dando grandes saltos.

Semejantes forzamientos sexuales son inusuales entre los monos araña, y es probable que los perpetradores sean machos con escaso éxito reproductivo. Es importante señalar que las hembras de mono araña —y de todas las especies con coerción sexual masculina— tienen formas de evitarlo. Una de ellas es formar consorcios con machos que a ellas les gustan, quizá internándose en el bosque lejos del resto durante algunos días para aparearse en privado. O, cuando están sexualmente receptivas y se aparean en un entorno grupal, pueden hacerlo inmediatamente con otros machos, confundiéndolos a todos acerca de la paternidad y, por tanto, protegiendo a sus crías del infanticidio. Aquí, como a lo largo de la evolución de los primates (incluida la nuestra), las hembras han tenido opciones, pero estas —ciertamente no por culpa suya— no siempre funcionaron.

Diríase que entre los orangutanes —los grandes simios de Sumatra y Borneo— la cópula forzada es más la regla que la excepción. La hembra y sus crías viven generalmente como una familia monoparental hasta que aparece un macho. Ellas prefieren machos de más edad, tamaño y experiencia, pero durante sus vagabundeos por el bosque pueden toparse con otros más jóvenes y más agresivos. Es posible que estos subadultos ninguneados, frustrados y con un anormal apetito sexual no acepten un no por respuesta, y aunque su tamaño sea apenas la mitad del de los machos maduros, pueden atacar en grupo a una víctima femenina y dominarla. Esta corre mayor riesgo cuando, después de años de amamantar, comienza a ser de nuevo fértil.

Elizabeth Fox quería saber qué hacen las hembras al respecto. Pasó nueve mil horas durante dos años estudiando los orangutanes salvajes de Sumatra y observó más de 200 cópulas. De las 141 que involucraban machos subadultos, el 99 % fueron iniciadas por estos, y las hembras se resistieron al menos a un tercio de ellas. Las hembras de orangután intentan evitar al máximo el acoso juntándose con machos maduros, los únicos con los que ellas inician el sexo. Sin embargo, estas asociaciones no siempre tienen un objetivo sexual, al menos no a corto plazo. Las hembras se juntan con los machos de más edad para protegerse, y esto mantiene a raya a los matones adolescentes. En 2010, Cheryl Knott y sus colegas estudiaron los orangutanes naranjas de Borneo, refinando el trabajo de Fox. Analizando las hormonas en la orina de los orangutanes naranjas, ellos sabían cuándo las hembras eran fértiles, y este era el momento en que estas buscaban activamente machos maduros. Las hembras no podían evitar avances masculinos no deseados en otras ocasiones, pero la resistencia era generalmente inútil de todos modos. Una eficaz táctica femenina era confundir a los machos jóvenes acerca de su posible paternidad, lo que reducía la posibilidad de infanticidio por parte de estos mismos matones. Entretanto, ellas tenían una buena oportunidad para escoger el padre conveniente.

Esto también explica la tolerancia femenina ante el acoso masculino en otros primates con machos más grandes y fuertes. Curiosamente, Joyce Parga y Amy Henry informaron de un evento entre nuestros viejos amigos los lémures de cola anillada (especie en la que dominan las hembras): un raro caso de acoso sexual que, paradójicamente, confirmó la regla. Un macho forzó a una hembra puberal que tenía su primer celo, logrando la penetración a pesar de la resistencia opuesta por ella. La víctima había mostrado su preferencia por algunos machos ofreciéndose a ellos, pero rechazó a este: un conocido perdedor con escaso éxito de apareamiento. Parga y Henry piensan que su comportamiento, poco frecuente en esta especie, se debió al aprovisionamiento de alimentos humanos (el grupo no era completamente salvaje), lo que hizo que esta joven hembra entrara en un celo temprano; ella aún no había crecido lo suficiente como para tener un dominio completo sobre los machos. Así pues, los lémures de cola anillada mantienen su reputación de especie con domino femenino, a pesar de este fraudulento macho forzando a lo que equivaldría a una adolescente humana. Ella, sin duda, aprendió a mantener a raya a esa clase de tipos.

***

Si está usted pensando que las mujeres dominan en los estudios de primates casi tanto como en los de lémures, no anda descaminado, al menos en lo que a la primatología occidental respecta. Jane Goodall, Dian Fossey y Biruté Galdikas pusieron en gran medida este campo en el mapa en la década de 1960 con estudios clásicos sobre chimpancés, gorilas y orangutanes. Entre otros destacados investigadores de campo que las siguieron, además de Hrdy y Smuts, estaban Jeanne Altmann, Shirley Strum y Joan Silk en babuinos, Anne Pusey en chimpancés, Dorothy Cheney en cercopitecos verdes, Karen Strier en muriquis, Linda Marie Fedigan y Katherine MacKinnon en monos capuchinos, Meredith Small en macacos, Alison Jolly, Alison Richard, Patricia Wright y Patricia Whitten en lémures, y muchas otras; por no mencionar a Sue Savage-Rumbaugh, cuyo trabajo sobre las capacidades mentales de los chimpancés y los bonobos cautivos transformó nuestras ideas sobre el lenguaje y la mente. En cuanto a la próxima generación, se estima que cuatro de cada cinco doctorados en curso en primatología serán para mujeres. Se ha objetado que la primatología hecha por mujeres es inherentemente feminista, pero el objetivo de estas investigadoras era hacer avanzar la ciencia —aunque bien pueden haber descubierto aspectos relativos a los roles sexuales que a los hombres les pasaron desapercibidos—. No es que los hombres no hayan aportado a este campo; lo han hecho: la primatología japonesa, en particular, ha seguido siendo un dominio principalmente masculino, y otros investigadores han realizado importantes trabajos de campo con primates. Las mujeres, no obstante, han tenido un impacto excepcional desde el principio.

Y sobre todas ellas destaca Jane Goodall —ahora un icono conservacionista y cultural—, cuya audaz y brillante investigación sobre los chimpancés de la Reserva Gombe Stream de Tanzania durante medio siglo hizo que todos volvieran a pensar en el límite que nos separa de los animales. Ella describió su individualidad, sensibilidad y profundidad de sentimientos; su maternidad dedicada y su respeto por los ancianos; su capacidad para fabricar y usar herramientas y transmitir tradiciones; su cooperación durante las cacerías y cómo comparten después la carne; sus relaciones, comunidades y lazos familiares de por vida; y otros muchos aspectos de sus vidas que parecían…, bueno, humanos. Pero como ella misma admitiría posteriormente, la imagen dada de los chimpancés en su primera obra sobre ellos parecía una versión prístina, y diríase que idílica, de una vida cuasihumana. *En la senda del hombre* era el título de dicha obra, y en ella enfatizaba la vulnerabilidad de estas criaturas, aparentemente apacibles, ante la violencia y la codicia humanas.

Años más tarde, sin embargo, al escribir su obra maestra científica, *The Chimpanzees of Gombe* (1986), Goodall describió hallazgos desagradables que hacían a estos primates parecer de todo menos criaturas afables. Dos de ellos destacaban particularmente. Para empezar, había dos hembras —una madre y su hija adulta— que robaban las crías de otras hembras para matarlas. No lo hicieron una o dos veces, sino muchas, como si una patología obsesiva y sombría se hubiese apoderado de ellas. Este comportamiento, que nada tenía que ver con el de los langures —cuyos machos alóctonos mejoran su éxito reproductivo matando a las crías de otros machos y luego fecundando a las hembras—, recordaba a los patrones de infanticidio presentes en algunas especies —perros salvajes, verbigracia—, en las que las hembras matan a las crías de otros a fin de dejar espacio y recursos disponibles para las suyas.

Igualmente inquietante —y a fin de cuentas más común— era un patrón ampliamente observado y estudiado en los chimpancés salvajes de África. Varios chimpancés macho —una pandilla en realidad— patrullan el límite del territorio grupal en el bosque. Si en una de sus rondas se topan con algún miembro de un grupo vecino, se lanzan al punto en masa sobre él y lo golpean, patean, muerden y pisotean hasta matarlo. Con el tiempo, un grupo puede eliminar a otro y ocupar el territorio de los masacrados. Este hábito era casi humano en un sentido muy diferente, lo cual no era una buena noticia viniendo de una especie conformada por, literalmente, nuestros parientes más próximos: en la secuencia de ADN, somos aproximadamente un 98 % chimpancés.

El patrón ha sido confirmado numerosas veces en diferentes poblaciones de chimpancés. John Mitani, uno de los primatólogos de campo líderes de la generación posterior a Goodall, revisó los hallazgos en 2009. Para entonces, se habían realizado estudios a largo plazo no solo en Gombe, sino también en los montes Mahale (asimismo en Tanzania), en el bosque de Budongo y el Parque nacional de Kibale (ambos en Uganda), en Bossou (Guinea) y en el bosque de Taï (Costa de Marfil). En Kibale hay estudios a largo plazo en curso de dos comunidades separadas de chimpancés, y el trabajo más reciente ha comenzado en el monte Assirik (Senegal) y en la República del Congo. Así que ahora disponemos de décadas de datos sobre grupos de chimpancés en bosques, montañas, sabanas secas y mezclas de estos entornos desde el este hasta el oeste de África, cubriendo miles de kilómetros. Tenemos historia. Toda esta información ha revelado adaptaciones específicas, variaciones que son genéticas y culturales y también algunos hallazgos persistentes.

La competencia entre machos, tanto dentro de las comunidades como entre estas, es rutinaria; esto es así, en parte, porque las hembras chimpancé tienen un celo obvio, lo que hace que la denominada razón de sexo operacional —el número de machos que podrían querer aparearse con una hembra receptiva en un momento dado— sea muy alta. La dominancia es crítica; sabemos, por evidencia genética, que entre un tercio y la mitad de todas las crías son engendradas por un solo varón en la cúspide durante su mandato. Las coaliciones masculinas desempeñan un papel fundamental, y estas alianzas triunfan sobre la fuerza física pura. El macho alfa cede a sus compañeros de coalición la mitad o más de las oportunidades de apareamiento que él no aprovecha. Las coaliciones dominantes han llegado a durar hasta siete años, castigando y haciendo retroceder a quienes, dentro del grupo, aspiran a la cúspide jerárquica. Solo cuando los dominantes envejecen y las coaliciones son incapaces de mantener el mando puede surgir una alianza revolucionaria.

Una segunda función de las coaliciones masculinas es la caza, observada en varias comunidades diferentes de chimpancés forestales. Los monos colobos rojos son presas típicas, y los chimpancés macho emplean toda su habilidad al desplegarse estratégicamente para emboscar un colobo perdido entre los árboles. Estas cacerías pueden parecer intencionadas y coordinadas y durar cinco o seis horas. No es raro que los pequeños y valientes colobos se defiendan e incluso hieran a los chimpancés, pero las cacerías a menudo tienen éxito y la carne se comparte con el grupo. He aquí una pista sobre la evolución de la compartición humana, ya que la carne es el alimento que más se comparte en las sociedades de cazadores-recolectores. Aunque la versión chimpancé se parece más a un gorroneo tolerado, de ahí podría provenir el intercambio humano. Geza Teleki, Craig Stanford y otros propusieron que los chimpancés macho intercambiarían carne por sexo, pero en algunos entornos no se muestran especialmente compartidores con las hembras en celo.

Esto, no obstante, podría depender de la ecología o la tradición locales. Según informaron Cristina Gomes y Christophe Boesch en 2011, los chimpancés macho del bosque Taï de Costa de Marfil intercambian carne por sexo. De hecho, cambiar carne por sexo era una transacción común entre numerosos individuos en una compleja economía de simios. En su sofisticado análisis cuantitativo, el acicalamiento social y el apoyo en los desafíos de dominación también eran importantes. El acicalamiento elimina los piojos, lo que beneficia al acicalado; es probable, también, que provoque la liberación de endorfinas como resultado de la acción acariciadora. El acicalador obtiene un sabroso bocado, pero los beneficios no acaban ahí porque el acicalamiento tiende a ser recíproco: «tú me acaricias ahora y yo te acariciaré en cuanto acabes conmigo». Los chimpancés, asimismo, intercambian apoyo social durante sus frecuentes disputas. Pero también comercian con bienes. En particular, los machos intercambian carne por apoyo con otros machos, y las hembras en celo intercambian sexo por carne —estas se aparean más con machos que la comparten—. De no ser por esta transacción, las hembras casi nunca comerían carne y los machos de bajo rango tendrían pocas posibilidades de obtener sexo.

Así pues, incluso en el masculino mundo de la sociedad del chimpancé, la influencia de las hembras determina qué macho las alcanza. Rebecca Stumpf y Christophe Boesch demostraron que las hembras del bosque Taï ejercen la elección —siendo el de compartir carne uno de los requisitos que han de cumplir los candidatos—. Centrándose en la franja más fértil del ciclo estral, descubrieron que la seducción activa —ella puede ofrecer repetidamente su preciada e hinchada grupa rosada al «amante por un día» de su elección— sí influye en quién se apareará en ese momento. En casi mil encuentros sexuales, los machos fueron los iniciadores tres de cada cuatro veces. Pero de estos intentos masculinos, las hembras se resistieron a casi tres de cada diez y, las más de las veces, lograron frustrar los avances del macho. En la cuarta parte de los encuentros en que las hembras practicaron la seducción, los machos cedieron a la tentación ocho de cada diez veces. Las hembras llegan incluso a decidir cuándo acaba el sexo, permitiéndoles cópulas más largas a los machos que a ellas les gustan; en un sistema de apareamiento promiscuo, donde los machos han desarrollado enormes testículos para triunfar sobre el esperma de los rivales, este cronómetro femenino puede ser fundamental.

Pero si los chimpancés están entre nuestros parientes más próximos, ¿qué dice de nosotros todo este mal comportamiento masculino? Antes de contestar a eso, debe usted saber que tenemos otro primo muy diferente, aunque igualmente cercano. Se trata del bonobo, y si somos aproximadamente un 98 % chimpancés, también somos un 98 % bonobos. ¿Cómo se explica que dos especies tan diferentes sean parientas cercanas de la nuestra? Bueno, los antepasados de aquellas se separaron de nosotros hace unos siete millones de años, pero ellos solo han estado separados unos de otros durante un millón o dos —desde que el río Congo se formó separando a los que podríamos llamar *chimpobos* de los *bonocés*—. Siendo pobres nadadores, las dos poblaciones se dijeron adiós y, a su debido tiempo, se convirtieron en chimpancés y bonobos. Pero después de ese corto periodo de uno o dos millones de años, ambas especies desarrollaron comportamientos dramáticamente diferentes. ¿Cómo decidir entonces cuál es el espejo adecuado para nosotros?

Resulta de gran ayuda al respecto que en 2012 Kay Prüfer y sus colegas lograran secuenciar el genoma bonobo. Tuvimos el genoma humano en 2000 y el del chimpancé en 2005. Ahora que disponemos de los tres, los genetistas pueden triangular las comparaciones y descubrir qué genes no comparten entre sí los chimpancés y los bonobos y cuáles compartimos o no los humanos con alguno de los dos o con ambos. Pero esto llevará algún tiempo. Entretanto, las investigaciones en curso en hábitats africanos nos dicen mucho sobre el comportamiento de las dos especies.

Hay muchas similitudes. Los chimpancés y los bonobos parecen parientes y, en gran medida, se solapan en cuanto al tamaño corporal, aunque los bonobos no son tan grandes como los chimpancés macho más grandes. Los bonobos tienen un pelaje más oscuro y voluminoso alrededor de la cabeza, y esta en sí es más pequeña. Como Adrienne Zihlman demostró hace décadas, la longitud relativa de las extremidades de los bonobos —brazos más cortos, piernas más largas— es más parecida a la de los humanos. Anatómicamente hablando, estas son las principales diferencias entre chimpancés y bonobos. Pero en cuanto a comportamiento y reproducción, la historia es completamente distinta.

Los bonobos permanecen confinados bajo la gran curva del río Congo, donde (debido a que con nuestras interminables guerras somos la especie más peligrosa) no ha sido fácil estudiarlos en la naturaleza. Sin embargo, esta investigación se ha realizado durante muchos años y ha supuesto una continua revelación. En cierto sentido, casi podríamos tomar el sexo y la violencia de los chimpancés y darles la vuelta. «Haz el amor, no la guerra» se convirtió en un cliché al hablar de los bonobos. Es una exageración hablar de «amor» refiriéndonos a la experiencia subjetiva de un simio, pero ya se trate de amor, de lujuria o de una delicada mezcla de ambos, es, sin duda, algo femeninamente avanzado. Diríase que el síndrome del lémur llegara de algún modo desde Madagascar al Congo, saltando sobre las machistas sociedades de babuinos y chimpancés, para inspirar a esta aislada población al sur del río Congo, cuyos miembros viven vidas a las que los humanos podríamos aspirar.

Ha de tenerse en cuenta que las hembras bonobo no dominan sobre los machos, pero establecen alianzas que hacen que cualquier macho potencialmente arrogante se lo piense dos veces antes de intentar dominarlas. Tales coaliciones pueden haber funcionado alguna vez de la forma en que lo hacen las camarillas de babuinos macho, manteniendo a raya a los más agresivos —normalmente los más jóvenes—. En cualquier caso, lo que ahora observamos entre los bonobos es un nivel mucho más bajo de agresión masculina contra las hembras y menos conflictos violentos entre machos. No va con ellos incursionar periódicamente en el bosque, como pandilleros cargados de testosterona, en busca de algún despistado miembro de un grupo vecino. No va con ellos, tampoco, pelearse hasta la muerte para acceder a las hembras en celo. Y, ciertamente, no va con ellos coaccionar a las hembras para tener sexo.

No necesitábamos el genoma para entender que diferentes fisiologías ayudaron a hacer posible todo esto. Las hembras bonobo tienen ciclo estral, pero, en comparación con los chimpancés, es anatómicamente menos dramático y conductualmente más extendido en el tiempo. Ellas muestran una hinchazón sexual cuando es más probable que sean fértiles, pero esta dura más tiempo y es imitada por el pseudoestro —hinchazón sin fertilidad— durante el embarazo y el período posparto. Incluso durante el celo real, la hinchazón máxima no siempre indica la ovulación. Representado en un gráfico, el comportamiento sexual femenino (tal como el de los machos solicitantes) parece extenderse a lo largo de muchos más días del mes en bonobos que en chimpancés. Así pues, los machos poseen un indicador más impreciso de cuándo ocurre realmente la ovulación y, por tanto, mucho menos incentivo para provocar peleas. Ellos también obtienen más sexo, ya que es altamente probable que varias hembras sean receptivas en un día dado.

Pero aquí es donde las hembras bonobo disponen del más amplio abanico de opciones, pues cuando les apetece practicar sexo no tienen por qué elegir machos. Ellas pueden, y a menudo lo hacen, elegirse entre ellas. Frotarse mutuamente las vulvas es un pasatiempo común entre las hembras; los suspiros y jadeos que acompañan el acto son indicadores de placer y sugieren una especie de orgasmo. Los lazos femeninos se fortalecen con estas relaciones íntimas —«amigas con beneficios» parece una expresión adecuada—, a la par que se favorecen alianzas más amplias. Puesto que (como ocurre entre los chimpancés) son las hembras las que cambian de grupo pasada la pubertad, estos encuentros ayudan a construir relaciones sólidas entre hembras que, inicialmente, podrían considerarse extrañas mutuamente.

Los machos, por otra parte, no sufren a resultas de esto. Aparentemente hay suficiente deseo para compartir con todos, y los machos pueden tener sexo abundante y sin prisas con las mismas hembras. Aún pelean o se ponen alerta de cuando en cuando, pero no tienen que matarse o lastimarse seriamente ni languidecer de frustración mientras los machos más grandes y más duros los dejan fuera del juego. Tan solo han de comer, beber y ceder a su sexualidad. De hecho, a diferencia de otros simios y al igual que los humanos, los bonobos combinan los placeres de la comida y el sexo. Y son los únicos simios que habitualmente tienen relaciones sexuales cara a cara, a veces con sonrisas amplias y, aparentemente, satisfechas. Para los bonobos, la guerra de los sexos es un juego en el que todos ganan. Además de tener más sexo y menos violencia, los bonobos juegan en la edad adulta, algo raro entre los chimpancés. Esto hace que parezcan más humanos, ya que el juego entre adultos siempre ha sido visto como una de nuestras mejores características. Por último, los bonobos son altruistas de formas que los chimpancés no lo son en absoluto —formas que también en el pasado parecían exclusivamente humanas—; ellos comparten por pura sociabilidad, incluso con extraños.

Si lo dicho acerca de la sociedad bonobo le suena demasiado bueno para ser cierto, tal vez tenga razón; mas solo en la medida en que todas las especies animales tienen algún conflicto, y en cada una de ellas el sexo es, hasta cierto punto, una causa. En comparación con los chimpancés, los bonobos son realmente la especie del «haz el amor, no la guerra», y todo el mérito es para las coaliciones femeninas. Sin embargo, la suya tampoco carece de conflictos.

Gottfried Hohmann y Barbara Fruth estudiaron el comportamiento de los bonobos salvajes en la República Democrática del Congo (RDC) desde 1993 hasta 1998, acumulando más de mil quinientas horas de observación. Estaban interesados en los conflictos relacionados con el apareamiento, por lo que analizaron observaciones de grupos sexualmente mixtos, el tipo más común. Definiendo agresión como el acto de tironear, abofetear, golpear y morder, hallaron 391 casos de conflicto en los que el sexo de ambas partes era conocido. De estos, el 38 % fue entre machos, el 26 % fue de hembras contra machos, el 23 % entre hembras y solo el 11 % fue de machos atacando a hembras.

Las agresiones, sin embargo, eran más probables en los días de apareamiento, especialmente justo antes, durante y después de este. Tanto los machos como las hembras que iniciaron conflictos tuvieron, en general, un mayor éxito de apareamiento que aquellos que no lo hicieron. Las hembras a menudo saboteaban los intentos de apareamiento de otras hembras, y tales sabotajes giraban en torno a ciertos machos preferidos. Las agresiones de machos a hembras eran inusuales, dándose principalmente en interacciones aleatorias y casi nunca en amistosas, aun cuando el apareamiento era más probable en estas últimas. Finalmente, las agresiones masculinas a hembras sí provocaban represalias por parte de grupos femeninos, a menudo apoyados por otros machos.

En comparación con los bonobos, entre los chimpancés se dan muchas más agresiones de macho a hembra, muchas menos de hembra a macho y cantidades variables de peleas entre individuos del mismo sexo; las peleas entre chimpancés macho, sin embargo, tienen muchas más posibilidades de ser graves. En cuanto al éxito de apareamiento de los bonobos, el rango social importa para ambos sexos, pero dada la escasa coerción masculina, la elección femenina es efectiva, tal vez primordial. La violencia masculina se ve mitigada por las relaciones macho-hembra. Martin Surbeck y sus colegas, en un estudio hormonal de bonobos salvajes en 2012, encontraron que la agresión masculina aumentaba alrededor de las hembras fértiles, pero solo en los machos de bajo rango se observó un aumento en los niveles de testosterona. Los machos de alto rango, con frecuencia, mantenían relaciones estables con hembras, tenían más sexo y no necesitaban un chute de testosterona para conseguirlo. Otras ocasiones en que las hembras bonobo tienden a pelear entre sí son, con diferencia, los torneos donde se decide el rango de dominio social de sus hijos adultos. Tan importante es la influencia femenina en el mundo social de los bonobos que la distribución del poder masculino entre la siguiente generación depende de ello.

Pero ¿qué hay del sexo entre hembras? Zanna Clay y sus colegas publicaron, en 2011 y 2012, sendos estudios basados en más de mil horas de observaciones de bonobos semisalvajes en un santuario de la RDC. Clay estudió todos los aspectos de estos encuentros eróticos, pero se centró en las llamadas de cópula: chillidos y gritos de alta frecuencia. Estos eran más frecuentes con compañeros masculinos, pero también se daban durante el sexo femenino. Ninguno de los 674 contactos genitales femeninos registrados fue aleatorio: la mayoría se produjo en parejas de hembras de bajo rango, después en parejas mixtas de bajo y alto rango y, por último (muy raramente), en parejas de alto rango. Los chillidos y gritos se dieron en aproximadamente uno de cada cinco contactos, en su mayoría emitidos por hembras de bajo rango, especialmente con compañeras de alto rango. Las hembras de bajo rango se mostraron mucho más activas en los encuentros del mismo sexo, pero las de alto rango los iniciaban con más frecuencia. Y si una hembra alfa estaba mirando (los simios suelen practicar el sexo en público), este «efecto de audiencia» aumentaba la probabilidad de las llamadas. Así pues, la llamada no es solo algo físico, sino que también revela la emoción que producen ciertos contextos sociales, algo que ayuda a construir relaciones clave. Es seguro que las hembras alóctonas recién llegadas tienen un rango muy bajo, siendo estos encuentros eróticos públicos una oportunidad para escalar socialmente.

Los bonobos no solo son menos violentos que los chimpancés, son más femeninamente avanzados y mucho más variados y afectuosos en sus hábitos sexuales; también son más socialmente positivos y altruistas, incluso con los extraños. Pero ¿de dónde surgen estas diferencias entre ellos? Victoria Wobber, Vanessa Woods, Elisabetta Palagi y otras en los últimos años han comenzado a estudiar el desarrollo de tales diferencias, encontrando los patrones en la infancia; las dos especies difieren muy pronto, lo que indica que las divergencias podrían estar genéticamente determinadas.

Nuevos estudios han abierto la era de la neurobiología y la genómica en estas chocantes diferencias entre especies. James Rilling y sus colegas compararon, a partir de 2012, cerebros de chimpancé y bonobo mediante imágenes de tensor de difusión (DTI). En esta técnica, las brillantemente coloreadas imágenes muestran la orientación y el tamaño de las conexiones cerebrales en un espacio tridimensional. Dado que las conexiones son materia blanca, las DTI también revelan indirectamente el volumen de materia gris. Los bonobos tenían más materia gris en las áreas del sistema límbico relacionadas con la emoción, especialmente en ciertas regiones del cerebro derecho que sabemos que están involucradas en la vida social —incluyendo el comportamiento sexual, el juego social, la tolerancia y la empatía, cualidades que son más comunes en los bonobos—. Las conexiones fuertes que unen la amígdala (que está involucrada en la agresividad) y parte del lóbulo frontal (que controla los impulsos), así como parte de la corteza cingulada podrían permitir fácilmente a los bonobos suprimir la agresión y sentir empatía. Los investigadores llegan incluso a sugerir un «déficit» de empatía en el cerebro del chimpancé. Dicho de forma más positiva, el cerebro de los bonobos está anatómicamente más adaptado para la cognición social, la empatía y el control de los impulsos.

Probablemente, pronto pasaremos a los estudios de expresión génica —como los que vimos con topillos y peces mosquito, pero no invasivos— que explicarán estas diferencias anatómicas al vincular los circuitos con el comportamiento. Aún no estamos en ese punto, aunque un gran paso hacia él se dio en 2012, cuando se publicó el primer genoma del bonobo. Esto era algo que esperábamos ansiosamente desde hacía mucho tiempo, no por una curiosidad exótica acerca de un mono en peligro de extinción, sino porque la triangulación del genoma humano con los de nuestros dos primos arrojará información sobre los rasgos humanos y su base en los genes y el cerebro.

Incluso los primeros análisis han encontrado cosas interesantes. En primer lugar, los bonobos y los chimpancés se separaron hace solo uno o dos millones de años, menos tiempo del que creíamos necesario para que evolucionaran sus grandes diferencias. En segundo lugar, al menos el 97 % de todos los genes es compartido por las tres especies. En tercer lugar, el 1,6 % del genoma humano está más estrechamente relacionado con el genoma del bonobo que con el del chimpancé, mientras que un 1,7 % diferente es más parecido al del chimpancé. Por último, en más del 3 % de nuestros genes, estamos más estrechamente relacionados con uno u otro que estos dos entre sí. Estos descubrimientos son un primer paso para responder a las preguntas que más nos han intrigado sobre ellos: ¿somos más como los bonobos o como los chimpancés? ¿Hasta qué punto el último ancestro común de ambos se parecía a lo que estos son hoy día? ¿Y cómo era el ancestro común de nuestras tres especies? A lo largo del camino, las respuestas a estas preguntas ayudarán a revelar los genes cerebrales que nos han hecho —felizmente— más como los bonobos en el sexo, el juego y la empatía y —desafortunadamente— más como los chimpancés en cuanto a violencia individual y agresión territorial.

Pero ¿qué hay del dominio y el abuso de las mujeres por parte de los hombres? ¿A qué especie nos parecemos más en esto? Resulta que la respuesta depende de en qué punto de la historia humana intente uno hallarla; precisamente ahora exploraremos esa historia.

Capítulo 5

¿LOS MISMOS ORÍGENES?

Camille Paglia abría su magistral libro *Sexual Personae* con esta paráfrasis bíblica: «En el principio era la naturaleza». Y continuaba: «El sexo es un subconjunto de la naturaleza. El sexo es lo natural en el hombre. La sociedad es una construcción artificial, una defensa contra el poder de la naturaleza. (…) La especie humana no es la favorita de la naturaleza. No somos más que una entre una multitud de especies. (...) La naturaleza tiene una agenda maestra que solo muy vagamente podemos conocer». Estamos tratando de conocerla un poco. Habiendo seguido la evolución hasta nuestros parientes más cercanos, llegamos por fin a nosotros mismos.

La primera fase de nuestra evolución, la de la caza y la recolección, duró hasta hace unos 10.000 años. Puesto que los humanos completamente modernos, en términos anatómicos y cerebrales, surgieron hace entre 200.000 y 100.000 años, hemos vivido la mayor parte de nuestro tiempo en este planeta haciendo lo que hacen los pocos cazadores-recolectores que quedan hoy día. De hecho, ya lo hacíamos antes de ser completamente humanos: *Homo sapiens sapiens.* Esta intencionada repetición de la palabra latina para «sabio» podría parecer una especie de súplica, pero así es como nos llamamos a nosotros mismos. Esto nos incluye a usted y a mí, pero también a cualquier miembro de nuestra especie que haya caminado sobre la tierra al menos en los últimos 100.000 años. Y, naturalmente, incluye a todos los cazadores-recolectores y demás pueblos «primitivos» estudiados por los antropólogos.

Es importante entender esto: cuando decimos que los cazadores-recolectores nos informan sobre nuestro pasado, no es porque pensemos que ellos sean reliquias de tal pasado. Innumerables estudios han demostrado que, a todos los efectos, estas personas son biológica y psicológicamente idénticas a nosotros. Las diferencias son culturales y ecológicas, no evolutivas o genéticas. El especial interés que revisten se deriva del hecho de que ellos —por razones circunstanciales— persistieron en vivir como todos nosotros lo hicimos alguna vez. De modo que estudiarlos a ellos es como ver nuestros cuerpos y mentes desenvolviéndose en nuestros entornos ancestrales. En cierto modo, son nuestros avatares hacia el pasado.

Observe que empleo «entornos» en plural. No podemos hablar de un entorno ancestral; hubo muchos en el tiempo y el espacio durante esos 100.000 años. Pero la gama de estos entornos no incluye lo sucedido desde la invención de la agricultura. Cuando consideramos el cambio desde la aparición de eso que tanto nos gusta llamar civilización, el contraste es mayor, y cuando consideramos los últimos siglos, mayor aún. Como veremos, no todos estos cambios fueron para mejor, y uno de los peores fue el que afectó a las relaciones entre los sexos. Durante la mayor parte de la historia de nuestra especie, las mujeres tuvieron una posición más fuerte que la que han tenido desde entonces; más fuerte, al menos, que en casi todas las culturas posteriores y, hasta las últimas décadas, en algunos estados postindustriales. Incluso estos seguros refugios para la mujer de nuestros días tienen un largo camino por recorrer hasta lograr la igualdad de género. Los cazadores-recolectores también estaban lejos de ser perfectos a este respecto, pero fueron más igualitarios que nosotros durante miles de años.

Si he tenido éxito hasta ahora en este libro, usted ya se habrá convencido de que las convenciones con las que los humanos hemos rodeado la sexualidad y el reparto de poder entre mujeres y hombres no constituyen, ni mucho menos, el único camino a seguir. De hecho, lo contrario es cierto: la variedad en la naturaleza es tremenda. Pero en general, los machos no son tan necesarios como las hembras; como hemos visto, el femenino fue el primer sexo, y cualquier tipo de reproducción sexual implica tanto conflicto como cooperación. En algunas especies prevalecen los machos; en otras, las hembras; y en otras las tareas de reproducción se comparten equitativamente. Hay especies donde los machos han sido eliminados, pero no puede decirse lo mismo de las hembras. La masculinidad y la feminidad descansan sobre bases evolutivas y biológicas, pero no son inmutables, y hay muchas lecciones que aprender sobre ambas observando el mundo natural, si mantenemos nuestras mentes abiertas.

Si tengo éxito en el resto de mi argumentación, confío en que, al final, lo convenza a usted de que eso que consideramos como supremacía masculina a lo largo de la historia pasada fue, en realidad, un desarrollo bastante tardío en la evolución humana y que, en última instancia, resultará haber sido una adaptación social temporal. Fue una maladaptación en el pasado más profundo y pertinaz, lo es ahora y aún lo será en lo sucesivo. Pero antes, no obstante, debemos deshacer los pasos dados por nuestro último ancestro en común (LCA) con bonobos y chimpancés para convertirse en el ser humano totalmente moderno que éramos hace 100.000 años, y reflexionar sobre algunas de las novedades biológicas, especialmente sexuales, que esta transformación nos aportó.

***

El LCA —la llamaremos Laca— era un simio que vivió hace seis o diez millones de años en África. No sabemos exactamente cómo era, pero sí que fue una de las muchas especies de simios que, para entonces, habían tenido éxito evolutivo durante millones de años. Ella se sentía en casa tanto en los árboles como en el suelo, trepando o caminando a cuatro patas con manos y pies adaptadas para asir, y poseía un cerebro del tamaño del de un mono o más pequeño. Algo hizo que caminar erguida fuese una ventaja para Laca; las teorías viables incluyen la de ser capaz de transportar cosas, ver más lejos, mostrar los senos o genitales en evolución (para su pareja) y reducir el calor solar absorbido. Los simios modernos e incluso los monos caminan erguidos a veces con alguno de estos propósitos. Sabemos que ello tuvo poco que ver con la fabricación de herramientas de piedra, ya que estas no aparecieron hasta hace quizá dos millones de años, y lo mismo puede decirse de los cerebros grandes.

Mi hipótesis favorita es que la postura erguida era ideal para acarrear bebés. Las madres de grandes de simios caminan a tres patas después de nacidas sus crías, usando una mano para sujetarlas. Los monos no tienen necesidad de hacer esto, porque incluso sus crías recién nacidas se aferran bien. Una madre mono puede echar a andar sin contemplaciones con un recién nacido en su regazo, pues la cría se aferrará a ella instintivamente con sus cuatro extremidades. Las madres de grandes de simios han de brindar apoyo durante las primeras semanas, y esta se habría convertido en una forma de acarrear bebés a medida que evolucionaba la postura erguida. Ello también habría permitido crías más indefensas, nacidas con menos tiempo de gestación debido a una pelvis hecha para la bipedación.

En cualquier caso, caminar erguido debe de haber sido algo bueno, pues varias especies diferentes lo habían desarrollado hace al menos cinco millones de años. El *Ardipithecus ramidus* —«Ardi» para abreviar— es nuestro ancestro más probable de esa era. Ardi tenía unos 120 cm de altura, brazos largos, una pelvis que demuestra que caminaba erguida y un cerebro aún del tamaño de un mono, pero pies parcialmente adaptados para asir objetos. En otras palabras, ella era justo lo que a uno le gustaría ver en un eslabón perdido. La característica más interesante de Ardi, sin embargo, era la de no ser significativamente más pequeña que su compañero masculino. No solo el macho y la hembra eran del mismo tamaño —puede determinarse el sexo de los fósiles por el ángulo entre los huesos que bajan del pubis, entre otras formas—, sino que los dientes caninos del macho no eran más grandes que los de la hembra.

Como sabemos (desde Darwin), las especies con intensa competencia masculina por las hembras tienen más probabilidades de contar con machos sustancialmente más grandes que las hembras. Estas tienden a ser especies (como el elefante marino y el ciervo rojo) en las que los machos dominantes acaparan el acceso sexual a las hembras después de una competición similar a un torneo. Los machos pueden tener harenes o simplemente monopolizar las hembras en un grupo más grande. Entre los monos y los simios los machos tienden a tener grandes y afilados caninos. Grandes diferencias en el tamaño corporal entre machos y hembras —«dimorfismo sexual»— se dan en babuinos, orangutanes y gorilas. Entre los gibones, que tienden a la monogamia o incluso a la poliandria, existe menos dimorfismo sexual que entre los humanos.

Los bonobos y los chimpancés presentan menor dimorfismo sexual que los gorilas, pero un poco más que nosotros. Los machos de ambas especies, sin embargo, poseen testículos muy grandes en comparación con los gorilas, probablemente porque estos tienen harenes, mientras que las hembras bonobo y chimpancé se aparean con múltiples machos. En cualquier caso, los machos compiten. Los gorilas centran sus esfuerzos en añadir compañeras a sus harenes, conseguido lo cual, ya no tienen que preocuparse de casi nada más; es por ello que sus cuerpos son enormes, pero sus testículos no. Los chimpancés y los bonobos compiten mucho más por el acceso a los óvulos, ya que las hembras fértiles reclutan alegremente los espermatozoides de varios machos; estos gametos masculinos, a su vez, contienden entre sí en un gran campeonato de natación microscópico que, al final, se reduce a una mera cuestión de números.

Así pues, la anatomía del apareamiento puede tomar caminos extraños. Los testículos no se fosilizan, pero las diferencias sexuales en el cuerpo y, especialmente, el tamaño de los caninos pueden indicar patrones de apareamiento. Michael Plavcan, que ha estudiado esto en detalle, concluyó en 2012: «Aunque el fuerte dimorfismo se asocia constantemente con la poliginia y la intensa competencia entre machos, la falta de este no se asocia con un único sistema de apareamiento». A pesar de estas dudas, quienes estudian a Ardi abogan por bajos niveles de competencia entre machos; tal vez incluso monogamia con una importante involucración del padre en el cuidado de la prole.

En cualquier caso, nuestro siguiente ancestro probable, posiblemente descendiente de Ardi y común en África alrededor de un millón de años después, puede haber contado con machos bastante más grandes que las hembras. Tal era la famosa especie de «Lucy» —*Australopithecus afarensis*—, con individuos más erguidos que Ardi, pero no muy por encima de los chimpancés en cuanto a (una vez más) tamaño cerebral. Continúa la controversia sobre si Lucy era sustancialmente más pequeña que su compañero masculino. Lo mismo ocurre con las dos primeras especies de nuestro género (Homo); la evidencia es confusa. Pero las especies posteriores de

Homo, incluidos los neandertales, tenían un dimorfismo sexual no mayor que el nuestro. Las diferencias en el tamaño de los caninos importaban cada vez menos a medida que evolucionábamos, porque nuestros antepasados fabricaban entonces herramientas y armas de piedra. Si querían asustar y desgarrar, no necesitaban caninos para ello.

Los chimpancés y los bonobos nos enseñan que las grandes diferencias en los hábitos de apareamiento y los roles de género pueden surgir en solo un millón de años; los topillos, por su parte, sugieren que una mutación genética puede establecer la diferencia entre dos especies —una con vínculos de pareja y paternidad compartida y otra sin nada de esto— estrechamente relacionadas. Esto debería obligarnos a pensarlo dos veces antes de hablar de fósiles que abarcan seis o más millones de años. En un período de tiempo semejante, los sistemas de apareamiento podrían ir y venir y los destinos femeninos elevarse y caer con ellos.

***

Desde el comienzo de la transición de la caza y la recolección a otras formas de organización social y económica, ha habido menos cambios genéticos y ninguno que afecte nuestra biología básica. Cuando hablamos de género físico en humanos totalmente modernos, sabemos a qué nos referimos: una especie con machos que, en promedio, son un 7 % más altos y un 15 % más pesados que las hembras, con poca diferencia en el tamaño de los caninos; hombres con vello facial y corporal más visible, hombros más anchos y mayor masa muscular; mujeres con caderas más anchas, más grasa rodeándolas y senos visibles (a diferencia de las hembras simio, que, salvo cuando están amamantando, solo tienen pezones). Además, las niñas maduran y muestran su anatomía adulta antes que los niños.

Reproductivamente hablando, las hembras humanas tienen dos adaptaciones clave más: la primera, muchos años de vida después de concluido el ciclo menstrual y, la segunda, una ovulación bien oculta. Los primates, generalmente, tienen un estro menos perceptible que otros mamíferos, pero algunos (chimpancés y bonobos incluidos) muestran hinchazón sexual y claros signos de receptividad en el comportamiento; nuestra especie no dispone de nada tan obvio. Solía decirse que las hembras humanas habían desarrollado una receptividad sexual continua, pero es evidente que esta frase fue acuñada por optimistas científicos varones; lo que probablemente querían decir es que las mujeres son aleatoriamente receptivas durante los días del ciclo mensual.

Sin embargo, tampoco esto es del todo cierto, ya que las mujeres tienen, en promedio, menos probabilidades de relacionarse sexualmente mientras están menstruando, incluso entre la moderna clase media estadounidense. Muchas culturas lo rechazan, y hay algunas donde el sangrado menstrual es difícil de ocultar por completo o donde las limitaciones en las actividades de las mujeres menstruantes hacen que esos días sean culturalmente obvios. Puesto que la menstruación señala días infértiles, podríamos pensar en ella como en una especie de antiestro. Además, la reciente y creciente evidencia —revisada en 2011 por Martie Haselton y Kelly Gildersleeve— sugiere que las mujeres evidencian inconscientemente la ovulación y que los hombres se ven afectados por el cambio.

Permítame un ejemplo grosero: los estudios muestran que las bailarinas de *striptease* ganan más dinero en propinas a mitad del ciclo —algo en ellas hace que los clientes pongan más billetes en sus ligas—, pero no si están tomando píldoras anticonceptivas, las cuales amortiguan los cambios hormonales. Los hombres se muestran más celosos en los probables días fértiles de sus parejas femeninas, y la ropa y los olores corporales de mujeres desconocidas se les antojan más agradables durante los días fértiles de esas extrañas. En un estudio de 2014, Jessica Tracy y Alec Beall descubrieron que el «efecto del vestido rojo» (según el cual las mujeres visten de rojo o rosa con más frecuencia cuando están ovulando) se cumple ampliamente en invierno, pero no en verano, cuando tienen la opción de atraer la atención usando menos ropa. Estos y otros muchos hallazgos recientes muestran que los efectos conductuales de los ciclos hormonales no han sido abolidos en nuestra especie. Pero estos son menos dramáticos que el estro del simio; menstruación aparte y en comparación con los simios, las mujeres tienen más probabilidades de tener relaciones sexuales durante todo el ciclo.

Veamos algunos antecedentes: los cazadores-recolectores, también llamados forrajeros, tienen una densidad de población y una estratificación social dramáticamente más bajas que otros tipos de culturas. Asimismo, tienden mucho menos a tener varones viviendo cerca de sus parientes masculinos a lo largo de la vida. Esto es de gran importancia potencial para el estatus de las mujeres, ya que estas tienen más parientes a mano y más opciones para escoger dónde y con quién vivir. Las parejas casadas pueden residir con un grupo de parientes del esposo, de la esposa o de ambos, y la riqueza que existe en los grupos de cazadores-recolectores —acceso primario a pozos de agua y herramientas, adornos e instrumentos musicales valiosos, verbigracia— puede heredarse a través del padre o de la madre. El cuidado masculino de los bebés y los niños es mayor entre los cazadores-recolectores que entre los otros tipos culturales.

El matrimonio es casi universal en las culturas humanas, pero la poliandria (una mujer, varios hombres) es reconocida oficialmente en unas pocas (la estimación tradicional es de alrededor del 5 %), mientras que la poliginia (un hombre, varias mujeres) es comúnmente permitida (82 %); en el capítulo 6 abordaremos algunos casos dramáticos, incluidas algunas sectas mormonas fundamentalistas. A pesar de esto, solo algunos hombres tienen más de una esposa al mismo tiempo en cualquier cultura, por lo que la monogamia ha sido la forma predominante de matrimonio humano a través del espacio y el tiempo. Esto significa un hombre y una mujer *oficialmente* juntos al mismo tiempo: monogamia social. Lo cual no significa, necesariamente, fidelidad completa de ninguno de los dos; ni excluye varias uniones matrimoniales a lo largo de la vida. Esta monogamia en serie se debe en parte a la mortalidad; durante la mayor parte de la historia humana, «hasta que la muerte nos separe» significaba un promedio de quince o veinte años. Pero también se debe al divorcio, permitido en la mayoría de las culturas y común en muchas. La poliandria pragmática (número óptimo de padres mayor de uno) se da informalmente en muchas culturas que no la permiten oficialmente. La proximidad padre-hijo es mayor en las culturas que permiten la poliandria y menor en aquellas con poliginia general.

Katherine Starkweather y Raymond Hames demostraron, en un estudio de 2012, que la mayoría de los antropólogos ha subestimado la transculturalidad de la poliandria. Es cierto que la poliandria «clásica» —una proporción sustancial de matrimonios entre una mujer y dos o más hombres, generalmente hermanos, para evitar la atomización de las granjas familiares— es solo característica de sociedades complejas en el Tíbet, Nepal y las islas Marquesas. Pero la poliandria «no clásica» se encuentra en todas las partes del mundo. En estos matrimonios, la comunidad reconoce oficialmente que más de un hombre tiene acceso sexual legítimo a la misma mujer, con o sin cohabitación, y —contrariamente a la creencia convencional de que esto supone un perjuicio para los hombres— que en caso de fallecimiento de uno de los esposos los otros cuidarán de sus hijos.

Esto es frecuente en situaciones donde las mujeres escasean (debido al exceso de hombres o a la poliginia) o en las que existe una dependencia extrema de la contribución masculina de alimentos a la dieta (como entre los cazadores del Ártico). En las primeras situaciones citadas, los hombres pueden decidir que es mejor compartir una esposa y tener alguna posibilidad de reproducción que quedarse sin ninguna; en las últimas, los hombres pueden comprender que necesitan un seguro para la supervivencia de sus hijos. De cualquier modo, una mujer llega a disponer de más de un padre contribuyendo a la supervivencia —tanto presente como futura— de sus hijos, confiando no solo en la alianza entre los padres, sino también en la incertidumbre de estos acerca de su paternidad. Asimismo, para ella es agradable tener múltiples compañeros compitiendo y tratando de complacerla. Esto solo ocurre en un pequeño número de culturas (al contrario que la poliginia, que está formalmente permitida en la gran mayoría), siendo casi todas ellas de cazadores-recolectores. Lo cual significa que, probablemente, se trataba de una opción interesante para nuestros ancestros en el pasado humano profundo.

Algunas culturas, principalmente en la cuenca del Amazonas, convierten la inseguridad respecto a la paternidad en una virtud, gracias a la costumbre de la paternidad divisible: la creencia de que un niño puede y debe tener múltiples padres biológicos. Tales culturas, no reconociendo la paternidad biológica singular, argumentan que una mujer encinta ha de tener relaciones sexuales con más de un hombre, a fin de que cada uno de ellos contribuya al desarrollo del bebé en el útero. Si bien esto es una imposibilidad biológica, hay evidencias de que en algunas de estas culturas los niños con más de un «padre» tienen más probabilidades de supervivencia. Algunos hombres reproductivamente exitosos pueden autorrecompensarse con relaciones extramaritales. Pero la idea de Sarah Hrdy de «la cantidad óptima de padres» ciertamente parece encajar aquí.

Los cazadores-recolectores, aun permitiendo la poliginia, no la practican mucho. Solo entre los aborígenes australianos más de un tercio de los hombres tenían dos o más esposas. El promedio en otros grupos está entre el 7 y el 10 %. Los hombres polígamos en las culturas australianas tenían mujeres jóvenes o incluso niñas comprometidas con ellos, así, conforme envejecían, iban sumando esposas adultas a su haber. En consecuencia, los hombres se casaban muy tarde, y la mayoría de los hombres jóvenes caía presa de la frustración. ¿Cómo pudieron esos hombres viejos, continúan preguntándose los antropólogos, hacerse con todas las mujeres y niñas? Incluso hoy no está claro de qué modo se salieron con la suya.

El resto de las sociedades de cazadores-recolectores del mundo, sin embargo, tenía niveles de poliginia mucho más bajos, compatibles con mujeres jóvenes casándose en la etapa de la menarquia —alrededor de los dieciséis años en promedio, mucho más tarde que en las sociedades posteriores—. Una diferencia de edad de algunos años en el matrimonio, unida a la conocidamente inferior tasa de supervivencia masculina podría explicar una pequeña cantidad de poliginia. El estado de soltería en estas culturas era absolutamente indeseable y casi desconocido, salvo transitoriamente y, para las mujeres, en la vejez. Mas cabe preguntarse razonablemente: ¿cómo puede haber habido relaciones de género igualitarias estando permitida la poliginia?

Por un lado, si la poliandria era asimismo una opción disponible, la situación no parecería entonces tan desigual, incluso si la poliginia era más común. Lo que tendríamos sería, básicamente, una especie con vínculos de pareja con desviaciones en ambas direcciones. No obstante, parte de la respuesta está en cómo surge la poliginia. Creemos que esta se deriva, principalmente, de la coerción masculina, y nos encontraremos con sociedades donde este es efectivamente el caso, pero en las sociedades de cazadores-recolectores los hombres rara vez tienen ese tipo de poder. Por muy difícil de creer que nos resulte hoy, convertirse en una coesposa es a menudo una extensión de la elección femenina: una mujer puede estar mejor siendo la segunda esposa de un buen cazador que siendo la primera de uno malo. Pero puesto que en cualquier caso la carne es compartida más allá del círculo familiar, una mejor explicación podría ser la hipótesis de los buenos genes.

Las mujeres, visto desde este ángulo, se sienten atraídas por los hombres poseedores de cualidades que les gustaría ver en sus futuros hijos —como en una de las explicaciones para la cola del pavo real—. Ellas (inconscientemente) buscan esas cualidades en los hombres con los que se aparean; idealmente, quizá, mediante la monogamia con un varón escogido, pero a veces, también, convirtiéndose en su segunda esposa o teniendo una aventura con él mientras está casada con un hombre *inferior.* ¿Por qué «idealmente, quizá»? Bueno, otro ideal para las mujeres es buscar un tipo de hombre —el confiable, andrógino, «estilo padrazo»— cuando quieren casarse y un tipo diferente —el errático, masculino, «estilo chico malo»— cuando simplemente quieren sexo. Aunar lo mejor de ambos mundos sería casarse con uno del primer tipo y divertirse con otros del segundo. Estudios actualmente en curso, incluso en culturas socialmente monógamas, muestran que las mujeres siguen todas estas estrategias. Por ejemplo, cuando en experimentos se les pide que «elijan» a un esposo, las mujeres prefieren hombres de aspecto andrógino, pero cuando se les pide que piensen en el sexo casual, eligen tipos mucho más masculinos. Durante la ovulación, además, se inclinan aún más decididamente hacia lo masculino. Esta investigación tiene sus críticos, pero en 2013, Kelly Gildersleeve y sus colegas les respondieron, convincentemente, revisando «una gran cantidad de estudios que proporcionan evidencias de que las motivaciones sexuales y las preferencias de pareja de las mujeres cambian sistemáticamente a lo largo del ciclo ovulatorio».

Sobre las relaciones de género en las sociedades forrajeras se discutió a fondo en *El hombre, el cazador* [*Man the Hunter*]: un libro pionero editado por Richard Lee e Irven DeVore que, surgido de una conferencia, ayudó a revigorizar los estudios sobre los cazadores-recolectores. Pero otras respuestas llegaron en un libro aparecido algunos años después: *La mujer, la recolectora* [*Woman the Gatherer*], editado por Frances Dahlberg. El título parafraseaba —intencionadamente— el inapropiado título de su antecesor, pues en este ya se había argumentado que eran las mujeres quienes llevaban a casa la mayor parte de la pitanza; esto es, tubérculos, nueces, bayas y verduras de hoja verde. En un buen número de economías de caza y recolección, entre dos tercios y tres cuartos de las calorías provenían de alimentos vegetales recolectados por mujeres, y solo una pequeña parte era suministrada por hombres en forma de carne animal.

La mujer, la recolectora demostró, asimismo, que las conclusiones de los arqueólogos habían estado claramente sesgadas a favor de la caza. Las herramientas de piedra halladas junto a fósiles humanos que, como máximo, datan de hace unos dos millones de años se utilizaron principalmente en la caza y, casi con seguridad, son de factura masculina. Pero las herramientas fabricadas y empleadas por las mujeres —hurgones para remover la tierra y cabestrillos para acarrear alimentos o bebés—, tan vitales para la supervivencia y la reproducción como las herramientas de piedra, no se habrían fosilizado.

Los chimpancés salvajes, en muchos lugares de África, crean y usan una amplia gama de herramientas: sondas para pescar termitas hechas con ramitas deliberadamente mondadas, esponjas hechas con hojas compactadas para absorber el agua de ciertas cavidades, palos más grandes para cavar en el barro, troncos y piedras para cascar nueces y otras; de todas estas, solo las piedras cascanueces se habrían conservado desde el pasado lejano, y en efecto han sido halladas en lo que probablemente fuera un antiguo hábitat de chimpancés. Por último, tanto las hembras chimpancé salvajes como las cautivas emplean un espectro más amplio de herramientas, y lo mismo ocurre con las hembras bonobo cautivas, aunque los bonobos no usan ni fabrican herramientas en la naturaleza. Esta evidencia sugiere que, probablemente, Laca (nuestro ancestro común) ya utilizaba o incluso fabricaba herramientas de materiales degradables, y las hembras pueden haberse servido de ellas más que los machos.

Más importante aún, los científicos que contribuyeron a *La mujer, la recolectora* —Frances Dahlberg, Adrienne Zihlman, Agnes

Estioko-Griffin y otros— estaban interesados en destacar algo más que los estudios de cazadores-recolectores mostraban: debido al pequeño tamaño del grupo, a la baja densidad de población y a la crucial y altamente confiable contribución femenina a la subsistencia —hoy sabemos que, en promedio, eso representaba aproximadamente la mitad, aunque es suficiente—, la voz de la mujer siempre fue escuchada. Casi todas las decisiones —las que podríamos llamar económicas, judiciales y políticas, así como las interpersonales— se tomaban durante asambleas nocturnas alrededor del fuego. Y, dependiendo en ambos sexos de la edad, la reputación, la personalidad, la volubilidad y la elocuencia, tanto las mujeres como los hombres habrían tenido voz. Además, mientras que los hombres debían a menudo guardar silencio (no solo al cazar en solitario, sino también al hacerlo en grupo), las mujeres amenizaban sus expediciones de recolección con todo tipo de conversaciones, gracias a las cuales se construían y fortalecían alianzas; algo parecido al acicalamiento en monos y simios o a las relaciones sexuales entre hembras bonobo. Las mujeres podían resolver problemas sin hombres y presentar, más tarde, un frente común ante el fuego.

Algunas teorías sugieren que los hombres y las mujeres cazadores-recolectores deberían de ser mucho más diferentes y más desiguales de lo que son. En un estudio de 2012, Frank Marlowe y Colette Berbesque utilizaron datos de los hadzas, un activo grupo de cazadores-recolectores, para estimar la razón de sexo operacional —número de varones fértiles por hembra capaz de reproducirse hoy—. Puesto que en estos grupos las mujeres son fértiles durante muy poco tiempo —generalmente están embarazadas o en periodo de lactancia—, debería de haber una competencia masculina más intensa, con una diferencia de sexo resultante más grande. En teoría, los hombres deberían de ser mucho más grandes que las mujeres, algo similar a lo que ocurre con los gorilas.

¿Por qué no lo son? En las hembras humanas, dos poderosos factores fisiológicos contribuyen a amortiguar la competencia masculina. El primero (y principal) es la ovulación oculta. Esto deja a los hombres en la inopia respecto a los días fértiles de las mujeres, al tiempo que a ellas les permite tener mucho sexo más allá de estos. Ni siquiera los varones dominantes serían capaces de monopolizar a las mujeres durante todo el tiempo que ellas parecen ser fértiles. El segundo factor es la menopausia. Contrariamente a la creencia común, había bastantes personas mayores en las sociedades de cazadores-recolectores. La mortalidad entre bebés y niños era muy alta, dando lugar a una esperanza de vida muy baja al nacer; pero si uno vivía hasta los quince años, tenía una posibilidad razonable de alcanzar los sesenta, y el último alumbramiento, en promedio, se producía alrededor de los cuarenta. La menopausia aumenta la razón de sexo operacional, pues hemos de contar hombres fértiles con una edad más avanzada cuando ya no podemos contar mujeres. Pero hay otros factores especiales relativos al apareamiento y la reproducción humanas además de una fisiología única.

La monogamia, por defectuosa que sea, es el principal patrón de apareamiento entre los cazadores-recolectores, y eso nos convierte en gran medida en una especie con vínculos de pareja, aunque con una gran flexibilidad adaptativa. Más importante aún, quizá, es la gran inversión que los humanos hacen en su descendencia. Hanna Kokko y sus colegas, resumiendo quince años de investigación, preguntaron en 2012: «¿Debería un macho que invierte parentalmente en sus crías abandonarlas para intentar reproducirse de nuevo?». Resulta que «la inversión en el apareamiento produce escasos rendimientos». Dicho de otro modo, para un hombre cazador-recolector no vale la pena descarriarse hasta el punto de poner en riesgo a su prole.

De hecho, el propio Marlowe demostró que no pocos hombres entre los hadzas experimentan tal conflicto, pasando menos tiempo con sus hijos cuando hay una mujer joven disponible alrededor. Sin embargo, las mujeres embarazadas y lactantes dependen críticamente de la contribución de su esposo a su suministro de alimentos. Entre los Aché, Hiwi, Martu y otros cazadores-recolectores, los padres también contribuyen en gran medida a la manutención de sus esposas e hijos cazando —a pesar de la imprevisibilidad de la caza.

Kristen Hawkes, otra reputada estudiosa del pueblo hadza, ha argumentado que los hombres solo cazan para exhibirse, mejorar su estatus y asegurarse futuras oportunidades de apareamiento. Durante mucho tiempo, Hawkes ha sostenido que las abuelas desempeñan un papel fundamental en la manutención de los niños pequeños, en tanto que los padres cuentan más bien poco. Opino que esta es una elección forzosa innecesaria. Hawkes probablemente tenga razón al pensar que la menopausia evolucionó, prolongando la vida de las mujeres mucho más allá del periodo reproductivo, en parte para proporcionar abuelas. Y como argumentó la antropóloga Ruth Mace en 2013, la menopausia también reduce la competencia por los hombres entre generaciones de mujeres. Pero incluso entre los hadzas, los padres y los padrastros sirven de complemento a las abuelas en el cuidado de los jóvenes, mientras que entre los !kung es imposible especificar de qué parientes proviene principalmente el flujo de calorías hacia los niños, porque muchos contribuyen a él.

Un hecho crucial, señalado por vez primera por la antropóloga Jane Lancaster hace más de tres décadas, es que de entre todas las crías de primates superiores, solo las humanas son tan abundantemente abastecidas, antes y después del destete, por parte de individuos distintos a su madre; el resultado es un destete más temprano y una mayor supervivencia después de este. Padres, abuelas y otros cuidadores también abastecen a la madre cuando está embarazada o en periodo de lactancia. El libro de Sarah Hrdy, *Madres y otros* [*Mothers and Others*] (2009), demostró convincentemente que somos eso que los biólogos llaman criadores cooperativos, así como que nuestro gran éxito en comparación con otros simios se debe, en gran medida, a la ayuda que las madres reciben de otros individuos. Este análisis ha sido confirmado en los últimos años por Karen Kramer, Nancy Howell y otros científicos.

Pero hemos de fijarnos directamente en la vida de las mujeres en las sociedades de cazadores-recolectores. De estas, la que mejor conozco es la de los !kung san, o ju/'hoansi, del noroeste de Botsuana y la cercana Namibia (denominados comúnmente bosquimanos, lo que a veces se considera despectivo). Mi difunta esposa, Marjorie Shostak, y yo pasamos un total de dos años entre ellos en 1969-71 y 1975. Fuimos dos de los muchos antropólogos que desde 1950 han visitado y estudiado a estas personas pacientes, tenaces y cordiales, que ahora ya no cazan ni recolectan. He seguido de cerca estos estudios, y en 2005 —casi una década después de la prematura muerte de Marjorie— visité brevemente a nuestros viejos amigos en Botsuana con dos de nuestros hijos adultos: una experiencia a la vez conmovedora y reveladora.

Marjorie, en los viajes que hicimos juntos y en un tercero que realizó sola en 1989, estudió a un grupo de mujeres san mediante entrevistas de historia vital. Escribió un libro clásico titulado *Nisa: vida y palabras de una mujer !kung* [*Nisa: The Life and Words of a !Kung Woman*] y una continuación, *Volviendo a Nisa* [*Return to Nisa*], aparecida después de su muerte. Mi propio trabajo de investigación sobre la infancia me llevó a tratar con madres y padres, y, naturalmente, ambos absorbimos mucha información sobre los roles de género conviviendo con los !kung. Ya he dicho que no hay un modelo único para nuestro pasado evolutivo; hay muchos. Los !kung nos proporcionan uno. Ellos representan a los cazadores-recolectores en algunos aspectos importantes, pero no en todos.

Fuimos rápidamente iniciados el mismo día que llegamos, en agosto de 1969. En una aldea san, un grupo de mujeres se sentaba formando un círculo; hablaban animadamente cuando, de pronto, se inició una pelea física entre dos de ellas; algo que nos sorprendió, ya que este pueblo era conocido por su talante pacífico. Según supimos más tarde, habían estado discutiendo una acusación de adulterio en una pareja joven con una relación tormentosa; puesto que el matrimonio no tenía hijos, los esposos podrían divorciarse. Como ocurría con todas las crisis matrimoniales en una comunidad tan estrechamente unida, aquella era asunto de todos.

La pelea, sin embargo, no tenía nada que ver con la infidelidad que trataban. La había desencadenado una mujer al mencionar otro episodio de presunto adulterio, ocurrido muchos años antes. Las dos rivales en la vieja disputa (ahora mujeres de mediana edad) estaban presentes aquel día, y el enganchón y posterior revolcón sobre la arena al que asistimos fue entre ellas. Las otras mujeres no tardaron en separarlas.

Este incidente revela mucho sobre el modo de vida de este pueblo. Para empezar, aun tratándose de asuntos propios del ámbito privado se discutían públicamente. Ellos vivían en grupos que oscilaban entre los quince y los cuarenta miembros, dependiendo de los alimentos y el agua estacionales, así como de las relaciones entre ellos. Los grupos se dividían cuando sus miembros eran incapaces de resolver un conflicto mediante el diálogo, pero podían volver a unirse en unos pocos meses. La pertenencia al grupo dependía del parentesco, aunque no había reglas estrictas, por lo que dos miembros aleatorios podían no estar relacionados en absoluto; usted podría ser, por decir algo, la madre del esposo de la hermana del marido de mi hija.

En cuanto aprendimos lo suficiente de su lengua, nos mudamos a una cabaña de hierba en una aldea, donde permanecimos varios meses hasta comprender que preferían tenernos a cierta distancia. Esos meses, sin embargo, fueron tremendamente instructivos. Muchas noches, por no decir casi todas, los habitantes de la aldea se reunían alrededor de una fogata frente a una de las cabañas y conversaban, a veces durante horas. Las mujeres mecían bebés en sus brazos o los amamantaban; los niños pequeños a menudo dormían en el regazo paterno. Podía haber tres, cinco u ocho adultos hablando; la participación era opcional. Las voces eran activas, a veces argumentativas y a veces líricas, y por lo general se alternaban registros masculinos y femeninos.

Podían hablar del descubrimiento de huellas migratorias de antílopes hecho por un hombre o una mujer ese mismo día y de la conveniencia de trasladar la aldea para seguirlos. O de cuánta agua se había acumulado en cierta charca temporal después de una ligera lluvia. O sobre la hiena que oyeran rondar la aldea en noches anteriores. O de la enfermedad de alguien y la posibilidad de celebrar una danza extática para tratar de curarlo. O sobre la disponibilidad de una muchacha para el casamiento y de quién podría ser el afortunado joven. O limitarse a intercambiar recuerdos de un conflicto del pasado sobre la compartición de la carne.

Probablemente, los asuntos más comunes en estas reuniones alrededor del fuego eran los problemas interpersonales: una pareja que no se lleva bien, un adolescente que es perezoso, un buen cazador demasiado pagado de sí mismo, una mujer sospechosa de coquetear con el marido de otra... ¿Chismorreo? Seguramente. Pero no se hacía a espaldas de las personas afectadas, o al menos no durante mucho tiempo. Se trataba de airear públicamente ciertos problemas que, de no ser resueltos, acabarían afectando a todos. Y los miembros del grupo expresaban sus sentimientos, buscaban consejo y se ayudaban mutuamente. Habiéndome quedado dormido en bastantes de estas asambleas, llegué a preguntarme si la era de los cazadores-recolectores no habría sido sino un interminable grupo de encuentro. Tales intercambios constituyeron, ciertamente, una de las ventajas adaptativas vitales de la evolución de la comunicación oral. Como mi primera profesora de antropología, la lingüista Dorothy Hammond, solía decir: «¿De qué hablaríamos, sentados alrededor del fuego por la noche, si no dispusiéramos del lenguaje?».

¿Eran escuchadas las voces femeninas tanto como las masculinas? Richard Lee, uno de los más grandes etnógrafos estudiosos de los !kung, estimó que la participación masculina en aquellas asambleas comunales representaba alrededor de los dos tercios, lo que está lejos de ser un monopolio. Las mujeres no se mostraban tímidas a la hora de expresar sus opiniones, y si disponían de argumentos que las respaldaran, lo hacían de cabo a rabo. En estos encuentros se trataban cuestiones de adaptación, emoción profunda y aun de vida o muerte. ¡Cuán estúpido sería no escuchar todas las opiniones informadas!

¿Podían albergar algunos hombres una ideología de género negativa hacia las mujeres? Sí. En cierta ocasión, un colega que estaba de visita y yo entrevistábamos a un grupo de hombres acerca de su conocimiento del comportamiento animal, en el cual mi amigo era un experto. Surgió la cuestión de la inteligencia femenina, y uno de los hombres la situó por debajo de la del lagarto. Otros encontraron divertida la gracieta. Pero no fue más que un chiste de mal gusto en el contexto de una interminable guerra de sexos; también las mujeres tenían cosas poco halagadoras que decir sobre los hombres. En la trinchera de la vida cotidiana, los sexos estaban más o menos unidos para hacer frente tanto a los peligros naturales como a las tragedias y debilidades humanas.

En aquel momento, también, las mujeres producían alrededor del 70 % de los alimentos y asumían el 90 % del cuidado de los niños: la madre trabajadora no es precisamente una invención moderna. El movimiento se demuestra andando. Fue la habilidad manual, más que otra cosa, lo que les valió a las mujeres el derecho a que sus voces fueran escuchadas, y ciertamente lo fueron —en grupos mixtos alrededor del fuego por la noche, pero también durante el día, cuando se encontraban lejos de los hombres—. Al igual que en otras sociedades de cazadores-recolectores, las partidas masculinas de caza se conducían casi siempre en silencio, pero las expediciones femeninas de recolección, además de suministrar el grueso de la alimentación, proporcionaban una magnífica oportunidad para hablar: charlas triviales, conversaciones serias, intercambio de experiencias, ideas y consejos, expresión de sentimientos, creación y sellado de alianzas. Los hombres, cualesquiera que fuesen sus prejuicios, solo podían mostrarse dominantes desafiando tales contribuciones, tales alianzas.

***

Los hombres, sin embargo, tienen cierto atractivo. Megan Biesele, la destacada estudiosa del folklore !kung (y veterana defensora de sus derechos), tituló uno de sus libros *Mujeres como carne* [*Women Like Meat*]. Los hombres son prácticamente los únicos cazadores en esta cultura, de modo que la carne es uno de los motivos por los que a las mujeres les gustan los hombres. Otro es que su principal rito religioso y curativo, la danza extática, estaba tradicionalmente centrada en el hombre, porque —aunque las mujeres poseen su propia danza de sanación— se decía que en este ritual solo los hombres tenían poderes curativos y que solo ellos podían caer en trance para activarlos.

Sin embargo, el ritual depende tanto de las mujeres como de los hombres, pues mientras aquellas cantan en corro con voces hermosas y misteriosas —semejantes a las del *yodel* tirolés—, produciendo complejos ritmos sincopados con las palmas, ellos las circunvalan bailando lenta y pesadamente —diríase de una marcha—, golpeando mecánicamente el suelo con los pies a fin de inducirse el trance. Los hombres capaces de alcanzar el trance —hasta la mitad de ellos— no tardan en caer desplomados, momento en el cual se cree que sus almas los abandonan. Otros hombres, a menudo también en trance, frotan los cuerpos inconscientes para revivirlos y llevarlos a un estado alterado más activo. Al poco, los yacentes recuperan el sentido y se ponen en pie; van situándose entonces ante cada persona sentada (ya estén en el círculo interior de mujeres cantoras o en uno exterior de espectadores) y, sin dejar de gemir en voz baja y vibrante, imponen sobre ellas sus manos temblorosas. La acción sanadora culmina cuando, con toda la fuerza de sus pulmones, gritan la frase ritual:

«kow-hi-didi»; en ese preciso instante, las partículas que causan o pueden causar enfermedades son extraídas del cuerpo del *paciente* y pasan —dolorosamente por cierto— a través del sanador para ser expulsadas por el cogote y enviadas de vuelta al mundo espiritual.

Estos dos admirados roles masculinos, además, se entrelazaban cuando la emoción por el regreso de una partida con una significativa pieza de caza animaba a las mujeres a cantar y bailar: una espontánea demostración de entusiasmo que, normalmente, devenía en una danza extática formal que duraba toda la noche. Durante nuestra estancia en una aldea !kung, vimos que los hombres estaban obligados a mostrar modestia e incluso desdén respecto a las piezas conseguidas, insistiendo en que un antílope era pequeño y delgado cuando todos podían ver que era grande y gordo. Todo el mérito (y la oportunidad de distribuir la carne) era para el fabricante de las flechas, que bien podía ser una mujer. A pesar de esto, todos sabían qué hombre u hombres se habían cobrado una determinada pieza y, con el tiempo, qué hombres tenían más y menos éxito en la caza. Los alimentos vegetales recolectados por las mujeres (nueces, tubérculos, bayas y hortalizas) constituían el grueso confiable de la dieta, pero la absoluta imprevisibilidad de la caza mayor resultaba emocionante.

Para las mujeres, a menudo había algo imperceptiblemente erótico en el entusiasmo de los hombres, y esto también parecía verificarse en la danza extática. Aunque silenciado y en su mayoría oculto, se daba a veces una especie de coqueteo inofensivo entre ciertas mujeres y algunos de los hombres en trance. Yo mismo, como aprendiz que en dos o tres ocasiones había logrado alterar levemente su estado de conciencia durante una danza, sentí la admiración (así como el regocijo) de algunas mujeres cuando me saludaron a la mañana siguiente. Sin embargo, nada provocaría que un aprendiz fuese apartado de la instrucción más fulminantemente que el descubrimiento de que se aprovechaba de esta situación o de que hacía algo ligeramente indecoroso mientras permanecía en trance. Así pues, el equilibrio era delicado.

Las mujeres tenían su propio ritual de trance: la danza del tambor, también de carácter curativo. Algunas mujeres poseían una sólida reputación como sanadoras y eran igualmente demandadas por mujeres y hombres. Además, las mujeres también se dedicaban a la caza menor (pájaros, tortugas, lagartos y más) durante las expediciones de recolección. Durante la infancia, tales éxitos constituían una gran fuente de orgullo. Conservo la foto de una niña de siete años con una amplia sonrisa en el rostro, su brazo diestro alzado en el aire y un pájaro recién cazado colgando de sus dedos. Y en el libro de Marjorie, Nisa describe cómo, junto a un grupo de niños, encontró una cría de kudú. Ella se aferró al animal, pero se le escapó y todos se lanzaron en su persecución. «Corrí tan rápido que dejé a todos atrás y me quedé sola persiguiéndolo, corriendo tan rápido como podía. Entonces lo agarré de una pata, lo derribé y me lo cargué al hombro. Yo respiraba muy fuerte, "¡uf!... ¡uf!... ¡uf!"... Cuando llegué adonde estaban los demás, mi primo mayor gritó: "Mi prima, mi prima pequeña... ¡ha cazado un kudú!"».

Al igual que los niños, las niñas tenían que pasar por dramáticos ritos de iniciación puberal. La niña, nada más notarse un rastro de sangre, debía sentarse en el suelo y, sin importar dónde se encontrase, aguardar allí en silencio. De hallarse sola, esto no estaba exento de cierto peligro, ya que los leones, las hienas o los perros salvajes podrían oler su rastro. Pero las mujeres de su aldea no tardarían en descubrir su ausencia, adivinarían la causa y darían con ella rápidamente. Llevándose con ellas a la niña a un lugar próximo a la aldea, levantarían rápidamente una pequeña choza de hierba y la dejarían en su interior. Comenzaría entonces una danza única a la que se unirían todas las mujeres. Conforme el día fuese convirtiéndose en noche y a lo largo del día siguiente, la danza iría adquiriendo un cariz cada vez más estridente y obsceno. Las mujeres, que celebraban desnudas este ritual, se limitaban a ocultar el pubis con un pequeño mandil de piel que subía y bajaba al tiempo que ellas brincaban. A veces se lo levantaban para enseñar sus genitales, provocando con ello explosiones de risa, mas sin dejar entretanto de cantar, bailar y batir palmas. Ningún hombre podía acercarse. La niña menstruante había de permanecer en la cabaña de aislamiento sin hacer otra cosa que empaparse del mensaje de aquella desinhibida celebración de la feminidad.

Como durante muchos años mostraron Lorna Marshall, Polly Wiessner y otros antropólogos, la equidad entre los !kung se debía al efecto nivelador de la repartición. Poseían reglas formales para la distribución de la carne, así como para el regalo de adornos, ropa, armas y otras posesiones; reglas que fueron propagándose a través de sus redes sociales. Lo que se va por un lado vuelve por otro. No es que las personas fuesen desinteresadas, sino que las reglas culturales y la abierta intimidad de la vida social dificultaban el egoísmo. El chismorreo y el ostracismo son altamente disuasivos. Podían existir diferencias en cuanto a «riqueza», con algunos individuos poseyendo el doble que otros, pero el tipo de diferenciales de riqueza que habitualmente aceptamos no podría haberse alcanzado en esta cultura, ni siquiera en los más voluptuosos sueños de la persona más egoísta. Y el modo de vida igualitario propiciaba la igualdad de género.

Las mujeres, como en cualquier otra cultura, soportaban la carga de la maternidad, pero no lo hacían solas. Ellas sostenían el ideal, bastante inusual en el resto del mundo, de que las mujeres debían dar a luz solas —un tributo a su independencia y coraje—; la mayoría de las madres, sin embargo, no alcanzaba este ideal hasta el segundo o tercer nacimiento, y los primeros partos eran casi siempre asistidos por otras mujeres más experimentadas. La demógrafa Nancy Howell, cuyo trabajo sentó las bases para muchos de nuestros estudios, publicó un libro con un nuevo análisis de datos originales en 2010. En él mostró que las familias con dos o más hijos no podían satisfacer sus propias necesidades calóricas, pero que otros miembros del grupo completaban el déficit compartiendo con ellos. Ninguna familia con niños era abandonada a su suerte. Superado el bache, las mujeres podían invertir el flujo de alimentos o dirigirlo hacia otra familia en apuros.

Nuestro primer viaje de investigación duró veinte meses; llegado el momento de partir, la gente aún discutía si aquella joven pareja debía divorciarse o no, y muchos otros conflictos se habían producido en el ínterin. Durante nuestros dos viajes de investigación, supimos de hasta cuatro intentos de suicidio cometidos por mujeres. Dos de ellas ingirieron veneno de flecha, un método con el que difícilmente podrían haber tenido éxito; una vagó por el bosque durante dos o tres días, siendo hallada por la gente que salió en su busca; y la cuarta se frotó veneno de flecha en un corte, lo que la habría matado de no haber estado caducado el veneno. Como ocurre con algunos intentos de suicidio en cualquier cultura, estos pudieron haber sido llamadas de auxilio. Ninguna de las cuatro mujeres estaba contenta con la forma en que su esposo la trataba. Sin embargo, todo intento tiene alguna posibilidad de éxito.

En cuanto al homicidio, Richard Lee documentó veintidós casos durante varias décadas en esta pequeña población. Los únicos perpetradores, así como la mayoría de las víctimas, fueron hombres; y la causa, generalmente, fue un presunto adulterio o una venganza, aunque a veces se debió a una injusticia percibida en la distribución de carne. ¿Era muy común el adulterio? Los estudios genéticos han estimado que un 2 o 3 % de las personas no tenían los padres biológicos que ellos creían que tenían. Es un nivel bajo para una sociedad de cazadores-recolectores, pero no es insignificante; a pocos hombres les gustaría saber que una de cada cincuenta veces que sus esposas tuvieron relaciones sexuales no fue con ellos. Y las entrevistas privadas realizadas por Marjorie a mujeres mostraron que, en términos emocionales, su interés por las aventuras extramatrimoniales podía ser absorbente y romántico. No todas las mujeres tenían amantes, pero algunas sí.

***

Nisa, la mujer que se convirtió en la protagonista del libro, tuvo una vida sentimental que no era representativa, aunque tampoco era inusual. Tenía alrededor de cincuenta años en 1970 y había crecido en un entorno muy tradicional. Estuvo casada dos veces por acuerdos entre familias antes de la menarquia, pero se le permitió rechazar a estos hombres. También rechazó una oferta para convertirse en la segunda esposa de un hombre, aunque ella lo amaba. Un tercer arreglo matrimonial tuvo éxito, y ella aprendió a amar a su esposo, Tashay, aunque ambos tuvieron amantes extramaritales. Él intentó tomar una segunda esposa, pero Nisa puso en fuga a la novia.

Durante el primer embarazo de Nisa, Tashay se volvió muy celoso y cuestionó su paternidad, pero acabó aceptando al bebé. Ella tuvo cuatro hijos con él, dos de los cuales no sobrevivieron a la primera infancia. Otro de ellos falleció de una enfermedad antes de la adolescencia. Una hija, que sobrevivió para casarse, murió a consecuencia de una pelea física con su esposo, quien supuestamente no tenía intención de lastimarla gravemente. A pesar de las infidelidades por ambos lados, Nisa se afligió mucho al fallecer Tashay. Luego ella tuvo otras relaciones, incluido un mal casamiento con un hombre bantú que aun habiéndola maltratado y abandonado se volvió posesivo (como sucede a veces en todas las culturas) cuando ella trató de rehacer su vida. Finalmente, se casó de nuevo y permaneció junto a su marido hasta la vejez, aunque continuó teniendo amantes ocasionales. Como ella misma dijo: «Una mujer ha de querer por igual a su esposo y a su amante».

Nisa sufrió más infidelidades, más violencia y más tragedias a lo largo de su vida que otras muchas mujeres, pero también gozó de autonomía y capacidad de acción. Ella dijo: «Las mujeres son fuertes; las mujeres son importantes. Los hombres zhun/twa (!kung) dicen que las mujeres son las jefas, las ricas, las sabias. Porque las mujeres poseen algo muy importante, algo que permite a los hombres vivir: sus genitales». Según Marjorie: «las mismas mujeres !kung se refieren a veces al dominio masculino… y no parecen rechazarlo. El hecho de que exista esta tendencia es importante y no debe minimizarse, pero tampoco debe exagerarse. (…) En general, las mujeres !kung mantienen un estatus superior al de las mujeres de muchas sociedades agrícolas e industriales de todo el mundo. Disfrutan de un sorprendente grado de autonomía e influencia sobre sus propias vidas y las de sus hijos».

Cuando en 2005 regresé con nuestros hijos adultos, hallé a Nisa viva y hospitalaria, aunque habiendo pasado el ecuador de su octava década de vida, su vista era escasa y su salud muy frágil. Sin embargo, durante una asamblea comunal la vimos intervenir activamente, moviendo el dedo en el aire y cautivando con la fluidez de sus palabras y el modulado ascenso y descenso de su aún convincente voz. Algunos de los presentes aquella noche habían participado de niños en mi estudio original. Una mujer, que tenía diez años cuando la conocí en 1970, era entonces abuela y tenía un bebé propio más joven que su nieta. Su madre y la madre de su madre seguían con vida y gozaban de buena salud: cinco generaciones de mujeres en una misma familia.

La víspera de nuestra partida se celebró una fiesta. Compré una de sus propias vacas para que la sacrificaran, atrayendo así visitantes de otras aldeas. Comenzó una danza extática, pero ninguno de los hombres cayó en trance. Dos mujeres sí lo hicieron: una de ellas, la encantadora abuela que habíamos conocido como una adorable niña de diez años. Bailó y entró en trance con su hijo apoyado en la cadera, desplomándose cuando unas manos se extendieron para protegerla a ella y al bebé; revivió entonces a un estado en el que podía imponer sus manos sobre las personas sentadas a su alrededor, temblar, gemir, gritar y, de este modo —según la tradición !kung— sanarlas. Me hizo muy feliz verme atendido por ella; me sentí extrañamente privilegiado y, en cierto modo, protegido.

***

Hace cuatro décadas, en los albores de lo que se convertiría en la antropología feminista, Michelle Rosaldo y Louise Lamphere publicaron un libro titulado *Mujer, cultura y sociedad*. En él sostenían que el dominio masculino es un cultural universal. Quizá le parezca una forma muy decepcionante de comenzar una nueva era, pero como ellas sabían y documentaron, existen diferencias respecto a cuán dominantes pueden ser los hombres. Era claro entonces y sigue siéndolo ahora que entre los cazadores-recolectores existe, en promedio, menos asimetría de género en el poder que en otros tipos de sociedades. Los hombres !kung, como hemos visto, intentan mangonear —figurativa y literalmente— cuanto pueden, pero las mujeres poseen potentes recursos de resistencia y evasión, que incluyen las represalias, el rechazo de esposos para sí mismas o para sus hijas, el repudio de las coesposas, el racionamiento del sexo, las relaciones extramaritales, la expresión de sus opiniones en las asambleas comunales, la formación de alianzas femeninas mediante la conversación, la cooperación y el intercambio de regalos…, por no hablar del más potente de todos: el hecho de que ellas suministran una gran parte de los alimentos.

Salvo por el último punto, que es variable, todas las culturas nómadas de cazadores-recolectores comparten estos espacios de relativo poder femenino. La carne animal (incluido el pescado) en sus dietas varía entre una cuarta parte y tres cuartas partes (con un promedio del 50 %), y las contribuciones de hombres y mujeres varían en consecuencia. Los niveles más bajos de alimentos vegetales los hallamos entre cazadores montados y en pueblos árticos como los esquimales, que no son modelos posibles para la mayor parte de la historia de nuestra especie: ningún cazador antiguo poseía caballos, y no penetramos en los climas más fríos hasta muy tarde en la evolución humana. Pero también hay altos niveles de carne animal (incluyendo carne, aves, reptiles y anfibios, y peces) en las dietas de algunos cazadores-recolectores de climas cálidos. Sin embargo, incluso donde predomina la caza masculina, el pequeño tamaño de los grupos, la baja densidad de población, la dependencia mutua y una combinación de vida pública y privada mantienen a raya el dominio masculino.

La división del trabajo nunca ha sido completa. Los hombres !kung, como mínimo, recolectaban alimentos vegetales para ellos durante sus expediciones de caza, especialmente si esta no se daba bien. Las mujeres, de forma rutinaria, cazaban presas pequeñas como lagartos y tortugas e informaban sobre la caza o las huellas que habían visto. Entre los cazadores-recolectores que viven en hábitats costeros, las mujeres y los niños dedican buena parte del tiempo al marisqueo. Las mujeres del pueblo martu de Australia cazan ocasionalmente piezas mayores como canguros. Los cazadores-recolectores forestales de África Central conducen sus presas hacia grandes redes, un esfuerzo comunal que habitualmente incluye mujeres. Y entre los aeta de las montañas de Luzón en Filipinas, las mujeres cazan habitualmente y aportan aproximadamente un tercio de la carne. Este, ciertamente, es un ejemplo único, pero en la mayoría de las culturas de cazadores-recolectores ha habido ávidas y excelentes cazadoras. Algunos grupos disponían de un estatus formal para los hombres que asumían roles femeninos, no solo por dedicarse a la recolección, sino también por la vestimenta, el matrimonio y otras cuestiones.

Así pues, a pesar de la alta confiabilidad de la división del trabajo por sexo, los límites han sido algo fluidos y se han entrecruzado a menudo. Tal parece haber sido el caso durante mucho tiempo. En un fascinante estudio titulado «¿Qué debe hacer una madre? » [«What's a Mother to Do?»], los arqueólogos Steven Kuhn y Mary Stiner resumieron la evidencia de que los neandertales y los humanos modernos que los reemplazaron diferían en sus opciones dietéticas, lo que sugiere que los neandertales dependían más de la caza mayor. Puesto que las mujeres y los niños neandertales tenían (al igual los hombres) esqueletos muy robustos, es muy probable que participaran en la caza, tal vez conduciendo las presas hacia los cazadores. Sin embargo, descubrimientos más recientes (verbigracia los de Amanda Henry, Alison Brooks y Dolores Piperno) han demostrado que los neandertales molían, cocinaban y consumían cebada y otros granos; incluso podrían haber comido algo parecido a las gachas de cebada. Es casi seguro que las mujeres habrían intervenido ampliamente en estos procesos de elaboración, y también podrían haber confeccionado prendas de vestir.

Sin embargo, nuestra especie muestra un rango dietético aún más amplio, que incluye más caza menor, pescado, mariscos y alimentos vegetales. Esto habría llevado a una división del trabajo por sexo similar a la de los modernos cazadores-recolectores, con mujeres especializadas en alimentos vegetales y mariscos. Kuhn y Stiner sitúan el origen de esta división hace unos cincuenta mil años, pero la creciente evidencia en África —que lo lleva muchos miles de años atrás— sugiere un origen remoto tanto para la amplitud de la dieta como para la división del trabajo.

La práctica de la caza mayor no es incompatible con los roles maternos de las mujeres; buena prueba de ello son los aeta. Pero el caso de estos es inusual. Los cazadores-recolectores tienen padres más involucrados en la crianza de sus hijos que otras culturas, y los padres más comprometidos que conocemos son los cazadores-recolectores aka de los bosques de África Central. Sin embargo, incluso ellos pasan mucho menos tiempo con los bebés y los niños que las madres —sin contar la enorme inversión biológica de estas durante el embarazo, el parto y la lactancia—. Así pues, la necesidad de reproducirse implicaba la no participación habitual de las mujeres en la caza mayor. El trabajo de estas producía beneficios más confiables y las ayudaba a garantizar su influencia y autonomía. La cuando menos errática aportación masculina de piezas de caza mayor sin duda generaba entusiasmo —como vimos, Kristen Hawkes propuso que el principal objetivo de la caza era la exhibición—, pero ello no condujo a un fuerte dominio masculino en ningún entorno reciente de cazadores-recolectores.

No puede decirse lo mismo de las fases históricas que siguieron. En algunas partes del mundo, en la culminación de la era de la caza y la recolección, las poblaciones se hicieron más densas, los asentamientos ganaron en complejidad y los hombres comenzaron a reunirse en grupos exclusivamente masculinos. Estos grupos diferían notablemente de los forrajeros nómadas «clásicos» que habían dominado el planeta durante casi cien milenios. Por primera vez en nuestra historia, las vidas pública y privada de las personas podrían haber sido separadas, viéndose obligadas las mujeres a replegarse hacia actividades puramente domésticas. Los hombres competían cada vez más intensamente entre sí por el poder, porque entonces el poder realmente importaba. En el mundo ya no había lugar para el igualitarismo, ni entre hombres ni —naturalmente— entre hombres y mujeres. Y lo más peligroso: ya no era posible resolver un conflicto poniendo tierra por medio con el enemigo, pues estaba en juego cuanto uno, junto a sus amigos y parientes, había construido ya. Y no mucho después de eso, cuando uno sembraba y cosechaba, poseyendo la tierra de una manera nueva, alejarse de ella no era una opción; solo quedaba defenderla hasta la muerte.

Capítulo 6

CULTIVANDO EL DOMINIO

La violencia, como hemos visto, no era infrecuente en las sociedades de cazadores-recolectores, pero si la densidad de población era baja y los grupos permanecían nomadeando en el territorio, a menudo aquella no conducía a la guerra, y ciertamente no a una ideología de preparación constante para esta. Los hombres podían tratar de apartar a las mujeres de la toma de decisiones importantes y afirmar su dominio sobre ellas mediante la fuerza, pero había límites estrechos en cuanto a lo lejos que podían llegar al respecto. Como veremos, esto empezó a cambiar en los últimos milenios de la era de la caza y la recolección, a medida que los asentamientos crecían y prosperaban, pero se aproximaba un punto de inflexión.

La arqueóloga Patricia Lambert, analizando la voluminosa y relevante evidencia, mostró que entre los pueblos nativos de América del Norte hubo enfrentamientos violentos —y tal vez algún conflicto intergrupal— cuando eran *simples* cazadores-recolectores, pero que la guerra fue adquiriendo intensidad conforme las poblaciones se asentaban y crecían, y especialmente después de que la agricultura empezase a agotar los recursos de la tierra. Este proceso comenzó en algunas regiones y se extendió a otras por medio de la conquista; a la larga, las ondas se propagaron por regiones como las de los bosques orientales y el Pacífico Noroeste. El mismo patrón se repitió en cada rincón del continente, siendo el período más castigado por la guerra el último milenio antes de la llegada de los europeos.

Brian Ferguson, otro arqueólogo, demostró en 2013 que un proceso similar se había desarrollado mucho antes en la mayor parte de Europa y la mitad norte de Oriente Próximo: la transición a la agricultura, el aumento de la población, la presión sobre los recursos, la violencia organizada y la guerra. Es fácil ver cómo una gran intensificación de la guerra brinda oportunidades a los hombres para dominar a las mujeres. Pero la intensificación de la guerra no fue la única transformación asociada con la agricultura; esta, en realidad, supuso un cambio radical en el modo de vida humano.

Un ejemplo de este cambio trascendental lo tenemos en las estribaciones de los montes Zagros en Irán, donde los arqueólogos han descubierto una de las primeras transiciones desde la caza y la recolección a la agricultura. En un estudio de 2013, Simone Riehl y sus colegas demostraron que hace 11.700 años los ancestros silvestres de la cebada, el trigo, las lentejas y los guisantes eran ya abundantemente recolectados. Grandes grupos humanos estables comenzaron a convertirse en agricultores. No obstante, siguieron cazando jabalíes, gacelas, vacas, cabras, liebres, pájaros, lagartijas y tortugas, agasajándose también con peces, mejillones y cangrejos de río. Pero las gramíneas silvestres que ellos consumían se volvieron más abundantes, por lo que fabricaron recipientes para almacenar semillas y piedras de moler para hacer harina. Convertir las semillas en pan o harina era, con toda seguridad, una tarea femenina, como lo ha sido siempre en las culturas recolectoras de cereales silvestres en todo el mundo. Cuando esto ocurrió las mujeres ya no cogían mejillones y cangrejos ni recolectaban alimentos vegetales silvestres. Pero ellas contribuyeron a este proceso mientras amamantaban a sus bebés y cuidaban de los niños; es decir, mientras cultivaban el futuro.

Hace unos 9.800 años, los granos que recolectaban perdieron la capacidad de propagar sus propias semillas, lo que inequívocamente indica un incipiente cultivo de cereales silvestres —pues necesariamente tuvieron que propagarlas ellos mismos—. En este nivel básico de agricultura, las mujeres podrían haberse encargado de sembrar, cuidar y cosechar las plantaciones; fácilmente podrían haber sido ellas quienes inventaron el cultivo agrícola. Ellas o sus hombres, también, domesticaron las cabras que otrora cazaran; es fácil imaginarse a una mujer adoptando un cabrito cuya madre había sido cazada. A lo largo de dos mil años fueron mejorando gradualmente las cuchillas y otras herramientas de piedra y hueso, así como los recipientes de piedra, conservándose figuras de arcilla de animales y personas que podrían haber servido como juguetes u objetos de arte o de culto.

En aquel tiempo, en todo el Oriente Próximo hubo al menos otras cinco transformaciones en lo que ahora es Irak, Turquía, Siria, Israel y Palestina, incluido Jericó; la región fue una de las cunas de la agricultura, pero no tiene sentido tratar de precisar sus orígenes, pues tanto los genes del trigo como los de las cabras domesticadas indican transiciones independientes incluso en estos lugares, separados solo unos cientos de kilómetros. Más allá de estos, Chipre y Grecia solo marchaban un poco por detrás. Las ideas pudieron haber migrado, pero las plantas y los animales domesticados no lo hicieron. Esta fue una evolución cultural en paralelo. Ocurrió de forma independiente a lo largo y ancho del mundo, allí donde un suelo rico en agua permitiera el cultivo de las plantas silvestres, el crecimiento de la población y cubrir la distancia que va de seguir a los rebaños a cuidarlos y criarlos. También supuso un triunfo evolutivo para las plantas y los animales, que obtuvieron grandes beneficios reproductivos acomodándose a nuestros antepasados.

Este cambio, que con el tiempo tuvo alcance mundial, comenzó de forma independiente en muchos lugares: en China se cultivaba mijo en el río Amarillo, y arroz en el Yangtsé; en Nueva Guinea, ñame, taro y plátanos; en África occidental, calabazas y sorgo; en el México azteca, maíz y calabaza; en los Andes incas, patatas y quinua; y en la cuenca del Amazonas, maní, mandioca y chile. Ninguna de estas civilizaciones necesitó copiarles la idea a las demás. Al antropólogo Marvin Harris le gustaba referirse al Nuevo Mundo como la «Segunda Tierra», porque en esta se repetía de forma independiente el experimento del Viejo Mundo, pasando de la recolección de alimentos silvestres al cultivo de los mismos, y de ahí a las ciudades y el imperio. El trabajo de las mujeres y, sin duda, su creatividad desempeñaron un importante papel en cada transición, sin embargo, las consecuencias para ellas fueron profundas y de largo alcance…, y ninguna demasiado feliz.

***

Pero ¿qué provocó el cambio? En 2012, la arqueóloga Melinda Zeder, basándose en medio siglo de investigación, actualizó lo que ha venido denominándose «revolución de amplio espectro». Esta fue la intensificación mundial de la caza y la recolección que comenzó hace unos doce mil años, correspondiendo a la capa más antigua del yacimiento de Zagros. El crecimiento de la población fue, al mismo tiempo, la causa y el resultado de los cambios; el mundo se había llenado de cazadores-recolectores que ya no hallaban fácilmente lugares vacíos a los que ir. El calentamiento global que siguió a la última glaciación desempeñó un importante papel. Ciertos lugares con ricos y variados recursos permitieron entonces una caza y una recolección más diversificadas, basadas en diferentes frecuencias a lo largo del año. La gente se asentó en ellos; construyó hogares y estructuras comunales más duraderos, creó alianzas con otros grupos del contorno y no tardó en tener la necesidad —y el poder— de defender de los intrusos cuanto había construido. La desigualdad, las maniobras políticas, la formación de coaliciones y los conflictos armados formales incrementaron el poder de los hombres.

Este nuevo tipo de cultura de cazadores-recolectores pudo observarse en tiempo real en algunas tribus amerindias de la costa noroeste, tales como los tlingit y los kwakiutl. La antropóloga Susan Walter resumió recientemente lo que sabemos sobre estas sociedades. Pescaban salmones en abundancia, cogían mariscos y otros animales marinos; almacenaban alimentos; y tenían muchos otros recursos, lo que permitía una densidad de población desconocida para la mayoría de los cazadores-recolectores. Esta abundancia trajo, además de las clases sociales y el rango y la riqueza hereditarios, casas permanentes de tamaño considerable, ceremonias —llamadas potlatches— con deslumbrantes y obscenamente costosas exhibiciones y valiosos obsequios, múltiples esposas para los hombres ricos, incursiones, guerras, esclavitud para los prisioneros de guerra y un arte impresionante y ambicioso como el de los postes totémicos (a veces con esclavos enterrados debajo de ellos).

Incluso en los matrimonios plurales, las mujeres de alto rango eran privilegiadas, pues podían desempeñar sus labores ceremoniales y artesanales preferidas y endosarles las pesadas a las esposas menores y las esclavas. Las mujeres procesaban los alimentos y administraban almacenes de víveres de larga duración. Ellas ahumaban el salmón —el alimento en conserva más importante—, una tarea que requería aún más habilidad que la pesca. Los matrimonios sellaban alianzas, y las esposas hacían las veces de embajadoras de sus comunidades de origen. Las mujeres contribuían grandemente a la subsistencia y ayudaban a organizar los lujosos potlatches y festines…, pero lo hacían en nombre de sus esposos, los jefes, que poseían muchas esposas y esclavos. Las grandes familias polígamas se vieron favorecidas, dando lugar a más hijos casados y más alianzas.

Muchas de las culturas que sembraron las primeras semillas en un mundo de cazadores-recolectores deben de haberse asemejado a estas sociedades de nativos americanos. Un temprano ejemplo de esto es Göbekli Tepe, en el sur de Turquía, un espectacular yacimiento con una antigüedad de unos once mil años. El elemento central es un conjunto de anillos de monumentales pilares de piedra decorados con figuras simbólicas —el primer templo conocido del mundo—, al que la gente acudía en peregrinación desde lugares situados a muchos kilómetros a la redonda. El complejo era contemporáneo de las primeras culturas agrícolas, pero sus constructores seguían dependiendo por completo de la caza y la recolección. Sin embargo, habían empezado a organizar con éxito a grandes masas de personas que ya prefiguraban a los agricultores por venir.

Las sociedades responsables de tales estructuras pronto pasarían por una transición como la de Zagros. Se convertirían entonces en cacicazgos agrícolas, como los de Hawái, África y el sudeste de Estados Unidos: mundos rígidamente estratificados con privilegios de rango y riqueza hereditarios, política pública, guerras, cautivos, esclavos, religiones formales, ceremonias ostentosas, viviendas lujosas, múltiples esposas para los hombres influyentes y muerte o un papel subordinado para todos los demás. Ciertamente, los cazadores-recolectores, en determinadas condiciones, ya tenían la población y el modo de vida semisedentario que condujeron a la desigualdad organizada, tanto entre los sexos como entre las clases sociales. No obstante, durante la mayor parte de nuestro tiempo en la tierra, los cazadores-recolectores nomadearon en grupos donde los hombres quizá tratasen de dominar a las mujeres, pero en los que estas tenían voz.

***

En muchas partes del mundo, curiosamente, el cambio a la agricultura conllevó un empeoramiento de la salud de las personas conforme aumentaba la población. En un estudio de 2011, Amanda Mummert y sus colegas —incluido el destacado paleopatólogo George Armelagos, fallecido en 2014—, recopilaron los hallazgos realizados en una serie de excavaciones explotadas desde que Armelagos y Mark Cohen avanzaran esta contraintuitiva afirmación un cuarto de siglo antes. De entre los estudios más recientes, catorce mostraron una disminución en la estatura desde antes hasta después del comienzo de la agricultura, en tanto que solo cinco mostraron lo contrario —explicándose en estos casos la tendencia por otros cambios—. Estos catorce estudios pueden añadirse a los muchos que, con anterioridad, hallaron disminuciones en la estatura junto a otros indicadores de empeoramiento de la salud.

En general, estas disminuciones pueden atribuirse al aumento de la desnutrición y las enfermedades infecciosas en la infancia. La agricultura hizo que la comida abundara, sí, pero también redujo su variedad. Los cazadores-recolectores se beneficiaban de la variación estacional y local en frutas y verduras y, además, comían carne y pescado, por lo que disponían de una gama más amplia de nutrientes, mientras que los agricultores a menudo dependían de uno o dos cultivos ricos en almidón. Esto también aumentaba las posibilidades de que pasaran hambre en un año de sequía. Las enfermedades infecciosas se propagan más rápidamente en poblaciones densas y asentadas —aunque se ha descubierto que la elevada mortalidad es una característica compartida por la mayoría de las sociedades tradicionales—. Entonces, ¿cómo aumentó la población si la mortalidad no era más baja?

Las mujeres tenían más hijos.

Entre los cazadores-recolectores, las edades de destete y los intervalos interparto eran, respectivamente, mayores y más largos que entre los agricultores; esto respalda la idea de que la agricultura trajo nacimientos más frecuentes, afectando dramáticamente a las mujeres. Patricia Lambert, en un artículo de 2009 titulado «Salud y aptitud» [«Health Versus Fitness»], propuso una explicación darwiniana básica: Una peor salud fue el precio que las personas que hicieron la transición hubieron de pagar por un mayor éxito reproductivo —el único significado del término aptitud en términos darwinianos—. Ciertamente, esta primera transición demográfica permitió a nuestra especie poblar el mundo con una densidad más alta que la de la era de la caza y la recolección. Pero nuevos descubrimientos sugieren otras consecuencias.

La paleopatóloga Vered Eshed y sus colegas, en una investigación en curso, examinaron los esqueletos de más de doscientos natufienses —cazadores-recolectores que vivieron en lo que hoy es Israel—. Los compararon con los de personas que habitaron en los mismos lugares después del cambio a la agricultura. No estudiaron la estatura, pero sí la esperanza de vida y las enfermedades más comunes. La frecuencia de los traumatismos era similar en cazadores-recolectores y agricultores, aunque entre estos disminuía la de los traumatismos craneales, lo que posiblemente refleje menos encuentros con presas grandes o menos conflictos. Pero debido a una población más densa y a los roedores que infestaban los almacenes de grano, las enfermedades infecciosas e inflamatorias aumentaron notablemente. Los cazadores-recolectores, durante la mayor parte de su historia, también estuvieron protegidos de estas por su forma de vida nómada.

La sorpresa, sin embargo, fue esta: no se halló una disminución general de la longevidad en esta muestra, pero la esperanza de vida femenina se reducía en tanto que la masculina aumentaba. Las mujeres jóvenes eran especialmente vulnerables, probablemente porque se iniciaban en la maternidad mucho antes y tenían intervalos interparto más cortos. Esta asimetría es un reflejo del cambio biológico que, en la vida de las mujeres, se produjo cuando los cazadores-recolectores se establecieron como agricultores. Probablemente las mujeres trabajaban más duro, pero es que además se convirtieron en máquinas de hacer bebés. Ellas siempre habían sido la fuente de la nueva vida —esto es tan antiguo como la vida misma—, mas con el advenimiento de la agricultura, los siempre arriesgados embarazos y alumbramientos llegaban más rápido. Diríase que Eva cargase con la maldición de Adán además de con la suya propia: ella trabajaba la tierra con el sudor de su frente para conseguir su pan y, por si fuera poco, las penas para dar a luz a sus hijos se habían multiplicado. Las mujeres, aun habiendo sido excluidas de la vida pública, daban más de sí mismas y morían más jóvenes.

***

Indudablemente, en muchos lugares hubo culturas de transición a pequeña escala que, dependiendo de la horticultura y de algunos animales domésticos —e incluso a veces de una incipiente forma de agricultura—, dejaban espacio para la influencia femenina. La antropología ha informado de culturas similares en los tiempos modernos. En Nueva Guinea, Margaret Mead describió a las mujeres tchambuli como personas responsables y trabajadoras que pescaban e iban al mercado, mientras que los hombres se preocupaban por su cabello, se maquillaban y cazaban cabezas; el relato de Mead ha resultado ser exagerado, pero los roles sexuales, ciertamente, no eran allí los mismos que en Occidente, a cuyos lectores ella se dirigía. Otros antropólogos han estudiado a los mosuo (también conocidos como na), una etnia campesina china en la que las mujeres compartían el poder porque la riqueza se heredaba por vía materna; ellas mantenían a sus esposos literalmente a distancia —los hombres eran básicamente visitantes tolerados— y los reemplazaban de vez en cuando. Los minangkabau en Indonesia (y sus parientes malayos del estado de Negeri Sembilan), también matrilineales, se creían descendientes de una reina madre; las mujeres tenían más influencia que en muchas otras culturas —controlando, verbigracia, el matrimonio—. Y los ashanti de Ghana conformaban un reino matrilineal en el que las mujeres dirigían los mercados y hacían pasar la riqueza de sus hermanos a sus hijos.

En las sociedades matrilineales (aproximadamente una décima parte de las culturas del mundo), las mujeres tenían más autonomía, incluyendo restricciones más débiles sobre las relaciones sexuales extramatrimoniales, ya que los hombres legaban la mayor parte de su riqueza a sus hermanas y no a los hijos de sus esposas; uno no tenía que preocuparse por la paternidad de sus sobrinos, pues estaba igualmente relacionado con ellos fuera quien fuese el padre. En algunas de estas culturas, la competencia entre el esposo y el hermano por el dominio de la mujer le daba a esta más espacio para respirar y más control sobre su vida mientras enfrentaba a uno contra otro. En otros lugares, sin embargo, la mujer se hallaba bajo uno o ambos pulgares, estando la poligamia permitida para ellos, pero no para ella. Hasta ahora, nunca ha existido una sociedad matriarcal: una sociedad verdaderamente dirigida por mujeres, ni siquiera una donde los jefes y reyes lo heredasen todo de sus madres.

Entre los pueblos malayos de Negeri Sembilan, verbigracia, se consideraba que los hombres poseían un *semangat* más fuerte, siendo este un ángel guardián que reduce la posibilidad de ser poseído por un espíritu. Esto contrasta de forma interesante con los !kung, entre quienes se considera que los hombres tienen mayor probabilidad de abandonar sus cuerpos durante el trance, aunque en ambos casos la ideología favorece al hombre. Resumiendo su situación, Michael Peletz —el principal etnógrafo de género de esta sociedad— afirma que tanto hombres como mujeres pasan gran parte de sus vidas en un universo social «profundamente impregnado de ambivalencia, alienación y tensión». Esto es cierto para todas las sociedades humanas. Peletz también señala: «A través de una compleja cadena de asociaciones simbólicas, tanto hombres como mujeres parecen ver en la sangre menstrual una expresión de la limitada capacidad de los humanos para "elevarse por encima" de su naturaleza animal»; además, «la sangre menstrual y las mujeres en general representan para los hombres (conscientemente o no) los precarios fundamentos sobre los que descansa la ascendencia masculina». ¿Cabe expresar más claramente la forma en que los hombres perciben la amenaza que, para su estatus, suponen las mujeres?

En esta cultura, los hombres afirman ser menos apasionados y más juiciosos que las mujeres, y estas tienden a estar de acuerdo con ellos, aunque existe una variación sustancial en los puntos de vista individuales. Los hombres parecen sentir que las diferencias entre ellos y las mujeres justifican cierto nivel de irresponsabilidad en sus papeles de esposos y padres. De forma significativa, entre las mujeres ricas se acepta más la hegemonía masculina que entre las pobres. El comportamiento de los hombres hacia sus esposas se compara a menudo con el trato que los hermanos mayores dan a sus hermanas, y los esposos tienden a no alcanzar el ideal del hermano mayor. Entre los minangkabau, especialmente como fueron descritos hace varias generaciones, el papel del esposo era aún más tenue; este podía limitarse a visitar a su esposa entre el anochecer y el amanecer, pudiendo sus hijos negarse a reconocerlo en público. Un aforismo tradicional sobre los esposos decía: «Son como ceniza en el tronco de un árbol, hasta una brisa puede llevárselos». Con ellos, como con sus homólogos malayos, aún nos queda lo que la antropóloga Audrey Richards llamó el «rompecabezas matrilineal», o en palabras de Peletz: «cómo rastrear la ascendencia a través de las mujeres, pero asignar la autoridad a los hombres» y, además, cómo sortear las trabas que la parentela masculina de una mujer pone a las aspiraciones del marido. Los hombres casados, por otro lado, también están bajo presión para satisfacer las demandas económicas de la parentela femenina de sus esposas, siendo esta una de las fuentes del poder de las mujeres en esta cultura.

A pesar de siglos de islam, en el sudeste musulmán de Asia las mujeres eran socialmente menos inferiores que en el vecino este asiático e, incluso en ese momento, en Occidente. Las divinidades femeninas sobrevivieron y «las mujeres predominaron en muchos rituales asociados con la agricultura, el nacimiento, la muerte y la curación, tal vez porque se consideraba que sus capacidades reproductivas les otorgaban poderes regenerativos y espirituales que los hombres no podían igualar». Prevaleció, pues, una especie de pluralismo de género, incluyendo la aceptación de algunas formas de comportamiento de género no convencional, costumbres sexuales relativamente relajadas (con determinadas líneas rojas que no debían traspasarse) y cierto sentido del derecho de la mujer al placer sexual en el matrimonio. Esto, en gran medida, se debió a la consideración matrilineal o bilateral del parentesco y la descendencia y a los sistemas de creencias subyacentes.

Si los hombres minangkabau eran tradicionalmente como ceniza en el tronco de un árbol, este parece ser también el caso de los na del suroeste de China. De hecho, muchas mujeres na podrían decir que, para empezar, la ceniza nunca se posó en el tronco. Entre ellos, aun en las últimas décadas, el esposo a menudo era poco más que un furtivo visitante nocturno; estatus que, además, podía compartir con otros muchos hombres. Más que en ningún otro lugar, nos encontramos aquí ante —empleando el título del libro de Cai Hua— «una sociedad sin padres ni maridos». Incluso en una reseña en *American Anthropologist* (que, citando a los célebres nayar del norte de la India y algunas culturas polinesias, acusaba al libro de exagerar la singularidad de los na) podía leerse: «Ellos constituyen, claramente, un caso extremo de privilegio de las "visitas" sobre el matrimonio, así como un caso extremo de privilegio de los lazos matrilineales sobre los lazos del matrimonio».

Tami Blumenfield, Eileen Walsh y otros han señalado que los na tienden a tener relaciones de pareja a largo plazo —una a la vez— con los visitantes, y que estos «matrimonios ambulantes» (el propio término del pueblo na) conllevan responsabilidades paternas (incluidas las contribuciones financieras y la atención directa), ya que generalmente la mujer sabe quién es el padre (y se sentiría muy avergonzada de no hacerlo). Sin embargo, el núcleo familiar en sí es matrilineal y está dirigido por una matriarca; el papel de los compañeros sexuales masculinos, en comparación, es fluido y pequeño, se basa en las preferencias afectivas de las mujeres y está sujeto a cambios. Ciertamente supone un desafío a la idea occidental del matrimonio. Fuera del núcleo familiar, no obstante, la sociedad na es estratificada y patriarcal, especialmente en la cima, donde incluso el linaje se vuelve patrilineal y la nobleza se transmite por vía masculina.

***

Así pues, a pesar de estos casos fascinantes, e independientemente de cómo considerasen la transmisión de la nobleza, las primeras culturas agrícolas y de pastoreo eran casi con toda certeza patriarcales —incluso si algunas eran matrilineales— y los «Grandes Hombres» habrían tenido roles centrales en sus clanes. Entre los enga de las tierras altas de Nueva Guinea, estudiados durante décadas por Polly Wiessner, «las relaciones entre hombres y mujeres se estructuraban mediante una separación de los sexos que asignaba roles públicos a los hombres y roles privados a las mujeres».

El patriarcado pudo haber sido débil al principio, pero a medida que las poblaciones aumentaban, estas se volvían cada vez más estratificadas y desiguales. Era preciso plantarse y defender los cultivos y tierras de pastoreo. El cultivo de la tierra, la cría del ganado y la guerra pusieron en primer plano la fuerza masculina, y quienes pudieron crearon coaliciones para gobernar a las mujeres y a los hombres más débiles y pobres. Muchos patriarcados, con el tiempo, levantaron pirámides, pero incluso antes de eso ya había pirámides —pirámides sociales, con caras muy empinadas también—. Estas sociedades eran, asimismo, sistemas de expansión depredadora que crecían a expensas de los pueblos vecinos. En Mesopotamia, Egipto, China, México, Perú y Nigeria aparecieron tendencias similares de forma independiente en diferentes momentos. Todas estas tendencias aumentaron el poder de los hombres.

Miles de años transcurrieron entre la invención de la agricultura y el surgimiento de los imperios; una larga sucesión de milenios hasta la aparición de ciudades capitales de imperios, religiones organizadas, una clase mercantil y un ejército bajo control central. La vida urbana fue reprobada desde el principio por su inmundicia, hacinamiento, falta de moral y corrupción de la juventud, sin embargo, se convirtió en una tendencia mundial que no ha cesado desde entonces. Las ciudades atraen más o menos en función de lo que las personas pueden aprender y ganar en ellas y, naturalmente, de cómo y con quién pueden solazarse cuando se toman un descanso en sus tareas. Y para los varones, esto a menudo significa el acceso a las hembras.

Karl Marx afirmó que «el capital llega al mundo manchado de lodo de pies a cabeza y rezumando sangre por cada poro». Sea esto cierto o no para el capital, lo que llamamos civilización surgió, literalmente, del fango de la tierra fértil empapada de la sangre de los pueblos conquistados. Los hombres mataban a los hombres y se apoderaban de las mujeres, o bien esclavizaban a ambos. Las ricas aristocracias hereditarias disponían de ejércitos permanentes y de sólidas alianzas con las castas sacerdotales. Todas eran coaliciones —conspiraciones— masculinas. Las obras maestras del arte, la arquitectura y la literatura que asociamos con la civilización son cautivadoras; y los artistas que las crearon, dignos de admiración, pero fueron hechas a instancias de violentas jerarquías masculinas y no precisamente en nombre de la belleza.

La majestuosa Gran Esfinge y las imponentes pirámides de Guiza fueron levantadas —por miles de esclavos— para que quienquiera que pensase en la libertad solo pudiera mirarlas y asombrarse. Las pirámides escalonadas de los aztecas eran altares donde a decenas de miles de prisioneros capturados se les extrajo el corazón en vida. Magníficos soldados de terracota a tamaño natural y otras obras de arte fueron enterrados con los emperadores chinos, pero en muchos casos las concubinas y otros sirvientes fueron también sepultados vivos con el cadáver del rey para hacerle compañía. Los magníficos artesanos que crearon el ejército de terracota que recorre los museos del mundo fueron asesinados por miles cuando lo acabaron, a fin de mantener en secreto sus habilidades.

Las pinturas y jeroglíficos mayas del período clásico son productos del genio artístico y literario, pero a menudo representan sacrificios humanos realizados para celebrar el ascenso y el poder de los nuevos gobernantes. El Partenón, concebido como símbolo de la fortaleza y grandeza de Atenas, fue en gran parte construido por esclavos, los cuales —entonces y durante el período posterior que asociamos con la democracia, la filosofía y el teatro atenienses— constituían la mitad de la población. El Coliseo es una obra maestra de la arquitectura, pero su propósito era intimidar a los ciudadanos y enemigos de Roma, y con ese fin se celebraron en él innumerables combates de gladiadores para el deleite de la nobleza y otros espectadores: una versión festiva del sacrificio humano. El exquisito complejo de templos de Angkor Wat, lugar sagrado durante siglos para los hindúes y luego para los nobles, plebeyos y adoradores budistas, está completamente cubierto de bajorrelieves que representan batallas y conquistas, aunque en algunas partes las escenas bélicas ceden protagonismo ante cientos de tallas de bailarinas.

No les resta valor a los logros de los artistas, artesanos y arquitectos de todas estas veneradas obras de la antigüedad admitir que su propósito y función no era solo producir asombro estético. Los artistas no eran responsables de ello; tan solo trabajaron allí. Ninguna sociedad antigua podría haber construido tales monumentos sin recurrir a su fuerza opresiva, y ninguna civilización habría invertido en ellos simplemente por razones artísticas. Tales monumentos deslumbraban a cuantos los contemplaban; seducían o intimidaban a los extranjeros y, junto con la religión, el control de los bienes y la pura fuerza física, ayudaban a mantener bajo control a los subordinados, incluidas las mujeres.

En todas las civilizaciones antiguas las mujeres fueron subyugadas, viéndose su estatus depreciado con el tiempo. Las esposas reales podían ayudar a sus maridos a gobernar y, en raras ocasiones, hacerlo ellas mismas durante un tiempo, pero sus voces eran típicamente débiles, en tanto que las ideologías antifemeninas eran fuertes. Los nobles tenían muchas esposas, e incluso entre los plebeyos la familia era, explícitamente, el pequeño reino del padre. Durante la dinastía Shang china, una mujer se unía a la casa de la familia de su marido y adoraba a los antepasados de esta. Las propiedades de las mujeres mesopotámicas eran controladas por sus maridos; además, se les prohibía tener relaciones sexuales extramatrimoniales, aunque a sus maridos sí se les permitía. Los gobernantes aztecas enviaban algodón crudo a sus enemigos para insultarlos, dando a entender que solo eran aptos para tejer: trabajo de mujeres. En algunas civilizaciones se permitían las relaciones homosexuales entre hombres, pero se ridiculizaba al varón que asumía el papel pasivo.

La fertilidad era un elemento fundamental, tanto práctica como simbólicamente. Los hombres ricos se casaban con tantas mujeres como podían, y las cautivas se convertían en concubinas. Las diosas eran adoradas, pero las deidades masculinas dominaban tanto en el mito como en el ritual, y los privilegios de las mujeres celestiales no se reflejaban en ningún espejo terrenal. En algunas civilizaciones las mujeres podían acceder al sacerdocio, mas era preciso que se mantuvieran célibes —a menos que fueran de clase baja, en cuyo caso podían convertirse en prostitutas de los templos dedicados a los cultos de fertilidad—. Las mujeres en situación de marginalidad eran a menudo trabajadoras sexuales sin necesidad de adornos de propósito sagrado. Las mujeres, en general, podían cultivar, comerciar o desempeñar otras valiosas labores fuera del hogar, y las mujeres nobles tenían más influencia en algunas civilizaciones que en otras, pero los hombres gobernaban en todas ellas.

***

A menudo suponemos, bastante razonablemente, que un factor de peso en el estatus de las mujeres es cuánto contribuyen a la economía. Los antropólogos han pensado en esto durante mucho tiempo; «A propósito de la división del trabajo por sexo» [«A Note on the Division of Labor by Sex»] de Judith Brown —publicado en 1970— fue una piedra angular. Ella descubrió que la división, además de ser universal, contribuyó a que los hombres valoraran a las mujeres, pero concluyó que «las tareas repetitivas, interrumpibles y no peligrosas que, además, no requieren de largos desplazamientos son más apropiadas para las mujeres cuando se consideran las exigencias del cuidado infantil». Brown da ejemplos de tareas realizadas por mujeres —recolección de plantas y mariscos, verbigracia— que requieren de desplazamientos y no son tan repetitivas, pero a menudo estas actividades les permitían llevar niños y bebés. Sin embargo, en la mayoría de las sociedades, en comparación con la era de la caza y la recolección, las mujeres realizaban tareas menos autónomas, más repetitivas y casi siempre vinculadas al hogar.

Algunos años más tarde, los investigadores interculturales George Peter Murdock y Caterina Provost realizaron un estudio sistemático que aún resulta valioso. En las 185 sociedades analizadas, de cincuenta tareas tecnológicas solo catorce eran casi exclusivamente masculinas. Las actividades realizadas por mujeres no eran tan *exclusivamente femeninas*, aunque cocinar y procesar alimentos vegetales se acercaban bastante a ello. Naturalmente, tenemos esas otras tareas vitales en las que predominan abrumadoramente las mujeres, pero no son tecnológicas: el cuidado de bebés y, menos exclusivamente, el cuidado de niños, las cuales contribuyeron a aumentar el valor percibido de las mujeres en todas las culturas tradicionales, por mucho que esto haya podido cambiar —para bien— en el mundo moderno.

Sin embargo, de las cincuenta actividades, solo dos —cazar grandes animales acuáticos y fundir minerales— eran competencia exclusiva de los hombres. La recolección de alimentos vegetales, la extracción de agua y materias combustibles, el hilado y la producción de lácteos se hallaban entre las tareas consideradas principalmente femeninas, en tanto que los hombres predominaban en la caza, la explotación forestal, la minería y la explotación de canteras, la cantería, la metalurgia y la construcción de barcos. Pero vemos excepciones incluso en la caza de grandes piezas: entre las mujeres agta de las tierras altas de Filipinas (que casi rivalizan con los hombres en la caza mayor) y entre los forrajeros centroafricanos (cuyas mujeres son actores fundamentales en la caza con redes). En cuanto a la pesca, el cuidado de animales grandes y la construcción de viviendas, las mujeres realizaban estas tareas en bastantes culturas.

Luego había «actividades intercambiables», veinte tareas que podían ser tanto femeninas como masculinas: hacer fuego, cazar animales pequeños, conservar carne o pescado, tejer, confeccionar ropa, cestería y cerámica o plantar, cuidar y cosechar. Estas actividades rara vez se compartían equitativamente en una cultura dada, pero una comunidad en particular podía asignarlas, preferentemente, a cualquiera de los dos sexos. Así pues, incluso tareas que en cualquier cultura podían ser indistintamente realizadas por hombres o mujeres eran generalmente realizadas por un solo sexo; esto es, dentro de una cultura dada existía una división del trabajo. Esto significa que, en las sociedades tradicionales, las personas se sentían más cómodas si las mujeres y los hombres a su alrededor hacían cosas diferentes; no importaba si la gente de la colina próxima tenía los papeles intercambiados. Sin embargo, la mayoría de las culturas dependientes de la agricultura y la ganadería empleaban a hombres y mujeres de diferentes maneras. Esto, a su vez, significa que el paso de la caza y la recolección a la agricultura necesitaba de una estrecha colaboración entre mujeres y hombres, y las mejoras dependían en parte de la inventiva femenina.

Pero el aumento de la natalidad y la reducción de la esperanza de vida no fueron las únicas razones por las que la agricultura supuso un empeoramiento de la vida de las mujeres. A esas razones había que sumar la política de poder ejercida por los hombres: coaliciones masculinas fuera de control. La vida en su conjunto ya no era una relación cara a cara con los demás; los ámbitos público y privado divergieron, y todos los aspectos importantes de la vida social —política, economía, religión, defensa— quedaron desvinculados del reino doméstico. Los varones se reunían, contendían por puestos y trepaban pirámide arriba lo mejor que podían; ellos mismos excluían a los hombres que no daban la talla y, naturalmente, a todas las mujeres.

Existe en sociología una antigua distinción entre *gemeinschaft* y *gesellschaft*: comunidad y sociedad. Los cazadores-recolectores vivían en comunidades puras: uno compartía su vida con personas que conocía y, de forma colectiva, tomaba decisiones que en culturas posteriores serían tomadas por especialistas: políticos, judiciales, económicos, religiosos, etc. Conforme las poblaciones crecían y se dotaban de jerarquías iba materializándose un aparato independiente para cada una de las categorías citadas. En estos nuevos entornos los hombres podían, realmente por primera vez, condenar a las mujeres al ostracismo. Puede que los hombres cazadores-recolectores hubiesen querido hacerlo, pero no pudieron; las mujeres estuvieron presentes en casi todos los ámbitos y tuvieron y expresaron sus opiniones.

Asimismo, en los asentamientos densamente poblados, con sus jerarquías políticas, la violencia organizada adquirió mucha más importancia, haciéndolo en consecuencia la agresión masculina y las complejas coaliciones masculinas. Si entre los cazadores-recolectores existía menos violencia organizada que en los posteriores tipos de subsistencia, no se debía a que no fueran violentos, sino, más bien, a que no estaban organizados; sabemos que entre ellos se producían peleas individuales e incluso homicidios. Pero a medida que las sociedades hortícolas y pastorales se convertían en cacicazgos, la guerra se afirmaba como un método crucial para defender y aumentar los recursos, conseguir esclavos, mujeres y los medios para adquirirlas —la dote que se regala a la familia de una mujer—. Para los indios de las praderas esto significaba caballos; para muchas culturas africanas, ganado. Pero cada triunfante guerrero que no era abatido o mutilado también estaba adquiriendo algo más: reputación.

Si la caza era una forma de exhibirse y presumir, ¿qué no sería entonces el triunfo sobre el enemigo? En una cultura hortícola simple como la de los yanomami, el antropólogo Napoleon Chagnon descubrió que los hombres que habían matado algún enemigo en una incursión o una batalla tenían, en promedio, más hijos y nietos que quienes no lo habían hecho. Entre los ilongotes de las islas del Pacífico —también horticultores—, grupos de hombres realizaban incursiones contra grupos vecinos para cazar cabezas. El etnógrafo Renato Rosaldo escribió elocuentemente: «Al decapitar a una víctima, los hombres de mayor edad se quitan de encima el peso de la edad y recuperan la energía de su juventud. Los jóvenes, por su parte, abandonan su condición de novatos y se adornan con pendientes de cálao rojo. (...) Llevar estos pendientes, según ellos, es ganarse la admiración de las mujeres jóvenes y el derecho a replicar cuando otros hombres se burlan. Según aseguró uno de estos jóvenes: "Otros te despreciarán si te casas sin cazar una cabeza"».

Sabemos que la violencia, incluida la guerra, se ha dado a menudo entre hombres a causa de mujeres, pero ¿fue esto cierto en la historia profunda de la humanidad? Los neandertales muestran señales de violencia en muchos de sus restos, pero ellos eran diferentes a nosotros; su robustez, que puede apreciarse en sus huesos, podría haber sido en parte una adaptación al conflicto. Sin embargo, el registro fósil de nuestra especie anterior a la agricultura también muestra signos de violencia.

El registro es escaso, y teniendo en cuenta que en sociedades humanas violentas la mayoría de la gente muere de forma no violenta, resulta sorprendente que veamos tantas señales de violencia en los fósiles. El homicidio viene formando parte de nuestras vidas desde hace al menos 27.000 años. En Grimaldi (Italia), en un hallazgo de la época considerada, se descubrió la punta de un proyectil incrustada en la columna vertebral de un niño. Lugares de enterramiento de similar antigüedad en Checoslovaquia albergan numerosas evidencias de muertes violentas. En el vientre y el brazo de un hombre del valle del Nilo, cuya antigüedad se estima en unos 20.000 años, se hallaron puntas de armas de piedra. Hace entre 14.000 y 12.000 años, en plena era de la caza y la recolección asentada, se produjeron muchos más casos de este tipo en la Nubia egipcia, siendo la violencia plato común en los asentamientos europeos. El célebre «hombre del hielo» alpino, cuyo bien conservado cuerpo (de unos 5.000 años de antigüedad) ha sido meticulosamente estudiado, tiene una punta de flecha alojada en la parte superior de la espalda. La investigación sugiere que se encontraba solo en las montañas, que había comido recientemente y que fue perseguido y disparado por la espalda, muriendo desangrado.

Lo antedicho, en su mayor parte, corresponde aún a la era de la caza y la recolección; no obstante, en muchas sociedades de cazadores-recolectores recientes —!kung, esquimales, mbuti, hadza y otros— también se producían homicidios. Se ha dicho a menudo que los cazadores-recolectores no conocían la violencia a nivel de grupo, pero esta afirmación ya no es sostenible; entre los cazadores-recolectores complejos, tales como los indios de la costa noroeste, ciertamente existía bastante violencia grupal. Además, los estudios históricos de cazadores-recolectores «clásicos» sugieren que su nivel de combate intergrupal ha sido subestimado. Por último, las pinturas rupestres del sur de África, los escudos y garrotes aborígenes australianos y las heridas de lanza comunes en esqueletos de hace miles de años en el suroeste de Estados Unidos apuntan, claramente, a la existencia de violencia a nivel de grupo en las sociedades de cazadores-recolectores.

Sin embargo, un estudio de Douglas Fry y Patrik Söderberg publicado en 2013 equilibró esta imagen. En él, examinaron veintiuna sociedades de forrajeros nómadas en una muestra mundial, contabilizando todos los casos de homicidio reportados por etnógrafos. Los eventos letales, en su mayoría, involucraban a dos individuos, e incluso cuando más de un perpetrador estaba implicado en un asesinato, este, por lo general, no se debía a un conflicto entre grupos. Los eventos letales intergrupales eran poco comunes, siendo registrados la mayoría de ellos entre los tiwi australianos. Mas cuando los cazadores-recolectores se asentaron, con el consiguiente aumento de la densidad de población y los recursos, esta imagen cambió y, en algunas de estas sociedades, la guerra se convirtió en una rutina.

Las evidencias correspondientes al periodo posterior a la transición a la agricultura son abundantes, y los prehistoriadores han destruido el mito de que las primeras culturas agrícolas eran pacíficas. De hecho, la creencia en este mito requería cierta ceguera ante tales evidencias, lo que el arqueólogo Lawrence Keeley ha denominado «pacificaciones interpretativas». Muchos esqueletos conservan puntas de flecha y de lanza incrustadas, así como fracturas en el lado izquierdo del cráneo (producidas por armas manejadas por un atacante diestro) y en los antebrazos (debidas al bloqueo de esos golpes). Muchas excavaciones descubren tumbas con armas y armaduras; las fortificaciones se encuentran por todas partes. Entre las civilizaciones que consideramos —Mesopotamia, China durante la dinastía Shang, los aztecas, etc.— el poder estaba más centralizado y el ejército era más efectivo. Tales civilizaciones surgieron como estados, no como tribus o cacicazgos, y su organización social se asemeja a la de los legendarios rivales de las epopeyas homéricas, la Biblia, el Mahabhárata y otros venerados clásicos. Pasar de ahí a las guerras entre los estados modernos es, en gran medida, una mera cuestión tecnológica. La historia desde que los cazadores-recolectores se asentaron puede verse como una continua guerra tribal expansionista. El nacionalismo, como bien dijera el historiador Arnold Toynbee, es «un fermento agrio del vino nuevo de la democracia en las viejas botellas del tribalismo».

***

Las grandes obras literarias y sagradas de todas las civilizaciones otorgan a la guerra un lugar central. «Canta, oh diosa, la ira del Pelida Aquiles», dice el primer verso de *La Iliada*, y no tardamos en descubrir por qué el guerrero sobrehumano está enojado —lo suficientemente enojado como para tomarse un largo descanso en plena Guerra de Troya y ver caer a sus compatriotas—. Su ira resulta de un robo muy especial: una hermosa concubina llamada Briseida —capturada por Aquiles como botín tras asesinar a su esposo, padre y tres hermanos— ha sido raptada por el rey griego Agamenón para calentar su propio lecho. Aquiles, ofendido, pierde el vigor ante las murallas de Troya mientras sus camaradas griegos son masacrados. Agamenón se sale con la suya, pero la rabieta de este insensato héroe podría costarles la guerra a los griegos.

¿Y por qué están allí los griegos? A causa del infame robo de una mujer aún más importante: la legendariamente hermosa Helena, esposa de Menelao (hermano de Agamenón), raptada y llevada de Grecia a Troya por un joven a quien, al parecer, ella no ofreció resistencia. Esto, sin embargo, provoca una guerra con muchos miles de muertos, recordada en la poesía durante casi tres milenios.

A la ira de Aquiles, que aún no ha remitido, se suma una furia todavía mayor: su amigo y amante Patroclo cae en combate —una muerte que bien podría atribuirse al orgullo de Aquiles—. Este degüella ante la pira funeraria de su amante a doce niños troyanos capturados, y cuando su dolor se convierte en rabia, Troya está acabada. No es de extrañar que la filósofa francesa Simone Weil se refiriese a *La Ilíada* como «el poema de la fuerza». Mas por mucho que amaran a hombres y se acostasen con ellos, los antiguos varones griegos acumulaban mujeres. Aquiles recupera a su preciada dama, aunque no podrá disfrutar de ella mucho tiempo. Los griegos vencen y el rey regresa a casa con otra impresionante concubina capturada..., solo para ser derribado por su vengativa y descarriada esposa. La corriente del amor verdadero nunca discurrió sin algún rabión.

Sin embargo, según la tradición, el rostro que hizo zarpar mil naves no fue el de Helena, sino el de Ifigenia, la hija de Agamenón, cuya garganta cortó este para hinchar de viento las velas de su flota. El posterior asesinato de Agamenón por parte de Clitemnestra —madre de Ifigenia— tendrá algo que ver con que este cambiara a su hija por una brisa salada. Pero ¿cómo pudo Clitemnestra convertirse en la esposa de Agamenón? Fácil, este asesinó a su primer marido, luego la violó y la obligó a casarse con él. No es de extrañar que ella tuviera un amante durante la década troyana del rey y que entre ambos le *dieran matarile* cuando este regresó al hogar con su botín sexual: una exprincesa troyana que había predicho la sangrienta secuencia, incluida la posterior muerte de la reina a manos de su hijo.

Pero de todos estos eventos violentos, los únicos inusuales fueron los asesinatos dentro de la familia del rey. Asesinar hombres para quedarse con sus esposas e hijas era algo rutinario en las guerras antiguas, y las mujeres eran una de las principales razones para iniciarlas.

Los grandes textos morales de la tradición judeocristiana envían un mensaje claro, que se manifiesta en primer lugar en el relato de la creación de Eva a partir de una costilla de Adán. Los patriarcas Abraham y Jacob tienen cada uno múltiples esposas y concubinas. En una de las historias bíblicas más insólitas, el sobrino de Abraham,

Lot, ofrece a sus hijas vírgenes a una multitud que quiere sodomizar (en Sodoma) a unos huéspedes que son tenidos por ángeles; andando el tiempo, esas mismas hijas seducirán a su padre, aduciendo su creencia de que se trata del último hombre.

Dina, la hija de Jacob, es capturada por el príncipe Siquén, quien se la lleva al lecho y la «profana», enamorándose luego de ella. El padre del joven intenta hacer un trato con Jacob, pero los enfurecidos hermanos de Dina les gastan una prodigiosa y pesada broma a los hombres del pueblo. Le dicen a Siquén: «Muy bien, cásate con Dina, pero antes tenéis que circuncidaros todos». Los hombres aceptan, y mientras se recuperan de esta delicada intervención son masacrados por los doce hijos de Jacob, quienes se llevan «todas sus riquezas y a todos sus pequeños y esposas». Con el tiempo, cada uno de los hijos de Jacob engendraría su propio linaje polígamo: las tribus de Israel.

El mismo Moisés tiene dos esposas y da instrucciones claras respecto a los cautivos. Números 31 relata: «Y llevaron cautivas los hijos de Israel a las mujeres de los madianitas, y sus chiquitos y todas sus bestias, y todos sus ganados; y arrebataron toda su hacienda. Y abrasaron con fuego todas sus ciudades, aldeas y castillos». Moisés (cuya esposa mayor —Séfora— es hija de un sacerdote de Madián) está enojado: «¿Todas las mujeres habéis reservado?». Esta clase de largueza había provocado una plaga en el pasado: ¿la ira de Dios o, quizá, una enfermedad social?. «Matad pues ahora a todos los varones entre los niños: matad también a toda mujer que haya conocido varón carnalmente. Y todas las niñas entre las mujeres, que no hayan conocido ayuntamiento de varón, os reservaréis vivas». Estas eran por todas treinta y dos mil.

En los capítulos 19 al 21 del Libro de los Jueces (un libro plagado de guerras) se repiten algunos de estos temas. Un levita ha tomado a una concubina que «adulteró contra él y fuese de él a casa de su padre». Consigue recuperarla tras una larga visita y mucha persuasión. Haciendo noche en Gabaa durante su camino de regreso a casa, el levita encuentra hombres junto a su puerta que quieren tener sexo con él; para evitarlo, les entrega a la concubina. Los visitantes la violan durante toda la noche, hallándola luego el levita muerta y con las manos aferradas al umbral. Curiosamente, este corta el cuerpo en doce pedazos y envía uno a cada tribu de Israel.

Esto conduce a una guerra civil: «Mas haréis de esta manera: mataréis a todo varón, y a toda mujer que hubiere conocido ayuntamiento de varón. Y hallaron de los moradores de Jabes-galaad cuatrocientas doncellas que no habían conocido hombre en ayuntamiento de varón, y trajéronlas al campo en Silo». Llegados a este punto, sin embargo, ellos han de curar sus heridas de guerra y encontrar esposas para los supervivientes de Benjamín: «Id, y poned emboscada en las viñas: y cuando viereis salir a las hijas de Silo a bailar en corros, vosotros saldréis de las viñas, y arrebataréis cada uno mujer para sí de las hijas de Silo». Y así lo hicieron. La historia concluye: «En estos días no había rey en Israel; cada uno hacía lo que bien le parecía».

¿Y cuando había reyes? David, paseando por la azotea de su palacio, ve a una hermosa mujer bañándose; se trata de Betsabé, la esposa de uno de sus leales capitanes. Él la llama a su presencia y se sale con la suya; decidido a seguir haciéndolo, envía al marido a la parte más peligrosa del frente, donde el ignorante burlado es oportunamente asesinado. Producto de esta unión adúltera y cuasihomicida es el grande, sabio y prolífico rey Salomón. Si el padre tuvo al menos siete esposas y diez concubinas, el hijo tuvo setecientas y trescientas, respectivamente.

Yo fui criado con estos textos bíblicos judíos, y cuando preguntaba sobre la moralidad de todo este despliegue de sexo y crueldad, la respuesta era, usualmente, alguna versión del clásico «las cosas eran diferentes entonces». Ciertamente lo eran, pero la diferencia —que podría resumirse en un mayor grado de violencia y abuso a) entre los hombres y b) de estos hacia las mujeres— persistió en todo el mundo durante miles de años. Como tal, quedó reflejada en la apreciada literatura y los textos sagrados de todas las civilizaciones. Las historias se contaban de forma que justificaran cuanto se hizo, sirviendo al mismo tiempo de excusas y modelos para los conflictos y abusos en curso.

El *Mahabhárata*, la gran epopeya hindú de rivalidad y guerra, ha gozado durante muchos siglos de un estatus de texto sagrado. El héroe es Arjuna —hábil arquero, guerrero tímido pero valiente y líder moralmente virtuoso—, quien es singularmente digno de que el señor Krishna le enseñe el camino a la bondad, justo en la víspera de una gran batalla fratricida a la que él se lanza con desgana y pesar. El resultado es la *Bhagavad-gītā*, quizá el más importante de los textos sagrados hindúes. Pero en la epopeya misma, el puro y glorificado Arjuna alterna aventuras románticas y sexuales con otras marciales, terminando con cuatro esposas y un hijo de cada una. La poligamia era ciertamente común entre la nobleza de la antigua India, estando explícitamente permitida por la ley religiosa hindú. Otro importante texto de la sagrada ley hindú, las *Leyes de Manu*, proporciona (entre otras muchas cosas) instrucciones detalladas sobre cómo debe servirse el rey de los placeres de su harén. Un ejemplo: «El rey puede entrar en el harén al mediodía. Después de cenar, puede divertirse con sus esposas en el harén; pero una vez que lo ha hecho debe, a su debido tiempo, volver a pensar en los asuntos del Estado». No hay descanso para el ahíto.

El confucianismo elogió la poligamia y ayudó a extender su aceptación desde China a Corea y Japón. El budismo la permite hoy como una costumbre secular en Tailandia, Birmania y otros lugares, aunque en el Tíbet también se da la poliandria —el único país donde esta es oficial y común—. En el islam, el *Corán* permite hasta cuatro esposas, pero el hombre debe amarlas por igual y estas han de poseer sus propios bienes; en muchos países musulmanes la poligamia es legal hoy día. Al igual que Abraham y Moisés, Mahoma fue un guerrero triunfante y a veces implacable; unas pocas generaciones bastaron para que sus seguidores conquistaran un vasto territorio, donde pudieron aprovecharse de nuevas e innumerables oportunidades de apareamiento. Y, naturalmente, la religión mormona se fundaba en parte en la poligamia; aunque esta fue prohibida hace mucho tiempo por la principal corriente de los mormones, los fieles que aseguran ser mormones auténticos (a veces llamados mormones fundamentalistas) continúan practicándola, formando muchos miles de ellos matrimonios poligámicos en los Estados Unidos del siglo XXI.

La única religión mayoritaria que se opuso oficialmente a la poligamia desde el principio fue el cristianismo, que, no obstante, la toleraba en hombres de alto rango. Carlomagno tuvo tres esposas, cinco concubinas y veinte hijos; Martín Lutero aprobaba la bigamia entre los gobernantes; y, en ciertos períodos históricos, los sacerdotes y otros clérigos —incluidos algunos de alto rango en órdenes religiosas— tenían acceso a múltiples mujeres. No obstante, como veremos en el próximo capítulo, la defensa cristiana de la monogamia —basada en principios morales— se sumó a actitudes romanas paralelas para, con el tiempo, cambiar las leyes y costumbres de Europa y, hasta cierto punto, del mundo.

***

La antropóloga evolucionista Laura Betzig ha investigado durante mucho tiempo a los hombres que acumulan mujeres. Su obra clásica, *Despotismo y reproducción diferencial* [*Despotism and Differential Reproduction*], se convirtió en un hito de la ciencia social darwiniana al demostrar que, a lo largo de la historia, los gobernantes autoritarios en todas partes del mundo acumularon decenas —a veces cientos— de esposas y concubinas, engendrando cientos de hijos. Volveremos a este tipo de gobernantes y a las implicaciones de su prodigiosa reproducción, pero fijémonos ahora en la poligamia y el éxito reproductivo en un rango mucho más amplio de sociedades humanas, según una actualización de 2012 hecha por Betzig.

Su objetivo en esta investigación era calcular la media, el rango y la varianza (la medida estadística más común de la variación) del éxito reproductivo para mujeres y hombres en diferentes tipos de sociedades. El valor del rango empieza siendo cero y asciende hasta el número que se haya encontrado como valor máximo. La varianza es una medida más sutil que evita que asignemos demasiado peso a un solo caso. Betzig comparó tres tipos de sociedades: cazadores-recolectores, pastores y horticultores, y agricultores intensivos. En los dos primeros grupos, solo se incluyeron sociedades con datos de muy buena calidad. El tercer grupo es histórico, basado en documentos, y en este solo se informó del número de hijos de «personas en la cima».

En el caso de las mujeres, el número máximo de hijos puede oscilar entre seis y dieciocho, y en esto las mujeres del grupo de los cazadores-recolectores se asemejan a las del grupo de los pastores y horticultores. Sin embargo, incluso entre los cazadores-recolectores los hombres tienen más hijos, así como un mayor rango y varianza que las mujeres. En cuanto a los pastores y horticultores, todas las medidas muestran mayores diferencias entre sexos que las halladas en el grupo de los cazadores-recolectores; en otras palabras, aunque el número máximo de hijos para las mujeres es similar, el número máximo para los hombres es mayor. Y en las culturas históricas que practicaban la agricultura intensiva —las culturas inca, mesopotámica, hindú, azteca, egipcia y china— los emperadores tenían cientos de hijos cada uno. Otros nobles —consejeros y altos funcionarios— también tenían muchas esposas.

La poligamia, como hemos visto, está permitida hasta cierto nivel en la mayoría de las sociedades humanas, en tanto que el patrón inverso es mucho menos común, al menos oficialmente. Consideremos ahora el cacicazgo, una etapa de transición entre las sociedades de horticultores y pastores y los grandes imperios históricos. Berys Heuer, una autoridad en las mujeres maoríes de Nueva Zelanda, escribe que tres de sus jefes supremos tradicionales tenían ocho, cinco y doce esposas respectivamente, mientras que «los jefes menos conocidos tenían un número igualmente grande de esposas». Los ingleses que llegaron a Jamestown, Virginia, a principios del siglo XVII, descubrieron que el jefe supremo de los powhatan tenía más de cien esposas; en un grabado inglés de 1612 aparece representado con muchas de ellas. Kamehameha I, que gobernó en Hawái a principios del siglo XIX, poseía numerosas esposas, al igual que otros jefes tradicionales hawaianos. Y el actual rey del pueblo zulú tenía seis esposas y al menos veinticinco hijos en 2012. Incluso en la sociedad matrilineal de los ashanti de Ghana, donde un hombre heredaba su estatus por la línea materna, se esperaba que un jefe se casara con muchas mujeres. Casos como estos se han dado en todo el mundo a lo largo de la historia. Los hombres poderosos acumulan esposas en proporción a su poder.

O como lo expresó la ecologista evolutiva Bobbi Low en «Las vidas de las mujeres allí, aquí, entonces y ahora» [«Women's Lives There, Here, Then, Now»] —su incisiva y panorámica visión de las limitaciones impuestas a las mujeres—: «Los seres humanos, como la mayoría de las especies, muestran una relación abrumadoramente positiva entre el control de los recursos (...) y el éxito reproductivo masculino. (...) Para las hembras, las relaciones importantes se dan entre la aversión al riesgo y el éxito reproductivo». Además: «Para los humanos, como para otros mamíferos, la poligamia es el sistema de apareamiento "por defecto". (...) Cuando algunos machos logran dominar las oportunidades de apareamiento, la practican».

Más adelante consideraremos cómo y por qué Europa escogió la monogamia (o algo parecido), pero ahora nos fijaremos en sociedades —no pocas, por cierto— en las que las mujeres sabían que los hombres poderosos podían, por mero capricho, agregarlas a ellas o a sus hijas a un harén y conservarlas allí de por vida, con el consiguiente impacto negativo en el estatus de la mujer. Aunque a menor escala, la poligamia era más frecuente en las sociedades de pastores y horticultores que en las de cazadores-recolectores, y la influencia de las mujeres se resintió notablemente. A menudo, su propio éxito reproductivo estaba asimismo en riesgo. Como demostraron los antropólogos Monique Borgerhoff Mulder (para los kipsigis de Kenia), Beverly Strassmann (para los dogones de Malí) y Daniel Sellen (para los datoga de Tanzania), tener coesposas reduce el número de hijos supervivientes en determinadas circunstancias, dependiendo de cuán rico sea el esposo, cuántas esposas tenga y otros eventos vitales. Así pues, muchas mujeres salían perdiendo en matrimonios polígamos, aun cuando sus hombres estaban ganando. Pero, de paso, también podríamos pensar en los innumerables hombres que, en este sistema, nunca encontraron una esposa o perdieron la vida en alguna de las frecuentes guerras.

***

Tal como la Biblia, *La Ilíada* y otros clásicos antiguos revelan, las mujeres han figurado entre las causas de las guerras de cuatro formas diferentes. Primera, los hombres deben proteger a sus esposas e hijas de ser raptadas o violadas por una partida incursora o un ejército conquistador y, si es posible, tomar represalias. Segunda, los hombres desean secuestrar y violar a las mujeres dejadas atrás por sus enemigos caídos. Algunas pensadoras feministas han argumentado, con razón, que la violación no es sexo, siendo esta como es una forma de violencia extrema, pero como escribe la historiadora cultural Camille Paglia, «El sexo es poder, y todo poder es intrínsecamente agresivo. La violación es el poder masculino combatiendo el poder femenino». Tercera, si un matrimonio entre miembros de dos grupos rivales fracasa, la paz lograda por este acaba. Cuarta y última, la guerra puede proporcionarle a un hombre la reputación y el botín que le permitirán casarse de vuelta en casa.

Las mujeres han sufrido todo tipo de atrocidades en guerras recientes, pero, trágicamente, esto no es algo nuevo. Los historiadores han ignorado ampliamente cuanto padecieron las mujeres en las guerras del pasado, viéndolo como un subproducto de otros objetivos de la guerra. En un estudio de 2011, sin embargo, la historiadora Kathy Gaca reparó esta injusticia en lo que hace al mundo occidental antiguo, examinando no solo textos literarios o religiosos, sino también otros documentos, concluyendo que: «La subyugación violenta de mujeres y niñas mediante el asalto y el tormento sexual ha sido una parte integral e importante de la guerra occidental durante los dos milenios transcurridos desde la Edad del Bronce hasta la antigüedad tardía». Esto significa desde la época de la Guerra de Troya y el libro bíblico de los Jueces hasta bien entrada la era cristiana. Incluso cuando los motivos principales eran apoderarse de tierras cultivadas y minas preciosas, «el objetivo de raptar niñas y mujeres para desposarlas o usarlas como concubinas, prostitutas o esclavas subalternas sigue siendo fundamental».

El historiador medieval David Wyatt estudió una región y una época posterior más concretas: Gran Bretaña e Irlanda entre los años 800 y 1200, incluyendo a los escandinavos (vikingos) que colonizaron estas islas. En las tres culturas, el secuestro y la dominación violenta de mujeres —violación incluida— suponían una insignia de honor para un noble, e incluso los campesinos comunes podían tener esclavas y concubinas. Para ganarse y mantener un lugar en la jerarquía, un hombre había de «tener control sobre la capacidad reproductora de [al menos] una hija, una hermana, una parienta o una sirvienta. Hombres de todas las capas sociales aspiraban a la acumulación de hembras», incluidos abades y obispos. Tal fue la importancia de este proceso que la palabra irlandesa para «esclava», *cumal*, se convirtió en una unidad de valor equivalente a tres onzas de plata, ocho o diez vacas o una cierta cantidad de tierra. Ningún estándar de valor correspondiente se derivó del término que designaba a los esclavos varones. Un rey danés, en una crónica del siglo XII, anima a sus soldados a saquear Inglaterra y a degollar (sin compasión) a todo varón que caiga en sus manos, reservándose las hembras para satisfacer su lujuria.

Wyatt traza un paralelo con los mursi, un pueblo de pastores del suroeste de Etiopía, cerca de la frontera con Sudán, que practica una guerra festivo-ritual que enfrenta a grupos compuestos exclusivamente por varones adultos. Los mursi, a su vez, recuerdan a los nuer, pastores del Sudán —la niña de los ojos de la antropología—; este pueblo construyó una eficaz organización para la expansión depredadora a expensas de sus vecinos dinka, similares a ellos pero más débiles. Sin embargo, estos no eran verdaderos cacicazgos como los de la Gran Bretaña e Irlanda medievales, donde los hombres poderosos controlaban la vida sexual de sus subordinados en tiempos de paz, aunque preferían dirigir el deseo de los varones jóvenes hacia el exterior, por medio de la guerra. En tales escenarios medievales occidentales, los hijos ilegítimos de las mujeres capturadas (y había muchos) se convertían en guerreros, esposas o concubinas. Los líderes de la iglesia cristiana medieval predicaban a veces en contra de estos patrones, pero con mayor frecuencia los aprobaban o incluso se amoldaban a ellos. Fue solo más tarde cuando el poder real centralizado favoreció la monogamia nominal.

Pero la centralización solo cambió unos exogrupos[8] por otros. Durante las Cruzadas, el rapto y violación de mujeres fue una práctica común en ambos bandos, a pesar de los supuestos objetivos religiosos proclamados tanto por cristianos como por musulmanes. Los europeos llevaron a *sus* mujeres a la aventura —como esposas, sirvientas y prostitutas—, y cuando los guerreros del islam las capturaban, eran violadas, mantenidas como rehenes para pedir rescate o ambas cosas. Los nobles de ambos bandos tenían dificultades para rehabilitar a sus esposas *mancilladas* por el enemigo, por lo que a menudo las mujeres eran violadas en tierra extranjera y, si la fortuna les sonreía hasta el punto de ser rescatadas, perdían su estatus de vuelta en su hogar. Las

---

8 Grupos sociales con los que un individuo, ya sea por razones culturales, raciales, religiosas, etc., no se identifica. Véase: https://es.wikipedia.org/wiki/Endogrupo_y_exogrupo. N. del T.

prostitutas y otra servidumbre femenina pertenecían a los hombres que resultasen vencedores, quienesquiera que fuesen.

Tan infames episodios de la historia no respondían, ni mucho menos, a una búsqueda pura de la reproducción masculina. A veces, los hombres violaban a otros hombres para humillarlos y, en ocasiones, mutilaban o asesinaban a las mujeres después de violarlas; ninguna de estas tácticas mejoró el éxito reproductivo de los vencedores, al menos no directamente. Mujeres fértiles, incluso núbiles, fueron enterradas en vida junto a hombres poderosos incluso en tiempos de paz: un derroche de úteros que desafía la teoría de la evolución. Pero ya no es necesario discutir si tanta guerra y conquista mejoraron el éxito reproductivo de algunos hombres. El análisis de ADN del cromosoma Y, realizado en 2003 por Tatiana Zerjal y sus colegas, demostró que unos dieciséis millones de hombres vivos hoy día —incluyendo uno de cada doce varones en Asia Central— son descendientes genéticos de un hombre que vivió en la época del conquistador y polígamo Gengis Kan, cuyos hijos y nietos poseían un poder y hábitos similares. Lo más probable es que el hombre en cuestión fuese el mismo Gengis Kan. Y, como demostraron Laoise Moore y sus colegas en 2006, aproximadamente la misma proporción —alrededor del 8 %— de los hombres irlandeses actuales posee un tipo genético rastreable hasta *un hombre* que vivió hace más de mil años; este, probablemente, era un cacique vaciado en el mismo molde visto anteriormente.

A lo largo de los siglos, esos cromosomas Y pasaron por el útero de millones de mujeres, las más de las veces sin que estas dieran su consentimiento; como tampoco lo dieron millones de padres, hermanos, maridos y pretendientes desamparados, desfavorecidos, despojados de tales mujeres y —finalmente— asesinados, cuyos infructuosos genes murieron con ellos. No solo en Asia e Irlanda, sino también en todo el mundo, los hombres tienen los genes y, hasta cierto punto, las inclinaciones de aquellos que, en un pasado que duró más de lo debido, mataron a hombres y se apoderaron a voluntad de sus mujeres. Como dijo la ecologista Bobbi Low, la guerra es una especie de selección sexual desenfrenada, y durante mucho tiempo hemos lidiado con el legado genético de ese proceso en los varones. Esto no quiere decir que todos los hombres sean violadores; de hecho, muy pocos lo son. Pero demasiados hombres hoy día muestran inclinaciones que reflejan conductas de ancestros varones que debieron su éxito —social o reproductivo— a la violencia y la dominación masculina. Como le mostraré más adelante, es probable que las diferencias entre hombres y mujeres promedio en cuanto a sexualidad, así como el abrumador predominio masculino en los casos de delitos violentos y comportamiento antisocial sean, en parte, un legado de varones exitosos de aquel oscuro pasado de ignorancia. Pero tales comportamientos ya no son adaptativos, y ahora consideraremos hasta qué punto estas poderosas fuerzas negativas han sido puestas bajo control.

Capítulo 7

LA MELENA DE SANSÓN Y EL TALÓN DE AQUILES

Podría parecer que el del estatus de la mujer es un concepto simple: alto, bajo, medio, terrible, empeorando, mejorando... Pero resulta que los diversos elementos que lo conforman pueden ser independientes en la cultura y la historia. ¿Contribuyen mucho las mujeres a la economía? ¿Comparten a sus maridos con otras coesposas? ¿Pueden asumir roles formales de liderazgo? ¿Tienen voz y voto en cuestiones públicas? ¿Qué hay de su influencia en el ámbito privado? ¿Ayudan a sus hijos a escoger esposos y esposas? ¿Poseen tierras?

Consideremos nuestra propia historia reciente. Las mujeres podían heredar propiedades mucho antes de poder votar, y votaron mucho antes de empezar a ocupar regularmente altos cargos electos o dirigir corporaciones. Durante generaciones participaron en los debates sociales y políticos mediante obras escritas, pero sus contribuciones a la economía sufrieron altibajos. Su derecho a elegir marido iría ampliándose gradualmente, aunque ello siempre dependía de las circunstancias económicas.

No obstante, tenemos una idea de lo que, considerado en su conjunto, significa el estatus de la mujer. Nadie me contradiría si dijese que las mujeres en Occidente han recorrido un largo camino, aunque aún les queda un trecho muy largo por recorrer. Tampoco podrían reprochárseme afirmaciones como: «Las mujeres han comenzado a ser elegidas para ocupar altos cargos»; «Ha habido un gran flujo de mujeres hacia el mercado laboral»; «La anticoncepción les ha dado más control sobre sus vidas, pero el declive del matrimonio las ha dejado más frecuentemente solas con sus hijos»; «Las mujeres votan más que los hombres, por tanto tienen una influencia cada vez mayor en las elecciones nacionales en Estados Unidos».

Del mismo modo, si trato de ofrecer una visión panorámica de la historia en este punto de mi argumento, tal vez pueda perdonárseme. Dentro de los grupos itinerantes de cazadores-recolectores, las mujeres tenían voz; las discusiones eran cara a cara y las decisiones se tomaban día a día. Los hombres intentaron dominarlas, pero esto no era fácil. Algunos hombres tenían más de una esposa, mas no la gran mayoría. La caza hizo que los hombres fueran importantes y les permitió lucirse, pero también los animó a invertir en sus hijos. La guerra —ese impulsor universal del estatus masculino— era algo posible, mas no generalizado ni común. La desigualdad, tanto entre hombres como entre hombres y mujeres, era limitada.

Cuando los cazadores-recolectores se asentaron, dando lugar a poblaciones más grandes y densas, las desigualdades aumentaron. En estas culturas surgieron los primeros nobles, plebeyos y esclavos, y se promovieron guerras para obtener más de estos últimos. Los hombres se apartaron más de las mujeres y los niños, pero acumulaban mujeres para el sexo y la reproducción. Las mujeres eran, cada vez más, objeto de conflictos masculinos; los cuales, en última instancia, debían decidir quién controlaba los úteros. Los hombres tuvieron la oportunidad de dominar a las mujeres y la aprovecharon. La política se convirtió en un juego masculino, jugado en espacios públicos donde los hombres podían avergonzar y ridiculizar a las mujeres, y de donde acabaron excluyéndolas.

Todas estas tendencias se reforzaron con el surgimiento de la agricultura, volvieron a hacerlo con el surgimiento de los cacicazgos y de nuevo con el surgimiento de los imperios. No fue, empero, un proceso lineal y uniforme en todos los lugares donde se dio. Quienes estudian estas cosas con meticuloso detalle profesional afirman que las generalizaciones son problemáticas. No se equivocan. Pero en este caso el diablo no se esconde en los detalles, sino en la sinopsis; y en esta no se expone otra cosa que el declive del poder y el estatus de las mujeres.

Uno de los medios por los que sabemos esto es un estudio clásico realizado por Martin King Whyte y sus colegas Kristin Moore y Patricia Paul. Ellos abordaron la cuestión como antropólogos respetuosos de la cultura y sus sutilezas, reconociendo que ningún factor es un determinante decisivo de lo bien —o lo mal— que les va a las mujeres en la vida o en el poder. Al final, no obstante, llegaron a una conclusión firme: cuanto más compleja es la sociedad, menor es el estatus de la mujer. La complejidad social en sí misma no es fácil de definir, pero esta incluye factores tales como la desigualdad entre los hombres; la estratificación social; la separación de las esferas política, económica, religiosa y militar; la especialización ocupacional; y el excedente de producción.

La muestra del estudio estaba constituida por culturas preindustriales, de modo que las más complejas eran estados e imperios agrarios con agricultura intensiva de arado. El arado en sí predice el dominio masculino, como lo hacen el pastoreo de animales grandes, la caza mayor y la guerra. Probablemente los peores ejemplos de varones fuera de control se hallan en los cacicazgos —como los que vimos en la Gran Bretaña e Irlanda medievales—, pero en general estos recuerdan a sociedades similares en diversos momentos y lugares del mundo, antes del surgimiento de las ciudades, los estados y los imperios.

Thomas Hobbes, en su obra *Leviatán* (1651), afirmó que la vida en el estado de naturaleza[9] es «solitaria, pobre, desagradable, brutal y breve». Si estaba pensando en simples cazadores-recolectores —el estado de naturaleza predominante en el que evolucionamos—, se equivocaba de medio a medio. La vida era de todo menos solitaria, caracterizándose esta por un intenso compromiso social y solidario. Era pobre para sus estándares (la Inglaterra de la clase alta del siglo XVII), pero por lo general era mejor y más aceptable que la vida de las clases bajas londinenses en la época de Hobbes y mucho después. No era desagradable ni brutal, siendo a menudo gratificante y siempre plenamente humana. Y era tan breve, en promedio, como las vidas de los compatriotas más pobres de Hobbes y, princi-

9 La condición natural del hombre. N. del T.

palmente, por la misma razón: infecciones no controladas, especialmente en la infancia y la niñez.

Si, por el contrario, Hobbes pensaba en la vida de sus compatriotas ingleses unos siglos atrás —miles de años después del estado de naturaleza cazador-recolector—, entonces para la mayoría era ciertamente pobre (aunque nunca solitaria), desagradable, brutal y breve. Los caciques y sus compinches se empeñaron en que la vida fuese así para todos los demás. Mas no importaba cuán brutalmente se condujese uno, pues no permanecería en la cima mucho tiempo. Hobbes argumentó que la única forma de evitar el caos era dotarse de un estado único, soberano y autoritario —el «leviatán»—, lo suficientemente fuerte y despiadado como para reprimir la discordia.

Sin embargo, aunque la violencia disminuyó con el surgimiento del estado, esto no fue sino merced a largas y cruentas guerras, siendo además necesario difuminar el límite entre el ejército y la policía. Dicho de otro modo, la aristocracia hereditaria reprimía al resto de la población de forma absoluta y constante. Tal es lo que la antropología denomina violencia estructural, la cual persiste en gran parte del mundo. Los hombres tienen una abrumadora responsabilidad en ello. Ciertamente, hubo imperios antiguos menos brutales que otros, y algunos gobernantes sobrevivieron reduciendo los impuestos, el trabajo forzoso, el servicio militar obligatorio, la captura de mujeres y otras formas de opresión. Pero estamos hablando de una diferencia de grados. Y en cualquier nivel social dado, los hombres oprimían y dominaban a las mujeres.

Los estados, asimismo, exportaron la violencia a los extranjeros residentes en su periferia, incluso en las épocas en que aquellos dejaron de abusar de sus propios ciudadanos. Esto incluía la captura de esclavos —práctica universal en el mundo antiguo, no abolida en Gran Bretaña hasta la década de 1700 y que hoy día persiste ilegalmente en todas partes— y la utilización de la capacidad reproductiva de la mujer prácticamente a voluntad. Los descendientes afroamericanos de Thomas Jefferson son solo una pista del legado genético de los varones dueños de esclavos. En la Inglaterra de Hobbes, en las décadas posteriores a que el leviatán[10] ayudara a establecer una

10 El autoritario estado hobbesiano. N. del T.

estabilidad ilegítima, las mujeres eran torturadas y quemadas como «brujas», y se estimaba que había 62.500 prostitutas en Londres —una de cada cinco mujeres y niñas—, algunas de tan solo ocho o nueve años de edad. Esto era sexo de supervivencia, una suerte de esclavitud impulsada por el hambre. Muchas mujeres sufrieron horribles muertes sifilíticas.

Naturalmente, un gobernante autoritario debe castigar la traición, incluida la oposición religiosa. Las mujeres declaradas culpables eran quemadas en la hoguera; los hombres eran ahorcados y descuartizados, aunque antes se los mutilaba, castraba y destripaba estando aún conscientes. No pocos sacerdotes católicos sufrieron este destino. Las ejecuciones eran públicas, y una vez descuartizado el cuerpo, las partes se enviaban a todos los rincones del país para su exhibición. Esto era terrorismo de Estado en grado extremo, pero la violencia estructural fue una rutina en casi todos los regímenes durante los últimos miles de años. Cazas de brujas cuyo objetivo eran las mujeres —entre un 75 y un 85 % de las víctimas, que generación tras generación supusieron decenas de miles— se sumaron a la violación y la prostitución forzada como advertencia contra la independencia de espíritu.

***

Dos ejemplos, procedentes de segmentos muy diferentes de la línea temporal de la historia, ilustran la violencia estructural que mantuvo bajo control a las mujeres y hombres de los estratos inferiores.

Las tribus de la antigua Canaán —agricultores y pastores antes, durante y después del reino bíblico de Israel— fueron dominadas sucesivamente por muchos imperios. Los egipcios tomaron nota. En el valle al este del Monte Carmelo, hace tres mil quinientos años, el faraón sitió una gran ciudad de mayo a diciembre, tras lo cual los príncipes locales se apresuraron a humillarse para besarle los pies; en consecuencia, junto a sus esposas e hijos, llevaron todas sus riquezas a Egipto como tributo. El botín incluía 11.000 toneladas de trigo, 20.500 ovejas, 1.929 vacas, 2.041 caballos, 924 carros, 200 corazas de cuero y 502 arcos. De tres ciudades más al norte, los egipcios obtuvieron 1.796 esclavos (más sus hijos), 235 libras de discos de plata y oro en bruto, así como una gran cantidad de piezas de mobiliario, cuencos, utensilios, ropa y estatuas finamente talladas. Muchos hombres murieron en la guerra, por lo que la mayoría de los esclavos debieron de haber sido mujeres.

Aquellos a quienes se permitió permanecer en Canaán se enfrentaron a impuestos confiscatorios y a una brutal reconquista. Otra nota egipcia: «Llega el escriba a cobrar el impuesto. Examina la cosecha. Sus ayudantes —nubios con garrotes— se colocan tras él. "Da grano", dicen. Y si no hay, el campesino es salvajemente apaleado ante su esposa e hijos atados y sumergido cabeza abajo en el pozo». Pero los cananeos o hebreos no fueron víctimas especiales. De entre ellos se reclutaron soldados para recaudar impuestos similares en el otro extremo del imperio, donde se comportaron de igual modo con los nubios.

Damos un salto ahora hasta la Gran Bretaña del siglo XIX. La graciosa y culta reina Victoria ocupa el trono, como lo haría durante sesenta y tres años, dirigiendo un vasto imperio. Pero consideremos las calles que ella domina desde el palacio de Buckingham, en las que 222 delitos se castigan con la horca, incluidos los de dañar el puente de Westminster, mendigar sin licencia, robar carteras y relojes, sacar conejos de sus madrigueras, andar en compañía de gitanos durante un mes, salir por la noche con el rostro ennegrecido y, en niños de siete a catorce años, mostrar una «fuerte evidencia de malicia». Los culpables de infracciones menores a menudo eran indultados, pero más de diez mil personas fueron ahorcadas en ese siglo. La prostitución era aún una plaga.

El estilo victoriano de la violencia estructural era un reflejo de las antiguas formas. Las desigualdades extremas no pueden mantenerse sin policías y soldados armados que, al mando de los más favorecidos, maltratan, encarcelan, torturan, matan y aterrorizan a los desfavorecidos. Leviatán redujo la violencia convirtiéndola en una rutina y poniéndola al servicio de un número cada vez más limitado de hombres. En cuanto a las mujeres desfavorecidas, *Moll Flanders* (1722) de Daniel Defoe y *Oliver Twist* (1839) de Dickens se hallan entre las novelas inglesas que describen con simpatía la difícil situación de las prostitutas, pero en ninguna de ellas se atisba siquiera lo peor de sus vidas y muertes; la verdad completa era, probablemente, demasiado triste y espantosa para el público respetable.

***

Sin embargo, por la misma época de ese «Código sangriento» que penaba con la horca tantos delitos menores, se habían abolido algunos castigos crueles e inusuales. La esclavitud —la propiedad formal de una persona— había sido abolida en las Islas Británicas en la década de 1700 y prohibida en todo el imperio en la década de 1830. Por otro lado, el tráfico y la esclavitud sexuales continuaron y, como veremos, son quizá hoy día más frecuentes que nunca en todo el mundo; la esclavitud laboral también continúa. Y en todas y cada una de las guerras hasta el presente se han perpetrado violaciones masivas y otras formas de violencia sexual, que a menudo incluyen la esclavitud sexual a gran escala.

Durante la Segunda Guerra Mundial, las niñas y mujeres judías fueron obligadas a servir como esclavas sexuales por los soldados nazis; las niñas y mujeres coreanas y chinas fueron obligadas a servir como «mujeres de solaz» para el ejército nipón; y los soldados soviéticos violaron a mujeres alemanas en cantidades estimadas entre decenas de miles y más de un millón, incluyendo violaciones grupales que provocaron la muerte de las víctimas. Stalin declaró que las violaciones eran algo comprensible y disculpable después de la larga marcha hacia Berlín. Se estima que los soldados estadounidenses violaron «solo» a 11.000 mujeres, pero su ejército era mucho más pequeño. Solo unos pocos hombres (principalmente afroamericanos) fueron castigados por ello. La «confraternización» no estaba permitida, pero un comandante de campo estadounidense, supuestamente, declaró: «La cópula sin conversación no constituye confraternización».

Todos los ejércitos de ocupación, y no solo por medio de la violación, sino también de la confraternización, han dejado niños tras ellos. Las estimaciones más bajas de bebés engendrados por tropas alemanas en la Europa ocupada son de cientos de miles. Se calcula que las tropas aliadas engendraron a unos 66.000 niños en Alemania en la década posterior a la guerra, y un número aún mayor durante esta.

En la guerra del Pacífico y después de ella —incluyendo las guerras de Corea y Vietnam—, los soldados estadounidenses dejaron atrás a unos 100.000 niños amerasiáticos, en su mayoría condenados al ostracismo junto con sus madres seducidas y abandonadas.

A la vista de lo anterior, cuesta creer que el siglo XX haya sido, proporcionalmente, el menos violento de todos los siglos para los que podemos estimar muertes, pero es cierto. Es mucho más difícil estimar la violencia sexual durante la guerra, pero probablemente también haya disminuido; incluso si esta se mantuviera en un nivel similar, la sola disminución de las guerras conllevaría una disminución de las violaciones. No hablamos aquí de números absolutos, sino de números relativos, y el denominador en la ecuación ha crecido exponencialmente, mientras que el numerador no lo ha hecho. Esta disminución proporcional ha podido constatarse en todas las formas de violencia medidas, y Steven Pinker, en su magistral libro de 2011 *Los ángeles que llevamos dentro*, reunió todos los hechos y presentó el argumento más sólido. Volveré a hablar de esta sorprendente y bienvenida tendencia, pero, de momento, me limitaré a indicar que dos de las principales explicaciones ofrecidas por Pinker —después de la violencia estructural del leviatán— son la democracia y la «feminización». Es decir, el lento e incompleto empoderamiento de la mujer y el consiguiente aumento de los valores femeninos han hecho que la vida sea mucho más segura tanto para mujeres como para hombres.

***

Pero no podemos considerar las tendencias relativas al estatus de la mujer sin pensar en la monogamia. Cuando los cristianos declararon valientemente que tener más de una esposa atenta contra el fin del matrimonio —esto es, la comunión espiritual—, puede que iniciaran una nueva filosofía, pero como ley no era nueva en absoluto. Los códigos grecorromanos ya condenaban la poliginia desde mucho antes. Tanto los antiguos legisladores griegos como los padres de la Iglesia estaban construyendo sobre cientos de miles de años de naturaleza humana evolucionada, la cual, como ya hemos visto, nos dejó una especie con —mayoritariamente— vínculos de pareja.

Los matrimonios en las sociedades de cazadores-recolectores eran monógamos en aproximadamente un 90 %, aunque, como en todas las sociedades, estaban afectados por cierto grado de infidelidad.

No olvidemos que ninguna especie con vínculos de pareja ha sido perfecta jamás; las cópulas robadas, verbigracia, contradicen los ideales románticos que la gente proyecta sobre el emparejamiento entre animales, desde gansos hasta gibones. Una pequeña pero significativa minoría de hombres cazadores-recolectores tenía dos esposas, y tanto hombres como mujeres podían cometer infidelidades en muchos matrimonios. Pero en comparación con los cazadores-recolectores sedentarios y los cacicazgos que siguieron —por no mencionar las civilizaciones antiguas—, aun los varones cazadores-recolectores de alto estatus tenían ambiciones modestas; las esposas de los jefes, reyes y emperadores de culturas posteriores —que se complacían en regalar harenes a sus amigos— se contaban por docenas.

Incluso las esposas de los reyes debían a menudo ser coesposas, y las cautivas solo podían aspirar a ser lo suficientemente deseadas como para convertirse en concubinas en vez de en otro tipo de esclavas peor tratadas. En cuanto a los hombres, los que estaban en la cima o cerca de ella hacían cuanto se les antojaba hasta que eran desplazados. En cambio, los hombres en la base de la pirámide social —una base ciertamente amplia— eran carne de lanza o estaban gafados de otro modo en la ruleta de la evolución.

Cómo cambió esto en la antigua Grecia es objeto de debate, pero ciertamente no se debió a un empoderamiento de las mujeres; antes de eso habrían de transcurrir dos mil años de monogamia europea. Y desde luego no fue porque los hombres ricos y poderosos renunciaran a sus ventajas carnales. Al igual que la democracia ateniense, con la que solo estaba vagamente relacionada, la monogamia griega descansaba sobre una base de esclavitud y un feroz doble rasero en cuanto a la libertad sexual. Como el historiador Walter Scheidel dijera en 2009, los hombres «monógamos» tenían concubinas. «Se suponía que ellos mismos debían poner límites al concubinato. (...) Al mismo tiempo, los encuentros sexuales de hombres casados con sus propias esclavas o con prostitutas estaban libres de sanción social y legal».

Roma era similar al respecto, y el reconocimiento de los hijos fruto de relaciones extramatrimoniales era opcional. Además, la facilidad para obtener el divorcio garantizaba cierto grado de «poligamia efectiva»: Los hombres no podían tener dos esposas a la vez, pero «podían casarse con varias mujeres de forma muy seguida, aumentando así la desigualdad reproductiva general». Consideraremos cómo funciona esto en nuestra propia cultura; lo que no admite duda, sin embargo, es que en la Grecia y la Roma antiguas los hombres tenían opciones. En cuanto a la tradición judeocristiana, los judíos permitían la poligamia en el reino de Israel, aunque durante la diáspora se atuvieron a las leyes locales. En el Imperio romano, donde vivía entonces la mayoría de los judíos, estos se amoldaban a lo que hacían los romanos, pero fue hace solo unos mil años cuando prohibieron oficialmente la poliginia, y esto no alcanzaba a todos los judíos.

Jesús habla contra la poligamia en los Evangelios, pero Pablo guarda silencio al respecto y Agustín, en el siglo quinto, la permitió explícitamente. Muchos varones cristianos con recursos económicos tenían varias esposas, y algunos líderes de la Iglesia disfrutaban de un acceso liberal a las mujeres. La poligamia formal, sin embargo, estaba prohibida, y esta prohibición se fortaleció en los tiempos modernos. El divorcio —la monogamia en serie— era asimismo contrario a la enseñanza cristiana primitiva, e incluso hoy desafía la doctrina católica. La postura del cristianismo surgió de la antipoligamia grecorromana, mas conforme el cristianismo avanzaba, también lo hacía Europa, y debido a que esta conquistó gran parte del mundo, la monogamia es hoy la norma en la mayor parte de él. En otras palabras, la monogamia fue en parte un azar histórico.

Los científicos, no obstante, siempre han desconfiado del azar —por muy histórico que sea—, por lo que han realizado muchos estudios comparando culturas, naciones y especies en busca de razones adaptativas para esta tendencia. Algunas hipótesis: la necesidad de cohesión social entre los varones; el caos social creado por los solteros forzosos; el potencial de estos para derrocar a la élite acaparadora de mujeres; la necesidad para los padres de invertir más en sus hijos; la elección masculina de hembras capaces de producir descendencia de alta calidad; el hecho de que a una mujer le resulta más ventajoso acaparar a un hombre promedio que invierte en su prole que compartir a uno rico que no lo hará; el compañero masculino guardián que cierra el paso al adulterio o el infanticidio; conflictos entre coesposas; el chantaje por parte de testigos que descubren cópulas robadas; y, en los tiempos modernos, el impacto negativo de la poligamia sobre el desarrollo económico.

Así pues, la monogamia no anda escasa de explicaciones. Cada una de ellas tiene algo a favor y algo en contra. Los modelos matemáticos son elegantes y pueden clarificar el pensamiento, pero son solo tan buenos como las suposiciones de los científicos, por no hablar de los datos. Las correlaciones entre culturas y naciones distintas son reales, pero las conclusiones causales extraídas rara vez se ven confirmadas por las correlaciones. ¿Es el desarrollo económico una causa o un efecto de la monogamia? ¿Qué fue primero, la reducción del adulterio o la prevención del infanticidio? ¿Fue la elección masculina o femenina lo que inició la tendencia hacia el emparejamiento?

No lo sabemos. Una o más de estas causas comenzaron a impulsar los sistemas de apareamiento hacia la monogamia; después de eso, crecientes sinergias la reforzaron. No obstante, es revelador considerar la historia profunda de la monogamia, que en última instancia parece mejorar el estatus de la mujer, aunque no de forma automática.

***

No olvidemos que algo parecido a la monogamia surgió al menos dos veces durante nuestro pasado. En primer lugar, una especie ancestral que era poligínica, poliándrica o (como los bonobos) ambas cosas hubo de convertirse en una especie con, principalmente, vínculos de pareja. Como vimos, algunos paleontólogos expertos en fósiles situaron este primer cambio hace unos cinco millones de años, otros lo hicieron en los albores de nuestra propia especie, hace unos 200.000 años. Esta transición a la vinculación en parejas a nivel de especie se denomina «monogamia social» y es distinta de la «monogamia perfecta» —cosa que por cierto nunca fue—. La humanidad en el estadio de la caza y la recolección era en su mayoría monógama, en parte poligámica e imperfecta en todas las culturas —una fuerte tendencia con gran flexibilidad adaptativa.

El segundo cambio es histórico, dando comienzo en la antigua Grecia pero adquiriendo velocidad en los últimos siglos: el matrimonio monógamo «impuesto». En casi todas las culturas humanas existe el matrimonio, entendido como un sello de aprobación social a la unión de hombre y mujer, el cual legitima a los hijos; es algo que ninguna otra especie posee. Hay pocas excepciones posibles: la etnia mosuo de China (discutida en el capítulo 6), los nayar del sur de la India (una casta guerrera con un matrimonio simbólico oficial seguido de una separación permanente y poliandria no oficial con hombres visitantes) y la intrigante paternidad divisible común en la cuenca del Amazonas (capítulo 5). Pero de todas estas culturas, solo los mosuo y los nayar desafían realmente la definición, y la identificación del padre o los padres importa en todas.

En cualquier caso, la mayoría de los individuos durante el estadio de la caza y la recolección de nuestra historia buscaba establecerse dentro de algún vínculo de pareja en un contexto grupal —no necesariamente permanente o exclusivo, pero sí socialmente reconocido y significativo—. Probablemente el primer cambio introducido por nuestros ancestros remotos se asemejase a la evolución del vínculo de pareja en otras especies. El segundo cambio por el que, mucho más tarde, pasaron algunos de nuestros antepasados fue exclusivamente humano e histórico, no genético o evolutivo. Pero en el medio se extiende una época de aumento de la desigualdad reproductiva, con muchas mujeres condenadas a ser coesposas de segunda e innumerables hombres excluidos de la reproducción. El macho humano inclinado hacia la poligamia escapó a todo control.

Para entender la primera transición, recurriremos nuevamente a otras especies. Dos importantes estudios publicados en el verano de 2013 abordaban la cuestión de cómo evolucionó la monogamia, uno entre los mamíferos en general y el otro entre los primates en particular.

Los zoólogos Dieter Lukas y Tim Clutton-Brock estudiaron más de 2.500 especies de mamíferos, construyendo un árbol evolutivo matemático que les permitía ver dónde y cuándo algo evolucionaba de forma independiente. La monogamia surgió de forma independiente sesenta y una veces, dando lugar a 229 especies monógamas; esto es, el 9 % de los mamíferos (lo que contrasta dramáticamente con 8.000 especies de aves, alrededor del 90 %, y, más modestamente, con el 29 % de los primates, más del triple del promedio de los mamíferos). Aunque la inversión parental masculina es mucho más común entre los mamíferos monógamos que entre otros mamíferos, en más de un tercio de los primeros los machos no actúan como papás. De hecho, el único rasgo social presente en casi todos los casos donde surgió la monogamia es que las hembras ancestrales empezaron siendo individuas dispersas y solitarias, probablemente debido a la disponibilidad de alimentos. Esto significaba que los machos podían ganar más permaneciendo junto a ellas que visitándolas y marchándose luego en busca de otras.

En el otro estudio, Christopher Opie y sus colegas estudiaron 230 especies de primates no humanos. Su árbol también vinculaba la monogamia con la dispersión femenina y la inversión parental masculina, pero en esta ocasión el trasfondo más consistente para el emparejamiento fue el infanticidio. Debido a que el largo periodo de lactancia de los primates resulta en una reducción de su fertilidad, los machos (como ya vimos) pueden matar a las crías de otros machos. En tales situaciones, al macho que engendró la cría le compensa permanecer con esta y su madre para protegerlos. Según este estudio, las hembras que vivían separadamente, más que anunciar el auge de la monogamia, fueron a la zaga de este. Esto no es necesariamente una contradicción; puesto que entre los primates hay más especies monógamas que entre los mamíferos en general, el patrón puede haber evolucionado en aquellos mediante un proceso diferente al de otros mamíferos.

La controversia continuó en 2014 con intercambios técnicos que están fuera de nuestro alcance. Lukas y Clutton-Brock creen que entre los primates, como entre otros mamíferos, la dispersión de las hembras es lo que conduce a la monogamia, en tanto que el grupo de Opie insiste en la diferencia, citando la mayor prevalencia de la monogamia entre los primates y señalando que, debido a que el tardío destete de las crías de primates interfiere con el éxito reproductivo de los machos aspirantes, el infanticidio es una estrategia más probable para estos.

En cualquier caso, probablemente esto último sea más relevante para nosotros, y no solo porque seamos primates; nuestras parejas convivientes viven en grupos sociales con otras parejas e individuos. Casi todos los demás mamíferos que practican la monogamia poseen una pareja reproductora aislada o una pareja con ayudantes no reproductivos (a menudo descendencia en la preadultez). Esta última modalidad es la cría cooperativa, y los humanos también la tenemos —los hermanos mayores y las abuelas permanecen alrededor y ayudan, pero no se reproducen—. Sin embargo, también practicamos la cría comunal, lo que significa que varias parejas se reproducen dentro de un grupo más grande. Entre los mamíferos, incluidos los primates, es una combinación rara, pero precisamente esta nos convierte en los seres humanos que somos —la especie de primates más cooperativa con diferencia—. Esto promueve alianzas formales entre grupos mediante el matrimonio y fomenta la cooperación dentro de ellos. Ya se sabe: es necesaria una aldea —o mejor dicho, una banda nómada— para criar a un niño, incluyendo abuelas, abuelos, tías, tíos, hermanos mayores y primos, pero también ayuda tener un hombre.

***

Tras apartarse del patrón de los cazadores-recolectores —mayoritariamente monógamos—, y después de varios milenios flirteando con los extremos de la poligamia, los humanos comenzaron, primero en Grecia y Roma, a regresar al punto de partida. Pero ¿por qué el surgimiento de la monogamia en Europa no mejoró sustancialmente el estatus de la mujer? ¿Por qué el relativo igualitarismo de nuestro pasado cazador-recolector resultaba aún inalcanzable?

En primer lugar, la poligamia práctica —como ya vimos en el mundo grecorromano y los cacicazgos medievales de Gran Bretaña y Escandinavia— permaneció en vigor. Mientras los hombres en la cúspide pudieron poseer esclavos, mantener concubinas y apoderarse de mujeres en la guerra, la aspiración masculina al control de los úteros encontró muchas salidas directas. A los hombres inferiores se les podía permitir el casamiento, pero estos podían asimismo verse atraídos por las brillantes hogueras que arden tras la batalla, junto a las cuales era posible yacer con las mujeres cautivas —al menos aquellos que no habían sucumbido—. La alta mortalidad masculina en la guerra provocó, en muchos entornos, un excedente de mujeres para los varones supervivientes sin el inevitable, y entendible, resentimiento de las hordas de hombres frustrados por el acaparamiento (no oficial) de mujeres por parte de los poderosos.

En segundo lugar, cuando un hombre solo podía tener una esposa legal, los pretendientes adecuados empezaron a escasear y los padres de las hijas casaderas concibieron las dotes. En vez de embolsarse el «precio de la novia» —que en otros sistemas aliviaba la pérdida de hijas—, los padres no solo perdían una hija, sino también una pequeña fortuna. Como tan convincentemente argumentó Mildred Dickemann, estos padres probablemente estaban pagando por el futuro éxito reproductivo de sus nietos; las hijas eran un conducto de transmisión que había de colocarse lo más alto posible en la escala social. Los maridos, por su parte, no podían legitimar a sus hijos de otras uniones, por lo que dependían de la única esposa que lograban conseguir y a esta le endosaban el fardo. Al mismo tiempo, el vínculo matrimonial seguía representando una alianza entre grupos, como lo había hecho a lo largo de la historia.

Para hacerse una idea de lo que estaba en juego, consideremos el discurso pronunciado por el padre de Julieta Capuleto cuando esta rechaza al pretendiente que él ha elegido para ella:

> «Pasta donde quieras, pues no has de permanecer conmigo: ten por seguro lo que digo, no suelo bromear.
>
> Tú eres mía, y te daré a mi amigo como esposa; y si no consientes en ello, ahórcate, mendiga, muere de hambre en las calles, pues por mi alma que nunca he de reconocerte, ni nada de cuanto tengo será tuyo jamás.»

Nosotros sabemos, en tanto que el padre no, que ella ya se ha casado con Romeo Montesco: el hijo de su enemigo. Lo que diría y haría el señor Capuleto si ella se lo confesara solo podemos imaginarlo. Al final, Julieta tiene que morir para que su padre entienda la situación.

Así pues, innumerables millones de padres durante más de dos milenios de monogamia se deshicieron de sus hijas con un apretón de manos, sellando una alianza entre dos familias y dos fortunas que nadie, ni siquiera la propia novia, podía disolver. Hay otras historias tipo «Romeo y Julieta» con finales más felices; se ha dicho que el enamoramiento es un «discurso de desafío», una suerte de rabieta por la cual dos jóvenes apasionados hacían descarrilar, a veces, matrimonios arreglados por los padres —ciertamente no aquellos de los que dependían alianzas importantes, y tampoco si uno se enamoraba de alguien perteneciente a una familia enemiga.

Las mujeres de aquellos siglos monógamos europeos eran tan dependientes como lo habían sido bajo la poligamia. En la antigua Grecia, donde comenzó la monogamia impuesta, obtuvieron pocas ventajas de ella en la mayoría de los lugares. Esparta fue una excepción; allí, las mujeres podían recibir educación y poseer y administrar propiedades —probablemente porque los hombres se hallaban siempre guerreando lejos—. En el otro extremo, en la «democrática» Atenas, las mujeres carecían de personalidad jurídica. Permanecían bajo la tutela del padre hasta el matrimonio; celebrado este, pasaban a depender de su marido. Se les permitía celebrar contratos por un valor de hasta cien libras de cebada, a fin de que pudieran dedicarse al pequeño comercio. Los esclavos varones aún tenían alguna posibilidad de obtener la ciudadanía ateniense, pero ninguna mujer, «libre» o esclava, podía alcanzar ese estatus. Aristóteles dijo que las esposas se compraban y negó cualquier valor a su trabajo doméstico.

Las mujeres romanas eran oficialmente ciudadanas, pero no podían votar, ocupar cargos públicos ni servir en el ejército. Hasta la época de Julio César, el matrimonio era una transferencia desde el poder legal paterno al del marido; en épocas posteriores, las mujeres permanecían bajo el poder paterno durante toda la vida. El adulterio se entendía como la relación sexual entre una mujer casada y un hombre que no era su marido; o sea, del mismo modo que en los Diez Mandamientos de los despreciados judíos y cristianos. El maltrato a la esposa era motivo de divorcio, pero las mujeres que se convertían en artistas o prostitutas renunciaban a su derecho a ser protegidas contra los abusos.

En el derecho consuetudinario inglés, a partir del siglo XII, una mujer cedía a su marido todos sus bienes al casarse. En Francia, las mujeres casadas se hallaban sujetas a restricciones legales que no se levantaron oficialmente hasta 1965. Aunque el atropello del shakespeariano señor Capuleto a su hija ocurría siglos antes en Italia, su discurso podría haber sido pronunciado por cualquier padre de la Inglaterra de Shakespeare o de casi cualquier país de la civilizada (y tremendamente violenta) Europa renacentista.

***

Dos siglos después, a principios del siglo XIX, todo el drama de las novelas de Jane Austen reflejaba la triste e inalterada realidad de la vida de las mujeres. Lizzy, la protagonista de *Orgullo y prejuicio*, es una de las cinco hermanas que acabarán en la indigencia a menos que sean desposadas por hombres ricos; su sardónico pero afectuoso padre (el señor Bennett) y la relación de aquella con él están en las antípodas del conflicto entre el señor Capuleto y su desventurada hija, pero Bennett tiene las manos atadas. La ley dice que el patrimonio paterno irá a parar a un primo lejano: un pazguato engreído que corteja torpe e infructuosamente a Lizzy, mas con la jactanciosa seguridad de que se hará con el legado de esta. Ella y sus cuatro hermanas están a merced de hombres mediocres.

O fijémonos en Jane Fairfax, la joven mejor dotada y más hermosa de *Emma*, a quien todos compadecen porque sus padres adoptivos no pueden aportar lo suficiente para casarla; ella debe convertirse en institutriz: una esclava célibe en consideración a su entorno social de muchachas sencillas. ¿Logrará salvarla algún anónimo pretendiente? En los doscientos años transcurridos desde que el genio de Austen —moviendo su pluma sobre un pequeño escritorio en un concurrido salón familiar— lograra una impensable repercusión pública, las mujeres han visto más cambios que en los dos mil anteriores.

La Ilustración sentó las bases de las ideas sobre los derechos, y las revoluciones estadounidense y francesa establecieron algunas leyes. Pero los derechos estadounidenses eran para los hombres blancos y propietarios. La prodigiosamente talentosa Abigail Adams, esposa de nuestro segundo presidente[11], le escribió a este —en 1776, cuando

11 John Adams (4 de marzo de 1797-4 de marzo de 1801). N. del T.

no era más que un intrépido rebelde— que anhelaba oír declararse la independencia.

Y, dicho sea de paso, deseo que en el nuevo Código os acordéis de las damas y seáis más benévolos y generosos con ellas que vuestros antecesores. No pongáis ese poder ilimitado en manos de los maridos. Recordad que todos los hombres serían tiranos si pudieran. Si no se nos presta a las damas especial cuidado y atención estamos decididas a fomentar una rebelión, y no nos mantendremos sujetas a ningún código que nos garantice la voz y la representación.

Tres meses después, en unos términos no muy diferentes de los anteriores, los aludidos por Adams definirían su relación con las leyes de Inglaterra. Aquel «dicho sea de paso» resultó tristemente apropiado: ellos no se «acordaron de las damas», pero esta brillante mujer aún pudo ejercer su influencia a través de su esposo e hijo[12] —que también se convertiría en presidente—. Imaginar que un día ella podría ocupar el cargo y ser sabiamente aconsejada por ellos se consideraba un desvarío.

Entretanto, al otro lado del océano, Olympe de Gouges publicó en 1791 su *Declaración de los derechos de la mujer y la ciudadana*, que, siguiendo la *Déclaration des droits de l'homme et du citoyen*, parodiaba punto por punto el gran decreto de la Revolución Francesa. Ella sabía cuán improbable era que su declaración encontrará eco en la revolución. El preámbulo cita «los inalienables y sagrados derechos naturales de la mujer» y decreta: «El sexo que es superior en belleza, como lo es en coraje (tan necesario para afrontar los sufrimientos de la maternidad) (…) reconoce y declara (…) los siguientes derechos».

Diecisiete artículos, como en la *Declaración de los derechos del hombre y del ciudadano*. En vez de «Los hombres nacen y permanecen libres e iguales en derechos», ella proclamó: «La mujer nace libre y permanece igual al hombre en derechos». En el décimo artículo, declaró proféticamente: «Puesto que la mujer tiene derecho a subir al cadalso, debería tener asimismo el derecho a subir a la tribuna». De Gouges, que no lograría disfrutar del último derecho, sufrió en sus carnes el primero. Fue guillotinada dos años después, igual

12 John Quincy Adams, sexto presidente de EE. UU. (4 de marzo de 1825-4 de marzo de 1829). N. del T.

que —al menos en esto— muchos revolucionarios varones caídos en desgracia.

Pero las reivindicaciones que hacían las mujeres no podían permanecer para siempre en estado abstracto. En 1792, Mary Wollstonecraft había publicado *Vindicación de los derechos de la mujer*, argumentando a favor de la educación de las niñas. Y en 1819, Emma Hart Willard escribió un «Plan para Mejorar la Educación Femenina» [«Plan for Improving Female Education»]; sus ideas se implementaron dos años después en una escuela en Troy, Nueva York, mantenida con fondos municipales. No tardaron en abrirse escuelas secundarias para niñas en Boston y la ciudad de Nueva York, y algunas universidades admitieron mujeres una década más tarde. Jane Austen había expuesto la difícil situación de las mujeres dependientes a principios del siglo XIX, pero en la década de 1840, en Gran Bretaña y Estados Unidos, se aprobaron leyes que protegían la propiedad de una mujer casada tanto de su marido como de los acreedores de este.

En 1848, un año de revueltas en Europa y el de la publicación de *El manifiesto comunista*, se celebró discretamente en Seneca Falls (Nueva York) la primera convención sobre los derechos de las mujeres, de la que surgió una declaración a favor de la igualdad de trato y del voto femenino. Olympe de Gouges lo había reclamado dos generaciones antes, pero aquel año se iniciaría un movimiento que también incluía hombres.

Al año siguiente, Elizabeth Blackwell se convirtió en la primera mujer que obtenía una licenciatura en medicina en Estados Unidos, y las mujeres pudieron ejercer legalmente la medicina. En 1865, la Universidad de Zúrich se convirtió en la primera de Europa en admitir mujeres en sus aulas. En 1869, Elizabeth Cady Stanton y Susan B. Anthony fundaron la Asociación Nacional para el Sufragio Femenino, que, medio siglo después, conquistaría el derecho al voto de las mujeres.

También en 1869, John Stuart Mill —distinguido filósofo británico y miembro del Parlamento— publicó su ensayo *El sometimiento de la mujer* [*The Subjection of Women*]: «Se nos dice continuamente que la civilización y el cristianismo han restituido a la mujer sus justos derechos. Entretanto, la esposa es hoy la sierva de su marido; no menos, en lo que respecta a la obligación legal, de lo que lo eran los esclavos». Mill fue objeto de burla por presentar un proyecto de ley para cambiar la palabra «hombre» por «persona» en la legislación británica; fracasó por más de dos votos a uno. En Estados Unidos los esclavos habían sido liberados, habiéndoseles concedido la ciudadanía el año anterior por medio de la Decimocuarta Enmienda. Al año siguiente, la Decimoquinta concedía el derecho al voto a los hombres negros, pero ninguna enmienda lo reconocía para las mujeres blancas o negras.

Muy lentamente, los hombres iban convenciéndose de la necesidad de un cambio —como no podía ser de otro modo si iban a apoyar la dilución de su propio poder con el sufragio femenino—. De los 272 diputados que en tiempos de Mill componían el Parlamento, 76 votaron por «persona»…, aun cuando el resto se mofase de ellos. A los hombres no les quedó otra que votar a favor de permitir votar a las mujeres. Esto sucedió en Nueva Zelanda y en varios estados de EE. UU. en la década de 1890, y como resultado de un activismo constante, valiente y no violento, la Decimonovena Enmienda fue ratificada en 1920, dando el derecho de voto a todas las mujeres estadounidenses —por detrás de sus hermanas de Finlandia, Noruega, Canadá y Gran Bretaña.

Entretanto, la educación había comenzado a dar sus frutos. Marie Curie obtuvo dos Premios Nobel de ciencia (física en 1903 y química en 1911), una hazaña que ningún hombre pudo igualar hasta 1972. Jeannette Rankin fue la primera mujer en ocupar un escaño en la Cámara de Representantes de los Estados Unidos, antes de que las mujeres tuvieran derecho al voto en la mayoría de los estados. Julia Morgan fue una destacada arquitecta que diseñó edificios para la Universidad de California en Berkeley, entre otros importantes proyectos. A principios del siglo XX, apenas cincuenta años después del triunfo de Elizabeth Blackwell, había alrededor de siete mil doctoras en medicina en Estados Unidos, el 5 % de la fuerza laboral médica. Hacia 1920, las mujeres habían sido admitidas en más de cien facultades de derecho; alrededor del 2 % de los abogados en ejercicio eran mujeres, y estas constituían casi la mitad del total de estudiantes universitarios.

En lo que quizá suponga uno de los más importantes logros femeninos, la enfermera estadounidense Margaret Sanger desarrolló una distinguida carrera enseñando, popularizando y abogando por el control de la natalidad. Durante la época victoriana, la planificación familiar había sido objeto de debate y, sobre todo, de burla: una postal de la época mostraba a una mujer dándole paraguazos a una cigüeña, ignorando al bebé que colgaba del cuello del ave. Siendo como era entonces la abstinencia periódica el principal método anticonceptivo, Sanger y su hermana se adentraban en territorio desconocido cuando, en 1916, abrieron su clínica en Brooklyn introduciendo el diafragma, las esponjas y otras formas de anticoncepción que ambas habían estudiado en Europa. La información básica que ellas proporcionaban era ilegal, de modo que fueron arrestadas. Según el auto del juez, las mujeres no tenían derecho a copular con la seguridad de que no habría concepción. Sanger, que se negó a comprometerse a no reincidir, hubo de pasar treinta días en un asilo. Una apelación posterior, sin embargo, permitió a los médicos prescribir métodos anticonceptivos, lo que supuso el comienzo de una nueva era.

***

Dar a las mujeres este control sobre su útero socavó el privilegio masculino de una manera sin precedentes en la historia humana y prehumana. La separación entre el sexo y la reproducción, incluso si entonces no fue muy grande, supuso el amanecer de una nueva biología. Al modelo que hasta ese momento habían tenido las mujeres (el de Lisístrata, quien en la obra de Aristófanes persuadió a las mujeres griegas para que se abstuvieran de tener relaciones sexuales hasta que los hombres detuvieran una guerra en curso) se añadió uno nuevo que no implicaba renunciar al sexo, sino simplemente renunciar o, más a menudo, posponer y limitar la concepción. Según el pensamiento evolutivo, teóricamente ninguno de los dos sexos debería querer esto, pero muchos miembros de ambos lo hacían. Sin embargo, el impacto en la vida de las mujeres fue mucho mayor, y esto era solo el comienzo.

Consideremos ahora la entrada de las mujeres en la fuerza laboral (remunerada). La mujer y la madre trabajadoras son tan antiguas como nuestra especie. Sin embargo, las sociedades de cazadores-recolectores, horticultores, pastores y agricultores no tenían mano de obra remunerada, solo mujeres que trabajaban duro todos los días. En la Edad Media y el Renacimiento, los gremios de artesanos eran casi todos masculinos, y durante los inicios de la Revolución Industrial pocas mujeres obtuvieron empleos remunerados en las fábricas; el trabajo asalariado se hallaba en la esfera pública y las mujeres pertenecían a la esfera doméstica. Esto era especialmente cierto en el caso de las mujeres casadas, cuyas tareas —ciertamente pesadas— se circunscribían al mantenimiento del hogar y el cuidado y crianza de los hijos.

¿Cómo podían las mujeres volver a convertirse en las influyentes madres trabajadoras que fueran durante la era de la caza y la recolección? Tales mujeres tenían menos hijos debido a la más frecuente y prolongada lactancia; circunstancia que, a su vez, fue posible gracias a la compatibilidad de la recolección con el cuidado de los niños y bebés, junto con la crianza cooperativa. La movilidad inherente a la industrialización sacó a las familias nucleares y, peor aún, a las familias monoparentales encabezadas por mujeres de su contexto de parentesco, haciendo más inaccesible que nunca el trabajo fuera del hogar. Sin embargo, se produjo un cambio.

Si bien las mujeres solteras se integraban en la fuerza laboral, casi todas se casaban y dejaban de trabajar cuando lo hacían. Esto convierte el trabajo remunerado de las mujeres casadas en un barómetro clave de la participación femenina en el tejido productivo. Como lo resumió la economista Raquel Fernández en su estudio de 2013, «la participación de las mujeres blancas casadas en la fuerza laboral era de alrededor del 2 % en 1880, aumentando muy lentamente hasta 1920 con un promedio de un punto porcentual por década. Creció algo más rápidamente entre 1920 y 1950 (con un promedio de 4,9 puntos porcentuales por década) y despegó entre 1950 y 1990, aumentando en promedio 12,9 puntos porcentuales por década. El crecimiento desde entonces se ha mantenido relativamente constante». Hoy día, más de siete de cada diez mujeres casadas están en la fuerza laboral; el desempleo entre los hombres superó al de las mujeres en 2013, como ya lo hiciera durante varios años.

Esto no significa, ¡ni mucho menos!, que haya llegado la igualdad, pero el cambio ha sido exponencial. Consideremos el trabajo remunerado de todas las mujeres. La economista Dora Costa señaló que en 1900 solo el 20 % de las mujeres y menos del 6 % de las casadas tenía un empleo remunerado.

En las primeras décadas del siglo XX, la «chica de la fábrica» preparó el escenario para la «chica —soltera— de la oficina». Esta allanó el terreno para que la mujer casada accediera a la fuerza laboral a finales de la década de 1950, aunque tal acceso fue principalmente a puestos sin posibilidad de ascenso en el área administrativa. [Esto] preparó el escenario para el surgimiento de la moderna mujer de carrera, que desempeña un trabajo que requiere de un largo período de capacitación y ofrece oportunidades reales de promoción.

El cambio a nivel profesional ha sido, recientemente, igualmente dramático:

En fecha tan tardía como 1970, solo el 14 % de todos los títulos de doctorado se otorgaron a mujeres; solo el 8 % de todos los estudiantes matriculados en las facultades de derecho eran mujeres; y solo el 8 % de todos los licenciados en las facultades de medicina eran mujeres. A finales de la década de 1990, las mujeres obtuvieron el 40 % de todos los títulos de doctorado y supusieron más del 40 % de todos los licenciados en las facultades de medicina y derecho.

Veamos ahora más de cerca lo que significaba el trabajo de las mujeres. En la década de 1800, había más mujeres de color que blancas desempeñando trabajos remunerados y más mujeres inmigrantes que nativas en la misma situación. Muchas de ellas eran sirvientas, costureras o trabajadoras sexuales, pero el surgimiento de las ciudades industriales, que comenzó a principios de siglo, llevó a muchas mujeres jóvenes de las granjas a los talleres. A finales de siglo, las labores de oficina y de taller constituían el grueso del trabajo femenino remunerado, aunque el casamiento ponía punto final a tales empleos.

Las condiciones eran espantosas y las mujeres luchaban por mejorarlas. Algunos sindicatos, como el Sindicato Internacional de Trabajadoras de la Confección, estaban completamente integrados por mujeres. Las huelgas constituían el arma principal para luchar por un salario digno, la reducción de la jornada —una semana laboral de cuarenta y nueve horas frente a cincuenta y tres, verbigracia— y condiciones de trabajo más seguras. En el otoño de 1909, veinte mil confeccionistas de blusas, en su mayoría mujeres jóvenes, participaron en una huelga masiva. Un joven reportero vigiló la línea de piquetes, donde la adolescente Clara Lemlich —una agitadora de habla yiddish— dirigía a muchachas y mujeres.

[Ellas] comenzaron a entonar himnos de la clase obrera italiana y rusa mientras caminaban en parejas de un extremo a otro de la entrada a la fábrica. De pronto, tras una esquina, apareció una docena de tipos de aspecto rudo, para quienes la etiqueta sindical de «gorilas» venía pintiparada.

«¡Manteneos firmes, chicas!», gritó Clara, y en eso los matones se lanzaron contra ellas derribando a Clara, golpeando a los miembros de los piquetes, abriendo una brecha para que un grupo de esquirolas asustadas entrara a la fábrica. Las emperifolladas damas del barrio rojo de Allen Street se apearon de sus cabriolés para animar a los gorilas. Hubo una confusa melé de hombres agitando sus puños y mujeres que chillaban y se defendían hasta que, por fin, llegó una patrulla. Los matones huyeron mientras la policía empujaba a Clara y a otras dos magulladas muchachas al interior del carro celular.

El reportero siguió a otros miembros de los piquetes hasta el salón del sindicato, «donde a las huelguistas con niños pequeños se les daba una botella de leche y una hogaza de pan. Allí, por primera vez en mi cómoda y segura vida en el Upper West Side, vi el hambre real en los rostros de mis compatriotas en la ciudad más rica del mundo».

La huelga duró de noviembre a febrero y mejoró las condiciones laborales de las empleadas. «En el mundo de los inmigrantes, las confeccionistas de blusas habían provocado una emoción indescriptible: ¡he ahí nuestras hijas!». Ellas también inspiraron al sindicato de confeccionistas de capas, dominado por hombres, a hacer huelga. El incendio en 1911 de la factoría *Triangle Shirtwaist* —un fabricante neoyorquino de blusas— supuso un punto de inflexión. En el siniestro fallecieron 146 trabajadores, en su mayoría mujeres italianas y judías, en menos de veinte minutos. Casi todas las víctimas murieron abrasadas, pero algunas encontraron otro camino:

Un joven ayudó a una niña a encaramarse al alféizar de un ventanal en el noveno piso. La sacó entonces en volandas al exterior y, apartándola de la fachada, la dejó caer. Levantó del mismo modo a una segunda muchacha e hizo lo propio con ella. Levantó a una tercera y… Todas, sin embargo, se condujeron tan sumisamente como si estuvieran siendo ayudadas a abordar un tranvía en vez de a entrar en la eternidad. Aquel joven, comprendiendo que una muerte horrible las aguardaba en las llamas, decidió emplear con ellas una terrible forma de caballerosidad. Aupó a otra muchacha al ventanal. Yo vi cómo ella lo abrazaba y lo besaba. Luego la mantuvo en el aire… y la dejó caer. Rápido como un relámpago, él mismo se encaramó al alféizar. Los faldones de su abrigo aletearon y el aire hinchó las perneras de sus pantalones mientras caía. Según alcancé a ver, calzaba zapatos color canela.

Allí había mujeres jóvenes que quemaban sus vidas realizando tareas peligrosas y mal pagadas, tan duras como las desempeñadas por los hombres; sin embargo, cuando esas mismas tareas las estaban matando, aceptaron los gestos corteses de un hombre amable e igualmente condenado que se ofreció a ayudarlas a morir.

Durante la Segunda Guerra Mundial, cuando la fuerza laboral masculina entró masivamente en filas, las mujeres aceptaron empleos en las mismas fábricas que anteriormente les negaran el acceso. El célebre cartel de «Rosie la remachadora» abarrotó los centros de trabajo de mujeres, de cuyo esfuerzo dependía en ese momento —digamos en un 50 %— la supervivencia de la nación. La década de 1950 vio un regreso al estado de cosas anterior a la guerra, que fue acompañado por un *boom* demográfico; una vez más se pensó que las mujeres eran más importantes en el hogar que en el mundo. En general, el siglo XX avanzó pesadamente siguiendo una única dirección, mas tan pronto como entraron en la adolescencia, los primeros *baby boomers* iniciaron una revolución cultural.

En parte fue una revolución sexual desencadenada por la anticoncepción oral. En parte fue un rechazo a la guerra, al servicio militar y a la suicida política nuclear. En parte fue una intensa y noble búsqueda de la igualdad racial. En parte fue solo *rock and roll*, con su implacable desafío a la tradición y el decoro. Y en parte fue —quizá su aspecto más importante y de mayor alcance— la comprensión, cada vez mayor, de que la mitad de la especie humana había sido mantenida al margen durante demasiado tiempo.

***

Aún es posible extraer nuevas lecciones de algunas historias muy antiguas. Sansón era el superhéroe de la Biblia hebrea y su pueblo, capaz de realizar grandes hazañas con su sola fuerza física. Sin embargo, a cambio de disfrutar de poderes sobrehumanos debía conservar intacta su melena. Presionado diariamente por la astuta y seductora Dalila, Sansón acabó por revelarle el secreto de su fuerza. Ella le cortó inmediatamente el cabello, acabando así con su heroica carrera. Capturado por los filisteos, Sansón fue despojado de sus ojos y esclavizado, aunque aún habría de protagonizar (con la ayuda de Dios) una última y justiciera hazaña: derribar el templo de Dagón sobre las cabezas de sus enemigos.

Aquiles, el superhéroe griego de la guerra de Troya, también era increíblemente fuerte y prácticamente invulnerable. Su madre, ella misma hija inmortal de un dios del mar, se había tomado la molestia de sumergir a su pequeño en el río Estigia, la corriente que separa la tierra del inframundo, la vida de la muerte. Esto hizo que su cuerpo fuese invulnerable con una sola excepción, pues su madre, al sumergirlo, lo había mantenido sujeto por el talón. Aquiles moriría casi al final de la guerra a manos del mismo hombre que, secuestrando a Helena, la iniciara: una ironía sangrienta del destino para el simpar guerrero, quien recibió la flecha fatal del adúltero en su talón desnudo.

Ambas historias tratan sobre los límites de la fuerza masculina. Ambas revelan hasta qué punto aun los superhombres dependen de las mujeres —madres y amantes—. Ambas nos enseñan que el hombre (y siempre ha sido un hombre) que vive solo por la espada y la violencia morirá por ellas, a menudo a causa de algo relacionado con el sexo. Y ambas predicen un final para la arrogancia de la simplista y desenfrenada masculinidad clásica. La fuerza física importa poco en el mundo de hoy, y cada vez menos gente admira la destreza marcial y la ve como solución a los problemas humanos. A Sansón y Aquiles el final les llegó en el momento álgido de sus vidas. Para nosotros, como civilización, ese momento está a la vuelta de la esquina; sin embargo, a diferencia de nuestros dos superhéroes, este no significará un final trágico para los hombres, solo un triunfo para las mujeres. Pero antes de intentar caracterizar el futuro, hemos de volver a nuestro punto de partida biológico y ahondar más en las diferentes naturalezas de mujeres y hombres.

Capítulo 8

EL PROBLEMA CON LOS HOMBRES

El cambio llega porque algo entra en resonancia con la naturaleza de las mujeres y los hombres: la imposibilidad e inconveniencia de prolongar la trágica historia milenaria de la masculinidad extrema, conocida eufemísticamente como virtud. La virtud está siendo redefinida, y su versión antigua —estrechamente ligada a la ambición política y marcial masculina— empieza a ser relegada al basurero de la historia. La palabra procede del sánscrito *vira* a través del latín *virtus*, siendo asimismo «vir» la raíz de «viril» y «virilidad». Antiguamente, uno no podía ser virtuoso sin ser fuerte en un sentido fundamentalmente varonil, y eso significaba tratar a los enemigos de una manera que ahora no consideraríamos virtuosa en absoluto. Para Maquiavelo, la virtud exigía fingimiento y traición y era inseparable de la habilidad política y la fuerza física. También era implícitamente masculina.

Así pues, parte de nuestra historia es la feminización de la virtud, el aclaramiento de sus matices más oscuros, porque en el peor de los casos estos son autodestructivos y estúpidos. No es que estemos libres de enemigos y de la necesidad de ser más listos que ellos. Es que el camino hacia la victoria ha cambiado, y con él la estructura de todas las sociedades en conflicto. No ganaremos simplemente siendo buenos, pero ya no ganaremos principalmente mediante intrigas, valentía física y violencia. Sin embargo, antes de volvernos hacia ese futuro, debemos ver cómo las niñas y los niños se convierten en mujeres y hombres; entonces podremos pasar a nivelar el campo de juego.

Si tuve éxito en el capítulo 1, convendrá conmigo ahora en que la idea de la neutralidad psicosexual al nacer era incorrecta; de hecho, muy pocos científicos serios creen ya en ello. Algunas de las diferencias psicológicas y conductuales entre mujeres y hombres son el resultado de las hormonas que actúan tanto en el embrión como en la pubertad y más allá de esta. Pero, naturalmente, existe algo así como la socialización de género. Todas las culturas en la historia hasta el presente han intentado que las niñas y los niños crezcan de manera diferente, exagerando las diferencias biológicas. En cuanto a estas, deberíamos estar celebrándolas, no minimizándolas o menospreciando a las mujeres a causa de ellas, y le mostraré por qué. Pero antes, ¿qué sabemos acerca de cómo funciona la socialización de género?

Según la curiosa teoría de Freud, el miedo a la castración en los niños y la envidia del pene en las niñas constituían un elemento central de la identidad de género. Desde el punto de vista antropológico, parecía haber más evidencia y lógica en el concepto de envidia del útero de Margaret Mead; concebir y traer al mundo una nueva vida es más envidiable que tener un pene, y en algunas culturas —como muchas de Sudamérica— esto se escenifica en la covada: un hombre finge estar dando a luz mientras su esposa lo hace realmente. De modo que las culturas difieren en cuanto a las valoraciones de género. Pero las diferencias sexuales de comportamiento —respecto a agresividad, cuidado de otros, preferencia por los juguetes, segregación sexual voluntaria y otras medidas— existen independientemente de la cultura y la ideología. De hecho, como yo y otros muchos padres liberales modernos hemos aprendido por las malas, los niños pequeños se resisten a cualquier esfuerzo por hacer que las niñas y los niños sean iguales.

¿Cómo divergen ambos sexos? Las diferencias entre ellos al nacer son pequeñas, por lo que es poco probable que puedan influir en el comportamiento parental. Pero hay una gran diferencia en la forma en que los padres ven y tratan a los dos sexos. La primera pregunta que se hace después de un parto es la que no pudo ser respondida para Herculine Barbin: ¿es niña o niño? Diríase que necesitáramos tales etiquetas para saber cómo actuar con un recién nacido, e incluso para saber cómo mirarlo. En muchas especies de monos, los adultos reaccionan inmediatamente a un nacimiento inspeccionando y olfateando los genitales de la cría.

Esta percepción moldea el comportamiento de los adultos. En experimentos, el mismo bebé provoca respuestas muy diferentes en adultos según esté vestido de rosa o azul, y cuando a un grupo de adultos se les da a escuchar una grabación con picardías infantiles, estas suscitan la simpatía de los que creen que se trata de un niño, pero más comentarios negativos de los adultos emparejados a quienes se les dice que es una niña. Incluso existe un test sobre los estereotipos de género de los padres: la Escala de tipificación sexual parental de los recién nacidos o PASTON[13]. Los padres lo hacen más que las madres, pero ambos estereotipan.

También hay diferencias conductuales en etapas tempranas. En un estudio con bebés de tres semanas y sus madres en hogares estadounidenses de clase media, los niños lloraban más, eran más activos, miraban más a sus madres y dormían y vocalizaban menos que las niñas, pero el comportamiento materno también difirió: las madres de niños sostenían, hacían eructar, mecían, estimulaban, excitaban, estresaban, miraban, hablaban y sonreían a su bebé más que las madres de niñas. Tales diferencias podrían fácilmente haber afectado a los bebés a la edad de tres semanas; los niños, verbigracia, pudieron haber dormido menos porque sus madres los excitaron más.

Tres o cuatro años después, durante la primera infancia, los niños emplean habilidades cognitivas en desarrollo para etiquetarse a sí mismos como hombres o mujeres, en parte identificándose con adultos del mismo sexo, en parte a través de estereotipos. Debido a la tendencia de las mentes jóvenes a compartimentar el mundo, estas son menos flexibles respecto a los roles de las niñas y los niños de lo que lo serán más adelante. En 2013, May Ling Halim y sus colegas confirmaron estudios anteriores sobre otros grupos étnicos, encontrando una tipificación de género rígida a los tres años (como lo demuestra el juego de disfraces, entre otras cosas) en niños afroamericanos, mexicoamericanos y dominicoamericanos. El pensamiento rígido aumentaba a los cuatro años en los tres grupos

13 *Parental Sex Typing of Newborns.* N. del T.

étnicos, pero disminuía en cierta medida a los cinco años. También en 2013, Carol Martin y sus colegas publicaron un estudio sobre la preferencia por compañeros de juegos del mismo sexo en 292 niños (aproximadamente dos tercios de ellos eran mexicoamericanos) en los programas Head Start. Al igual que en otros grupos étnicos, la preferencia por personas del mismo sexo era fuerte, pero en parte debía atribuirse a la atracción común por actividades tipificadas por género.

Afortunadamente, estos estereotipos se debilitan. Clare Conry-Murray y Eliot Turiel, en un estudio de 2012 llamado «La muñeca de Jimmy y el camión de Jenny» [«Jimmy's Baby Doll and Jenny's Truck»], encontraron que los niños de cuatro, seis y ocho años eran capaces de mostrar cierta flexibilidad en cuanto al género; ellos pensaban que debería permitirse que las niñas y los niños eligieran, y esta flexibilidad aumentaba a medida que crecían. Sin embargo, la autosegregación por sexo continúa durante la infancia. Puesto que los amigos y compañeros de juegos —no solo los padres y maestros— socializan a los niños, la segregación sexual voluntaria puede reforzar los estereotipos. La psicóloga Eleanor Maccoby veía los grupos del mismo sexo como dos culturas de la infancia que mantienen estereotipos aun cuando los modelos adultos son neutrales.

También hay otras influencias. En nuestra sociedad, la televisión afirma los estereotipos de género. Los dibujos animados, la publicidad y otros materiales televisados moldean el comportamiento. Según Common Sense Media, en 2011 más de un tercio de los niños menores de un año en Estados Unidos veía la televisión al menos una vez al día, más del 70 % entre los dos y los cuatro años. Aproximadamente el 40 % tenía un televisor en su dormitorio, y el mismo porcentaje vivía en una casa donde el televisor estaba siempre encendido. En promedio, veían la tele una hora y cuarenta y cinco minutos al día, sin contar videojuegos, contenido en línea, *tweets* y otros medios con mensajes similares, aunque la televisión seguía dominando. Al repetir el estudio en 2013, los investigadores encontraron un aumento dramático en el uso de dispositivos móviles. La cantidad de tiempo dedicado a su uso entre los niños menores de ocho años se había triplicado, de cinco a quince minutos diarios. El porcentaje de niños menores de dos años que habían usado un dispositivo móvil pasó del 10 al 38 % en dos años. El tiempo total frente a una pantalla se redujo en unos veinte minutos —hasta poco menos de dos horas al día— y la televisión aún dominaba, con el 58 % de todos los niños viéndola al menos una vez al día.

Es claro que este tipo de exposición tiene el potencial de crear estereotipos de género. Sin embargo, ciertas diferencias sexuales han sido observadas en tantas culturas diferentes durante tanto tiempo —verbigracia en cuanto a agresividad física y cuidado de otros— que puede que tengan muy poco que ver con los medios electrónicos. Pero ¿y si los padres de todo el mundo estuvieran tratando de producir las mismas diferencias sexuales? En un estudio transcultural, se calificaron prácticas de educación infantil a partir de descripciones etnográficas procedentes de las bases de datos del HRAF (Human Relations Area Files, Inc.), donde se incluyen culturas no industriales escogidas para representar el mundo de las sociedades tradicionales. Respecto a la inclinación al cuidado de otros, en el 82 % de las culturas los padres esperaban más de las niñas, en el 18 % no esperaban diferencias entre niños y niñas y en ninguna se esperaba más de los niños. Las expectativas de los padres en cuanto al éxito y la autosuficiencia también fueron consistentes, aunque en la dirección opuesta: el 87 % esperaba más éxito de los niños y solo el 3 % esperaba más de las niñas. Este estudio no analizó el entrenamiento de la agresividad, pero en cuanto al cuidado de otros, al menos, las prácticas generalizadas de crianza de niños refuerzan una tendencia biológica.

Aunque no siempre. Según el estudio clásico de la antropóloga Carol Ember sobre los niños luo en las zonas rurales de Kenia, a los niños y las niñas se les asignaban distintos tipos de tareas. Las niñas cogían agua y leña, encendían fuegos, cocinaban, servían comida y cuidaban a los niños más pequeños. Algunas familias, sin embargo, tenían muy pocas niñas para estas tareas y se las asignaban a los niños. En las observaciones estándar, estos niños mostraron menor tendencia a la agresión y la dominación, más altruismo y menos dependencia que los niños que no habían realizado tareas de niñas, desplazándose su comportamiento hacia el de estas. En particular, los niños que habían tenido que cuidar bebés mostraron muy poca agresividad.

Puesto que era solo por casualidad que una familia careciera de hijas, es probable que los niños que realizaban tareas de niñas realmente cambiaran debido a ello; esto es, que la educación y la experiencia, con independencia de la biología subyacente, pueden inclinar a los niños al cuidado de los demás y hacer que sean menos agresivos. El gran aumento en la participación de los padres varones en la crianza de los niños en Occidente en las últimas décadas, así como el éxito de los programas de educación para padres varones apuntan en la misma dirección; como lo hacen los experimentos que muestran que incluso los monos macho se inclinan más al cuidado de otros a medida que adquieren experiencia con las crías.

Así pues, aunque la biología hace que los niños sean más agresivos y se inclinen menos al cuidado de los demás —incluso antes de la pubertad—, tales predisposiciones son moldeadas más a fondo por la experiencia, la educación y las expectativas. En muchas culturas, sin embargo, la educación y las expectativas amplían las divergencias biológicas. Los antropólogos John y Beatrice Whiting demostraron hace muchos años que las culturas con guerras frecuentes separan a los padres de sus esposas e hijos —hasta que estos tienen la edad suficiente para ingresar en los clanes masculinos, donde comienzan a educarse para la guerra.

Ya hemos visto que los padres y los profesores no son los únicos moldeadores culturales de género. Los sexos se autosegregan a los tres años, incrementándose la distancia entre ellos a lo largo de la infancia, aun cuando los niños definen explícitamente el género de manera menos rígida. Esta paradoja aún no ha sido explicada, pero me inclino a pensar que los niños, aunque se vuelven demasiado inteligentes para aferrarse a los estereotipos extremos de la primera infancia, siguen queriendo jugar con otros como ellos: que se parecen a ellos y se visten como ellos, que gustan de los mismos juegos y juguetes y crecen para convertirse en mujeres u hombres. Maccoby puso de relieve estas «dos culturas», y como demuestran los antropólogos Alice Schlegel y Herbert Barry, estas divergen decisivamente en la adolescencia en la mayoría de las sociedades. Aunque en las culturas de caza y recolección los niños pasan mucho tiempo en grupos mixtos en cuanto a edad y sexo, incluso en ellas hay unos juegos para niños y otros para niñas.

La disponibilidad de compañeros de juegos del mismo sexo limita las opciones, pero con suficientes niños y niñas aparece la autosegregación. Los adultos podemos empeñarnos en que las niñas y los niños jueguen juntos, pero hemos de estar muy atentos para evitar que se separen por sexos. Incluso en culturas con escuelas mixtas, los niños y las niñas prefieren jugar por separado en el recreo. Según el estudio transcultural de Schlegel y Barry, las niñas, a medida que crecen, tienden asimismo a relacionarse con mujeres adultas en vez de formar grupos de adolescentes; los niños, sin embargo, tienden a formar grupos de colegas y a mantenerse alejados de los hombres. Estos patrones hacen que los sexos diverjan aún más.

Así pues, los varones y las hembras comienzan su vida tendiendo a ser diferentes; los sexos, sin embargo, siempre se superponen en alguna medida, y cada comportamiento se ve influenciado por la cultura. En teoría, es posible moldear a las niñas y los niños para que sean más femeninos, más masculinos, más divergentes o más similares. Aunque ninguna cultura ha tratado de reducir a cero las diferencias sexuales —salvo en algunos lugares de Occidente en las últimas décadas—, teóricamente es factible hacer esto o incluso, quizá, revertir ciertas inclinaciones biológicas. Pero ahora conocemos la respuesta a una célebre pregunta de Margaret Mead: ¿Qué pasaría si los niños y las niñas fueran criados exactamente igual? Esto está probándose actualmente, y aunque no se trata de un experimento organizado, hemos aprendido lo suficiente para responder que cuando son criados por igual, acaban siendo diferentes.

Muchos de los que nunca regalábamos pistolas de juguete a nuestros hijos los hemos visto alguna vez jugando a «dispararse» con sus amigos usando palos del parque. Niñas que nunca han sido vestidas de forma femenina pueden un buen día pedir vestidos con volantes. Algunos de los padres que le dieron a Jenny el camión y a Jimmy la muñeca observaron con asombro cómo ambos intercambiaban sus regalos. Esto, naturalmente, no significa que tales preferencias sean universales. El sobrino de mi esposa, cuando era niño, se encaprichó con un juego de té de juguete; sus padres no querían comprárselo, así que lo hizo mi esposa, Ann. Inmediatamente quiso jugar con él, pero, conmovedoramente, vaciló. «Annie», le preguntó a mi esposa, «¿pueden los niños jugar con juegos de té?». Ella le respondió que sí podían, y él lo hizo con entusiasmo. Por cierto, hoy es un joven recién licenciado y típicamente masculino. Y si no lo fuera, lo que desde luego no se debería a que jugase con un juego de té, no supondría un problema para nosotros; esa línea de razonamiento, ahora lo sabemos, se basa en una noción equivocada de cómo se desarrolla el género.

Como vimos en el capítulo 1, la identidad de género fundamental y la orientación sexual son en parte independientes entre sí y de la educación recibida en la infancia; ambas se basan en eventos genéticos, neuronales y hormonales que estamos empezando a comprender; este conocimiento debería hacernos sentir cómodos en nuestra piel y orgullosos de quienes somos. Uno de los descubrimientos más impresionantes de la última década en la investigación del desarrollo infantil es que cuando los bebés de ambos sexos son adoptados por parejas de gais o lesbianas —y esto se ha estudiado ahora de forma sistemática y cuidadosa—, la principal diferencia medida entre los niños resultantes y los sujetos de control (criados con un padre y una madre) es que los primeros son considerablemente menos homofóbicos. Un estudio de Susan Golombok y sus colegas, realizado en 2014, sugirió también que los padres adoptivos homosexuales se involucran más en la crianza de sus hijos y son más positivos al respecto que los sujetos de control heterosexuales; no obstante lo cual, no parecen influir en el desarrollo de género de sus hijos. Existen serios límites respecto a cuánto influimos en las identidades de género u orientaciones sexuales de nuestros hijos al proporcionarles modelos, influencias ambientales o educación.

Los niños y las niñas son realmente diferentes, como lo son los hombres y las mujeres en los que devienen. Para mí, no es un cliché o un cumplido expresar mi creencia en que somos muy afortunados como especie al poder reconocer esto. Se trata de una profunda convicción biológica y filosófica, y aunque al principio no la acepté —fui un fuerte determinista cultural en mi juventud—, me alegra aceptarla y defenderla ahora. En el próximo capítulo veremos cómo hacer de ello un mejor uso del que hemos hecho a lo largo de la historia —brindando a los niños de ambos sexos todas las oportunidades y centrándonos en algo sobre lo que realmente podemos ejercer una influencia decisiva: su sentido de la igualdad y la justicia—. La diferencia, no obstante, perdurará y no favorecerá a los hombres.

***

Uno de los predecesores más distinguidos de este libro fue *La superioridad natural de la mujer* de Ashley Montagu. Montagu fue un antropólogo biológico que contribuyó a nuestra comprensión del crecimiento adolescente y la evolución de la infancia, pero también fue una voz firme y útil en los grandes debates ideológicos del siglo XX. Hizo mucho para combatir los mitos raciales que marcaron dicho siglo y desafiar la idea de que los seres humanos son irremediablemente propensos a la violencia y la guerra. Gracias a sus conocimientos de biología, pudo luchar contra quienes la usaban como arma contra los débiles. Montagu vivió desde 1905 hasta 1999, casi abarcando el siglo.

Su libro sobre las mujeres fue quizá su más excepcional contribución al encuentro entre la biología y la sociedad. Montagu se mostró inflexible: las mujeres no solo eran iguales, eran superiores, y cada evidencia aparente de lo contrario —la primera edición se publicó en 1953— no era más que el resultado de la intimidación, la envidia, el engaño, la opresión y el abuso de los hombres. Pero el libro no trataba principalmente de cómo los hombres someten a las mujeres. Trataba de la biología intrínseca de la mujer y de por qué esta es claramente mejor.

Naturalmente, Montagu reconocía las ventajas biológicas de los hombres: mayor tamaño y masa muscular, un metabolismo basal más alto, la capacidad de producir espermatozoides durante toda la vida, rendimiento en deportes que exigen velocidad, musculatura y feroces explosiones de energía. Pero las ventajas de las mujeres resultaban mucho más impresionantes; estas vivían más tiempo que los hombres, tenían menor mortalidad en todas las edades y eran más resistentes a muchas enfermedades, tanto infecciosas como crónicas. Esto implica una mayor aptitud física y capacidad de adaptación. Y también había logros específicos, incluso en el ámbito deportivo. Debido a sus reservas de grasa y su metabolismo especializado, las mujeres son imbatibles en natación de larga distancia y otros desafíos de resistencia. En una dramática demostración de esto, Diana Nyad, en el verano de 2013, se convirtió en la primera persona en nadar desde Cuba a Florida sin una jaula para tiburones; tenía entonces sesenta y cuatro años.

Y lo más importante, las mujeres tenían en sus cuerpos la capacidad de reproducirse —reproducirse realmente, no solo donar un micropaquete de genes—. Ellas podían concebir, llevar a término un embarazo enormemente oneroso, hacer frente a sus enormes desafíos fisiológicos, dar a luz con gran valentía ante el dolor y el peligro y producir —durante años si fuera necesario— un fluido nutritivo y supresor de enfermedades que es el alimento ideal para las crías humanas. Y en la mayoría de las culturas hacían todo esto sin que sus actividades vitales sufriesen menoscabo.

¿Pero no conduce esto al infame *Kinder, Küche, Kirche*? Este eslogan nazi sobre las mujeres significa: «Niños, cocina, iglesia» o, traducido libremente: descalza, embarazada y en la cocina. No, y tampoco lo hizo durante la mayor parte de la evolución humana. Montagu rechazó y combatió esta idea, y una de las primeras cosas que hizo en el libro fue enumerar los grandes logros de las mujeres, actualizados en sucesivas ediciones hasta 1999. Por ejemplo, Premios Nobel de Ciencia: Marie Curie (física en 1903 y química en 1911); Irène Joliot-Curie (química, 1935); Dorothy Crowfoot Hodgkin (química, 1964); Maria Goeppert Mayer (física, 1963); y en fisiología o medicina: Gerty Cori (1947); Rosalyn Yalow (1977); Barbara McClintock (1983); Rita Levi-Montalcini (1986); Gertrude Elion (1988); y Christiane Nüsslein-Volhard (1995).

Hoy, en fisiología o medicina, podemos agregar a Linda Buck (2004), Françoise Barré-Sinoussi (2008), Carol Greider y Elizabeth Blackburn (2009) y May-Britt Moser (2014); en química a Ada Yonath (2009); y en economía a Elinor Ostrom (2009). Cada una de estas mujeres alcanzó la mayoría de edad en un ambiente que iba desde lo hostil a lo claramente excluyente y degradante; de los hombres que alguna vez ganaron un Premio Nobel, pocos tuvieron que vencer tales obstáculos simplemente para obtener el derecho a estudiar y quizá, solo quizá, hacer un descubrimiento. Pero la mayoría de estas mujeres no se limitaron a hacer un descubrimiento, abrieron nuevos campos de investigación.

Montagu citó también a nueve mujeres que obtuvieron el Nobel de Literatura; ahora hay cuatro más. Y citó a nueve que recibieron el Premio Nobel de la Paz, donde ahora tenemos dieciséis. Está fuera de nuestro alcance explicar lo que lograron estas mujeres, más allá de esto: los suyos figuran entre los logros humanos más importantes desde el comienzo del siglo XX, y fueron alcanzados por personas con una mano atada a la espalda. O como dijo alguien sobre el famoso dúo de bailarines de Hollywood: Ginger Rogers hacía lo mismo que Fred Astaire, pero con tacones altos y yendo hacia atrás.

Lo que Montagu vino a decir fue esto: Aún no hemos comenzado a ver de lo que son capaces las mujeres. «¿No será que las mujeres —se preguntaba— están a punto de superar un período de sometimiento durante el cual fueron siervas en un mundo masculino (...) en el que las oportunidades y los estímulos simplemente no estaban disponibles?». Y, citando a Oscar Wilde, continúa: «Debido a su imperfecta educación, las únicas obras que nos han legado las mujeres son obras de genio». Wilde era un exagerador profesional, pero aquí hay algo más que una pizca de verdad. ¿Quién sino el sexo más inspirado, el más apasionado, el más disciplinado, el más dispuesto al sacrificio y el más verdaderamente talentoso podría triunfar en un campo de juego tan manifiestamente desigual?

En la década de 1950, Montagu hubo de habérselas con pertinaces mitos «científicos». Verbigracia, era (y es) innegablemente cierto que el cerebro de los hombres es más grande que el de las mujeres. Pero quienes señalan esta brecha de tamaño olvidan mencionar que es el tamaño relativo del cerebro lo que importa, no el absoluto; es claro que las criaturas más grandes poseen cerebros más grandes. Si el tamaño fuera lo único que importase, las ballenas serían mucho más inteligentes que nosotros. Si se quiere abordar la cuestión seriamente, es menester dividir el tamaño del cerebro por el tamaño del cuerpo antes de hacer la comparación. Procediendo de este modo, resulta que los humanos poseen cerebros más grandes que las ballenas, y las mujeres cerebros más grandes que los hombres. Esta última diferencia no es grande, pero basta para dar al traste con la presunción masculina acerca de *su* cerebro.

Ahora sabemos más sobre el cerebro de género y, en su mayor parte, los hechos no favorecen a los hombres. Por un lado, casi todos los defectos cerebrales comunes afectan con mucha más frecuencia a los niños varones. Esto incluye el autismo (4 o 5 niños por cada niña); el trastorno del desarrollo intelectual, anteriormente llamado retraso mental (2 o 3 a 1); el trastorno de déficit de atención/hiperactividad o TDAH (3 a 1); y el trastorno de conducta (3 a 1). El psiquiatra y neurocientífico Thomas Insel, director del Instituto Nacional de Salud Mental, afirmó en 2005: «Es bastante difícil hallar un factor único que sea más predictivo de algunos de estos trastornos que el género». Al considerar el trastorno de conducta crónico (dejando a un lado la delincuencia adolescente transitoria), la proporción es de 10 o 15 a 1. Estos pocos individuos persistentemente patológicos —menos del 10 % de nosotros, pero responsables de la mitad de los delitos— son casi todos hombres. Las mujeres padecen más trastornos emocionales como la depresión, la ansiedad y el estrés postraumático, con todo, los hombres tienen tres veces más probabilidades de suicidarse que las mujeres.

Ninguno de los citados anteriormente es un trastorno de un solo gen, pero en los de este tipo, sin duda alguna, los hombres se llevan de nuevo la palma. Esto se debe a una deficiencia del cromosoma X, que deja el único cromosoma X de un niño libre de convertir en enfermedad cualquier mutación adversa. Las niñas están doblemente protegidas, porque tienen dos cromosomas X y porque la mayoría de sus células desactivan uno de ellos aleatoriamente; en su caso, los genes normales en las células normales contrarrestan la mayoría de las mutaciones. Se necesitaría mucha mala suerte —la misma mutación en ambos X— para desarrollar el trastorno, por lo que las afecciones ligadas al cromosoma X son bastante más probables en los varones, incluyendo cataratas congénitas, daltonismo, sordera, glaucoma juvenil, hemofilia, hidrocefalia (agua en cerebro), estenosis mitral (un defecto de la válvula cardíaca), miopía y varios defectos neurales y deficiencias mentales, incluido el síndrome de X frágil, el segundo trastorno mental genético más común.

Además, un notable estudio de 2012 demostró que el exceso de defectos genéticos que, desde hace ya mucho tiempo, sabemos que se da con padres mayores se debe principalmente a los varones mayores. Esto se explica porque los óvulos de la madre se producen antes de su propio nacimiento, mientras que el esperma aportado por el padre se divide a lo largo de la vida de este, ofreciendo cada división la posibilidad de una nueva mutación. En bebés con una mutación que ninguno de los padres tiene (es decir, una ocurrida en el óvulo, el esperma o el embrión), los padres varones contribuyeron con casi el 80 %; y las mutaciones aumentan exponencialmente con la edad del padre varón. Un padre de treinta y seis años transmite el doble que uno de veinte; una persona de setenta años, ocho veces más. Esto significa que nuestra historia de poligamia y monogamia en serie ha contribuido a muchas más mutaciones y defectos de los que habríamos tenido si los hombres jóvenes se hubieran casado con mujeres de su misma edad y dejado de reproducirse cuando lo hacían sus esposas.

Entretanto, en Estados Unidos, la resiliencia biológica de la mujer ha llevado a una esperanza de vida actual al nacer de ochenta y un años para las mujeres y setenta y seis para los hombres. Las mujeres de setenta años superan en número a sus compañeros varones en una proporción de 4 a 3, siendo esta en la novena década de vida de más de 2 a 1. Por consiguiente, hay más mujeres pasando sus últimos años de vida sin hombres, y a la mayoría de ellas les va bien. Por cierto, la diferencia a su favor en cuanto a esperanza de vida en buena salud a todas las edades puede compensar al menos cinco años de vida profesional comprometidos con la «vía de las mamás»[14]; nadie debería poder discriminar laboralmente a las madres. Como Judith Brown mostró en un estudio clásico, a menudo y en todo el mundo las mujeres han ganado influencia con sus hijos ya crecidos; tal es el caso de líderes internacionales como Margaret Thatcher, Indira Gandhi y Golda Meir, así como de líderes estadounidenses como Sandra Day O'Connor, Nancy Pelosi y Hillary Clinton. Esta lista se ampliará enormemente en los próximos años.

***

Entretanto, debemos abandonar la ilusión de que los hombres y las mujeres son iguales. Ciertamente somos similares en muchos

14 *Mommy track* en el original, el apartamiento de la vida profesional que hace una mujer que da prioridad a ser madre. N. del T.

aspectos, y apenas hay un rasgo de la emoción o la mente humanas en el que no nos solapemos grandemente. Pero hemos de entender las formas en que los sexos difieren y, especialmente si es usted mujer, no confundirnos al respecto. Ashley Montagu catalogó muchas de las formas en que las mujeres son biológicamente más robustas y resilientes; la afirmación complementaria es que los hombres han de ser biológicamente más frágiles y vulnerables. Pero hay rasgos más oscuros, dos especialmente, en los que Montagu no se detuvo y yo sí lo haré. Argumentaré, además, que no podemos desarrollar hijas capacitadas para desempeñar las funciones que en el futuro les corresponderán —digamos por ahora que esto no significa más que una verdadera igualdad—, a menos que entiendan plenamente a los varones y en qué se diferencian de ellos.

Los dos rasgos mencionados son la violencia y la sexualidad impulsiva. Ahora bien, la primera es necesaria a veces, y la segunda a menudo. Pero como ya hemos visto en el triste registro de la historia, los excesos de la violencia masculina han superado con creces la cantidad que, de no haber sido por la violencia de otros hombres, podría haber bastado. Los hombres siempre se las han arreglado para justificar su violencia escudándose en la de sus enemigos. En cuanto a la sexualidad masculina, esta ha sido, como señala Camille Paglia en su *Sexual Personae*, una de las principales fuentes de la creatividad masculina. Pero la forma en que normalmente la sexualidad impulsa[15] (y uso la palabra deliberadamente) las acciones de los hombres, la forma en que esta se aparta de las relaciones y el afecto y la forma en que a menudo se entrelaza con la violencia la convierten en una fuerza que las mujeres han de respetar y temer. Espero que en este punto no se me interprete en el sentido de que ellas deben permitir que esta fuerza las controle; al contrario, las mujeres deben controlarla a ella, y eso comienza con un entendimiento cauteloso.

Como vimos en el capítulo 1, la propensión a la agresión física, independientemente de cómo se mida, es mayor en los hombres que en las mujeres. A los tres años, en la mayoría de las culturas, los niños son más rudos y menos dados a cuidar de los demás que

---

15 El autor juega con los términos *drives* (impulsar) y *driven* (impulsivo). N. del T.

las niñas. En Estados Unidos, Raymond Baillargeon y sus colegas hallaron la diferencia a los diecisiete meses (agresividad en el 5 % de los niños frente al 1 % de las niñas) y la vieron al mismo nivel a los veintinueve meses en los mismos niños, lo que no es consistente con una hipótesis de aprendizaje. Esta diferencia persiste durante el crecimiento y es mayor en la edad adulta joven, ya que la frecuencia de los actos disminuye pero estos se vuelven más letales. Esto no se debe a que los machos cazaran durante nuestra evolución. La depredación tiene poco que ver con la agresión, la cual involucra diferentes estados psicológicos, emplea diferentes circuitos cerebrales y despliega diferentes acciones. La depredación en las diversas especies —desde los grandes felinos hasta los ratones— se parece más a la resolución de un puzle, al atletismo o al juego que a la lucha, y la caza humana no implica ninguna de las emociones que intervienen en la violencia interpersonal. El principal uso de la agresión física en la naturaleza es la competencia por los recursos, especialmente los compañeros sexuales. Recordemos que una explicación para la invención de los machos es que las hembras ganaron en variación y calidad al endosarle las peligrosas rivalidades a un sexo incapaz de crear nueva vida.

Se han propuesto otras diferencias sexuales (psicológicas o conductuales) respecto a la dependencia de la ayuda ajena, la sociabilidad, la filiación y el cuidado de los demás, el ofrecimiento de ayuda y la búsqueda de compañía y la habilidad verbal y matemática. Pocas han resistido al escrutinio y resultado estar biológicamente fundadas. A juzgar por los metaanálisis recientes —sofisticados resúmenes estadísticos de muchos estudios—, la mayoría de las «diferencias sexuales» en las que una persona promedio puede pensar ni siquiera son reales y mucho menos poseen una base biológica. Pero los hallazgos siempre han sido más consistentes para la agresividad, el cuidado de los demás y la sexualidad; cientos, si no miles de estudios durante más de medio siglo los confirman. En el capítulo 1 vimos cómo el desarrollo hormonal influye en la identidad de género, incluso cuando esta no es típicamente masculina o femenina. Esto también resulta evidente en ciertos comportamientos específicos.

Desde la adolescencia, los varones poseen niveles mucho más altos de testosterona, y las hembras niveles mucho más altos de estrógeno y progesterona —repitiéndose cíclicamente cada mes, aumentando abruptamente si se produce el embarazo y suprimiéndose relativamente durante la lactancia, cuando los niveles de prolactina y oxitocina son altos—. En los experimentos, la testosterona estimula o aumenta la agresividad en humanos y otros muchos animales, y la castración masculina la reduce; la misma hormona también interrumpe la crianza normal en las mujeres.

Sin embargo, muchas especies muestran diferencias sexuales en cuanto a agresividad prepuberalmente, cuando las hormonas sexuales se encuentran en niveles muy bajos. Aquí es preciso recordar que entre los humanos y otros mamíferos, antes o poco después del nacimiento, los machos poseen niveles elevados de testosterona. Esto provoca diferencias sexuales en el hipotálamo; una temprana inyección artificial de testosterona masculiniza a las hembras. Además, la creciente evidencia muestra diferencias sexuales en algunas otras partes del cerebro. Con pocas excepciones, los machos de primates y otros mamíferos son consistentemente más violentos, incluso en especies donde las hembras dominan a los machos. En cuanto a nosotros, la agresividad entre niñas y mujeres existe, naturalmente, pero en niveles mucho más bajos. En 2013, la psicóloga británica Anne Campbell publicó un análisis al respecto, incluyendo perspectivas evolutivas y neurobiológicas, en el que demostró que la agresividad es una característica evolucionada integrada en el cerebro femenino, pero de una naturaleza diferente y para propósitos diferentes y limitados. Los machos humanos son más agresivos físicamente en todas las culturas y en todas las épocas. La socialización desempeña un papel en esto, y el resultado es producto de interacciones entre la cultura y la biología. Pero hoy día no hay razón para dudar de que el desarrollo hormonal y el cerebro son fundamentales.

***

¿Qué hay de la traducción de la violencia en guerra? Ya he dicho, y no soy el primero en hacerlo, que todas las guerras son «cosas de chicos». Una de las obras más inquietantes de la ficción moderna es *El señor de las moscas*, de William Golding, una novela que narra el descenso hacia el abuso y la crueldad extremas de un grupo de escolares privado de supervisión adulta y obligado a sobrevivir en una isla remota. ¿Podría esto suceder en la vida real? Un estudio clásico, conocido como el «Experimento de la cueva de los ladrones», arrojó luz sobre esta cuestión utilizando veintidós niños típicos de once años, todos de familias protestantes de clase media con un nivel cultural similar. El verano anterior al sexto grado, los niños fueron acomodados en un campamento en el Parque Estatal Robbers Cave de Oklahoma.

En la primera semana, fueron divididos aleatoriamente en dos grupos. Se desalentó la rivalidad y se realizaron muchas actividades conjuntas. No obstante, los grupos comenzaron a competir: se bautizaron a sí mismos como «Águilas» y «Serpientes de cascabel», se insultaban entre sí y hostilizaban a los rivales que entraban en su «territorio». A continuación, se fomentó la competencia entre ellos. Los grupos competían en béisbol, juego de la soga, montaje de tiendas, parodias, búsqueda de tesoros y revista de cabañas... Los ganadores recibían trofeos, medallas y navajas multiusos. Hacia el tercer día de esta fase, el buen espíritu deportivo inicial había sido reemplazado por un aumento de las provocaciones, el intercambio de insultos y el menosprecio al rival. Los estereotipos abusivos y las actitudes negativas hacia el otro grupo no tardaron en cristalizar.

En la última etapa del estudio de tres semanas, los grupos se fusionaron nuevamente y se asignaron tareas conjuntas a sus miembros; en una de ellas, se les dijo que unos vándalos habían dañado un tanque de agua y debían trabajar juntos en su reparación, a fin de que todos tuvieran agua potable. Los prejuicios y los conflictos disminuyeron. En la etapa 2, cuando se les pidió a los chicos que nombraran a sus amigos, prácticamente no hubo cruces entre grupos. Pero la brecha había cicatrizado en gran medida al final de la etapa 3. Los chicos volvieron a casa dejando atrás sus prejuicios y con sus sentimientos amistosos restaurados.

Muchos experimentos con adultos en condiciones controladas menos dramáticas muestran lo fácil que es fomentar los prejuicios contra grupos arbitrariamente creados. Proporcionar a las personas experiencias frustrantes o menoscabar su autoestima empeora los prejuicios. Los prejuicios creados artificialmente pueden revertirse cuando los grupos son reunidos de nuevo con las intervenciones apropiadas; en el mundo real, sin embargo, los enemigos a menudo permanecen separados. Es fácil ver cómo el sombrío proceso que se desarrolló en Robbers Cave en cuestión de semanas podría operar durante generaciones.

Nadie ha repetido el estudio de Robbers Cave con niñas, pero una gran cantidad de investigaciones ha comparado los sexos, de forma experimental y real, respecto a los prejuicios relacionados con la identidad grupal. Las mujeres, sencillamente, son menos susceptibles a tales prejuicios que los hombres. Melissa McDonald y sus colegas reconsideraron el campo en 2012, desarrollando la «hipótesis del guerrero masculino». El hecho es que los hombres son más xenófobos y etnocéntricos que las mujeres, son más propensos a deshumanizar a los exogrupos y a compararlos con animales, además de estar más dispuestos a sacrificarse para castigarlos. En muchas culturas, los hombres muestran una inclinación más marcada hacia el dominio social, prefieren las jerarquías basadas en el grupo, es más probable que se identifiquen con la bandera o los colores de su grupo y que completen una declaración abierta como «Yo soy...» con algún tipo de identidad grupal. El umbral a partir del cual se desencadenan los conflictos intergrupales es más rápidamente alcanzable para los hombres que para las mujeres, y en los juegos de guerra es más probable que estos ordenen ataques preventivos sin que medie provocación. Los hombres, no así las mujeres, apoyan más decididamente la guerra cuando son primados[16] con un miembro atractivo del sexo opuesto. La evidencia también apoya la «hipótesis del varón del exogrupo como objetivo»: los prejuicios y animadversiones masculinos se fortalecen cuando la atención de los varones se centra en los varones del exogrupo.

McDonald no pasa por alto estas emociones en las mujeres; ella las sitúa en un contexto evolutivo. Considerando el violento pasado humano, las mujeres deben asimismo recelar de los varones pertenecientes a un exogrupo, pero han de relacionarlo con la vulnerabilidad sexual, por lo que no es sorprendente hallar un

16 *Primed* en el original; se trata de un término propio de la psicología, para más información, véase: «¿Qué se entiende por *primado* en Psicología?»: https://www.axiomafv.com/se-entiende-primado-psicologia/. N. del T.

efecto de las hormonas del ciclo menstrual. Las mujeres piensan más en términos defensivos durante los días fértiles de su ciclo, evitan situaciones que podrían suponer un riesgo de agresión sexual y es más probable que vean a los hombres extraños como amenazas sexuales. Más específicamente, en un estudio dirigido por Carlos Navarrete, las mujeres blancas expresaban opiniones más negativas sobre los hombres negros cuando su nivel de fertilidad era alto. De hecho, las curvas mensuales para los prejuicios raciales y para el riesgo de concepción eran casi idénticas. Esto mismo no solo aplica en las divisiones de tipo étnico, sino también en otras comparaciones entre endogrupos y exogrupos, incluyendo grupos arbitrarios creados experimentalmente.

Es cada vez más difícil explicar el creciente volumen de evidencia acerca de las diferencias sexuales relativas a la violencia, así como al «pensamiento de grupo» en situaciones de conflicto, sin hacer referencia a la teoría evolutiva y los hechos biológicos. Es imposible negar que los hombres muestran más prejuicios que las mujeres. Pero lo que una vez fue adaptativo ya no lo es, y si los hombres no son parte de la solución, deben de ser parte del problema.

***

¿Qué hay de las diferencias sexuales respecto al sexo? En un breve capítulo titulado «La superioridad sexual de la mujer», Montagu escribió que si bien «el condicionamiento social desempeña un importante papel (…) hay una profunda diferencia biológica entre los sexos. (…) El varón parece estar en un estado crónico de irritación sexual. La mujer que en una carta a Kinsey describió la raza de los machos como "una manada de cabras lascivas y fanfarronas" no estaba lejos de la verdad». Montagu entendió lo que hace que las mujeres, a su peculiar manera, sean prodigiosamente sexuales: la inervación y sensibilidad extremas del clítoris y su corto período de refracción permiten orgasmos múltiples y prolongados —ahí los hombres no son rivales para las mujeres— y prolongan la función sexual hasta muy tarde en la vida. Pero, afirmaba él, la excitación de las mujeres no es continua e impersonal; esta se circunscribe a las relaciones y funciona mejor cuando un compañero, masculino o femenino, muestra preocupación por ellas invirtiendo en su bienestar.

Muy pocos hombres les dicen lo que piensan a las mujeres, y esto puede ser algo bueno. Las mujeres que logran «pescar» algo pueden, hasta cierto punto, empatizar con ello o no, pero en cualquier caso están en mejor posición que las que creen que los hombres son como ellas. Aun en las culturas postindustriales, los hombres prominentes muestran a menudo sus intenciones tomando esposas trofeo, usando supermodelos como «florero» y manteniendo relaciones sexuales ilícitas con mujeres mucho más jóvenes, incluso ante la opinión pública. Pero solo ocasionalmente tales hombres *dicen* algo revelador.

Se creía que Henry Kissinger (el asesor de seguridad nacional de Nixon) tenía más poder que el secretario de estado cuando, el 19 de enero de 1971, un artículo del *New York Times* señaló que «siendo como es un divorciado de 47 años, protagoniza noticias de sociedad acompañando a chicas tan glamorosas como Gloria Steinem en Nueva York, Joanna Barnes y Jill St. John en Hollywood y Barbara Howar en Washington. El poder, como él mismo ha observado, es el gran afrodisíaco». El artículo lo describe como un hombre inseguro a pesar de su poder; incluso en su apogeo era un hombre bajo, regordete y de apariencia sencilla. Mas esto no impidió sus conexiones con mujeres mucho más jóvenes, agraciadas, talentosas y codiciadas, conocidas entonces sin ironía como «chicas glamorosas».

Bill Ackman, que actualmente tiene cuarenta y tantos años, es un apuesto y multimillonario gestor de fondos de cobertura, casado con una hermosa mujer de su misma edad; es padre de tres hijos, y no se le conoce ningún comportamiento indeseable con el sexo femenino. Quizá por eso pudo responder francamente a su propia pregunta en una conferencia que, hace unos años, pronunció en la Escuela de Negocios Wharton. «¿Qué motiva a las personas a tener éxito?». Ackman hizo una pausa. «El sexo. A la gente no le gusta admitirlo, pero es el motor principal. Básicamente, lo que impulsa la mayor parte del comportamiento humano es el juego previo al mismo». En la CNBC, aproximadamente un año después, la presentadora Becky Quick, que había leído la cita, le ofreció a Ackman la oportunidad de explicarse. Este respondió: «Estaba pensando…, ya sabes, al final también somos animales, ¿no es cierto? Motivados por lo básico;

¿por qué la gente se siente motivada para triunfar? Quiero decir, tan solo piensa en los tipos con los que fuiste a la universidad».

Si lo dicho por Ackman era cierto para los *tipos* con los que Quick y él fueron a la universidad, usted ni siquiera querrá pensar en los que van a la universidad hoy día. En el verano de 2013, el *New York Times* publicó un reportaje con una provocativa foto del muslo desnudo de una mujer recostada y este titular: «Sexo en el campus: Ella también puede jugar ese juego». Basado en meses de entrevistas y escrito por Kate Taylor, fue uno de los muchos escritos recientes que sugieren que las mujeres desean sexo casual y múltiples parejas tanto como los hombres.

El artículo trataba sobre el comportamiento sexual de los alumnos de una universidad de élite. En un año de impresionante trabajo, Taylor entrevistó a sesenta mujeres jóvenes; esta escribió sobre ellas en general y, en algunos casos, en particular. Respecto al título…, solo puedo suponer que quienquiera que lo redactase no se molestó en leer el artículo hasta el final. El reportaje comenzaba con una mujer joven enviándole un mensaje de texto a su amigo con derechos habitual, para preguntarle qué estaba haciendo; ambos acabarían acostándose al poco. «En verdad, cuando estamos sobrios no nos caemos bien», confesó ella, y agregó que ni siquiera podían sentarse a tomar un café. La joven explicó que estaba demasiado ocupada triunfando en la facultad y labrándose una prometedora carrera para pensar en una relación estable, asegurando que no se arrepentía de ninguna de sus aventuras de una noche y describiéndose a sí misma como una auténtica feminista y una mujer fuerte que sabe lo que quiere. Ella ocultó su nombre, pero aun así no quería que se imprimiera el número de hombres con los que se había acostado.

¿El mismo juego? Otra joven descubrió, siendo estudiante de primer año, que allí nadie parecía tener novios; no obstante, sintió que no podía entregarle su «certificado V» a un cualquiera. Esa misma primavera, en una fiesta, escogió a un chico con el que había estado bailando y le entregó su *certificado*. «Me dije, "*okey*, podría hacer esto ahora. Es supercachondo, me gusta, es simpático"». Sus expectativas eran muy bajas. Pero comoquiera que él la invitó a pasar la noche y la acompañó a casa por la mañana, todas sus amigas estaban «superenvidiosas»; ella regresó con una gran sonrisa en su rostro porque había tenido «una primera experiencia grandiosa». Se mantuvo en buenos términos con el chico y durante las vacaciones de primavera tuvo relaciones sexuales casuales con otra persona. Pero ella cree que los chicos controlan la cultura del sexo casual: «Es como una especie de espiral». La joven explicó que las chicas ya no cuentan con echarse un novio, «pero al mismo tiempo quieren, les gusta relacionarse con chicos que tratan de no apegarse».

¿El mismo juego? Haley, una estudiante de último curso, recordaba haber acudido a fiestas de fraternidad cuando era estudiante de primer año: ella entraba y la conducían a un sótano oscuro. «Allí hay chicas bailando en el medio y chicos acechando alrededor, estos se acercan y, bueno, básicamente presionan sus genitales contra ti y tratan de bailar». Tales son los «magreos de pista de baile» o *difmos*[17]. Pasada la una, ella comprendió que estaba ebria y le pidió al chico que la llevara a casa; este, en cambio, la condujo a su habitación y se aprovechó de su aturdimiento para acostarse con ella. Haley recordaba vagamente que otro chico asomó la cabeza a la puerta: «Eh, ¿encestaste?». Con el tiempo llegaría a considerar este episodio como una violación.

Otra chica explicó que generalmente acababa dándole sexo oral al chico, pues cuando este la llevaba por fin a su habitación, ella ya empezaba a despejarse y veía aquello como su mejor oportunidad de escape. Otra, de nombre Kristy, contó que estaba besándose con un chico en casa de este cuando él le dijo: «"Ponte de rodillas". (…) Me quedé a cuadros, y recuerdo que pensé: "Nadie me había dicho eso antes"». El chico dijo que era lo justo y, como ella se resistiera, la empujó hacia abajo. Después de eso, ella pensó: «"Lo haré". (…) Yo estaba en plan: "Cuanto antes acabe esto, mejor"». Catherine, una estudiante de último curso, describió sus pasadas relaciones casuales como una continua fuente de angustia.

Conozco bien a esos chicos. Yo les doy clase. Tengo tres hijas que hubieron de navegar por aquellas aguas procelosas en tres universidades diferentes, y ellas afirman que lograron mantenerse a distancia de la cultura del sexo casual. No puedo estar seguro de ello, naturalmente, pero me consta que muchas chicas no lo consiguen.

---

17 De *dance floor makeout* o *DFMO*. N. del T.

Las jóvenes del reportaje de Taylor no están jugando ni remotamente al mismo juego que los chicos, y si ellas creen que lo hacen, se encuentran muy lejos de la categoría masculina del mismo.

***

La investigación de este fenómeno es clara y transnacional. Un estudio realizado en 2008 por Anne Campbell lleva por título «La mañana después de la noche anterior» [«The Morning After the Night Before»]. Un canal de televisión británico encuestó a miles de personas a través de su sitio web; de cuantos respondieron, 998 hombres y 745 mujeres eran heterosexuales y habían tenido alguna aventura de una sola noche. Se les preguntó por su nivel de acuerdo con las afirmaciones positivas y negativas respecto al evento. Los hombres propendían más a reportar mayor satisfacción sexual, bienestar y confianza en sí mismos, mientras que las mujeres propendían más a creer que habían sido utilizadas y a sentirse decepcionadas consigo mismas. En general, restando las puntuaciones negativas de las positivas, los hombres obtuvieron más del doble de la ganancia neta de la experiencia. En cuanto al arrepentimiento, el 23 % de los hombres y el 58 % de las mujeres aseguraron que no lo repetirían.

Campbell escribe sobre la angustia de las mujeres después de la cita: «Los hombres, después del encuentro, se habían comportado de manera irrespetuosa y despectiva. (...) Aun no deseando una relación más larga, muchas mujeres experimentaron una fuerte sensación de rechazo»; dijeron haberse sentido «descartadas». Los comentarios positivos de las mujeres tenían que ver con la sensación de verse atractivas y deseadas, con sentirse objeto de atención de un hombre o, simplemente, la satisfacción de una curiosidad. Una de ellas dijo: «Tengo una imagen muy pobre de mí misma, y el hombre con el que me acosté fue una conquista. Era muy atractivo y muy popular entre otras mujeres. Pensé que si me acostaba con él me pondría al nivel de mis compañeras más bonitas y exitosas. Desafortunadamente no funcionó y mi autoestima se resintió».

En cuanto al acto sexual en sí, los hombres hablaban de «euforia», de «excitación y lujuria» y de «desahogarse sexualmente». Algunas mujeres se divirtieron y se sintieron libres, pero la mayoría dijo cosas como:

> «Pensé que sería una de las mejores experiencias de mi vida, pero no se pareció en nada al sexo que se muestra en las películas».

> «Mis expectativas superaron con creces la realidad, el sexo fue una porquería».

> «El sexo nunca es particularmente satisfactorio porque es difícil dejarse llevar por alguien a quien ni siquiera conoces».

> «No es tan bueno como el sexo con tu pareja; él está más centrado en tus necesidades y conoce mucho mejor tu cuerpo».

Preocupaciones como «¿es el sexo todo lo que esa persona buscaba?» y «¿esa persona me llamará o cortará conmigo?» fueron expresadas por el 81 % de las mujeres y el 17 % de los hombres. Casi puedo oír a los hombres preguntando: «¿Cortar?, ¿el qué?».

¿Hay algo relacionado con el Reino Unido o los métodos de Campbell que pueda haber influido en estos resultados? Muchos estudios estadounidenses los confirman con otros enfoques. El antropólogo John Townsend y sus colegas han estudiado las relaciones sexuales casuales en la Universidad de Syracuse durante más de una década. En 2011 elaboraron un informe basándose en 335 estudiantes varones y 365 mujeres. Los hombres propendían mucho más a respaldar el sexo casual y las mujeres a sentir la necesidad de apego e implicación emocional; sin embargo, los hombres superaban por muy poco a las mujeres en cuanto a probabilidad de haber tenido tales relaciones. Esto sugiere que los hombres están persuadiendo a las mujeres para que tengan más sexo casual del que ellas desean, en tanto que las mujeres les impiden a ellos tener todo el que desean.

En 2012, Justin García del Instituto Kinsey y sus colegas revisaron muchos estudios sobre la cultura del sexo casual, incluyendo patrones como el sexo NSA[18] [sin ataduras] y los FWB[19] [«amigos

18 *No strings attached* en el original. N. del T.

19 *Friends with benefits* en el original. N. del T.

con derecho a roce», también conocidos como «amigos con beneficios» o «follamigos»], los cuales proporcionan encuentros repetidos («polvo asegurado») a una persona dada. En un estudio con una muestra de 832 estudiantes universitarios, el 50 % de los hombres y el 26 % de las mujeres experimentaron reacciones emocionales positivas después de encuentros sexuales casuales, mientras que para las reacciones negativas los porcentajes se invirtieron casi exactamente. En otro estudio, una encuesta *online* a más de doce mil estudiantes de diecisiete universidades, el 55 % de los primeros encuentros sexuales casuales incluyó sexo oral solo para el hombre y el 19 % solo para la mujer; el 31 % de los hombres y el 10 % de las mujeres tuvieron orgasmos. En un tercer estudio, con una muestra de 761 mujeres, más de la mitad informó de al menos una experiencia sexual no deseada. Aproximadamente dos tercios de las relaciones sexuales vaginales fueron con preservativo; cuando solo se trataba de sexo oral, el porcentaje era cercano a cero.

En «Mercado al desnudo: proporción de sexos en el campus, relaciones románticas y comportamiento sexual» [«Bare Market: Campus Sex Ratios, Romantic Relationships, and Sexual Behavior»], los sociólogos Jeremy Uecker y Mark Regnerus estudiaron una muestra representativa de casi mil mujeres heterosexuales solteras en universidades mixtas con carreras de cuatro años. El porcentaje de mujeres en el campus predijo actitudes y comportamientos hacia los varones en el mismo. Allí donde las mujeres abundaban, estas propendían más a decir de los varones que no eran confiables y que no estaban interesados en el compromiso. Ellas esperaban menos de los hombres, resultándoles más difícil conocer a hombres del tipo adecuado. Era menos probable que hubiesen tenido citas tradicionales, que hubieran tenido novio o que fueran vírgenes, y era más probable que hubiesen mantenido relaciones sexuales en el último mes, especialmente si no tenían novio.

No sorprende, pues, oír decir a las mujeres de tales campus que no quieren que su porcentaje siga aumentando. Por cierto, si las mujeres desearan tener sexo casual tanto como los hombres, ¿no tendrían ellas más probabilidades de ello donde se hallan en minoría? Ellas no desean tal cosa, pero allí donde predominan, el mercado las lleva a ceder más de lo que lo harían en otra situación. Están compitiendo por los hombres y estos tienen más poder. Puesto que las mujeres representan ahora alrededor del 60 % de los estudiantes universitarios —y esto va en aumento—, parece probable que las relaciones sexuales casuales también aumenten. El Estudio Longitudinal Nacional de Salud de los Adolescentes ha encontrado un efecto similar de la proporción de sexos en las escuelas secundarias, lo que sugiere que la próxima cohorte de mujeres universitarias jugará el juego del sexo casual, tratando de complacer a los escasos varones.

Reconozco que muchas mujeres hablan bien de estas experiencias y que a veces las buscan. A las mujeres les gusta el sexo, y a algunas les gusta el sexo casual. Entre otras cosas, se protegen de las relaciones que podrían hacerles apartar la atención de sus estudios o carreras profesionales. El celibato a menudo no es una buena opción, especialmente si se considera la presión de los compañeros y los chicos, sin mencionar el deseo sexual. Si una quiere evitar ser vista como una niñata o una mojigata por las mujeres y le gustan los hombres lo suficiente para querer estar en buenos términos con ellos, los encuentros sexuales casuales pueden ser estimulantes y convenientes. Puede que una de cada diez veces incluso consiga un orgasmo. Los conocidos como *follamigos* pueden ser un compromiso razonable entre la soledad y una compleja relación romántica. Pero estos encuentros y relaciones son sexualmente asimétricos. A menudo uno de los dos es utilizado por el otro —y rara vez es el chico.

***

Recordemos que Nisa, la mujer !kung que constituye el eje de la clásica obra de mi difunta esposa Marjorie Shostak, dijo: «Las mujeres poseen algo muy importante, algo que permite a los hombres vivir: sus genitales». O como dijo el antropólogo Donald Symons, cuya pionera obra *La evolución de la sexualidad humana* [*The Evolution of Human Sexuality*] ayudó a abrir este campo de investigación: «En todos los pueblos son principalmente los hombres los que cortejan, rondan, galantean, seducen, emplean hechizos y filtros de amor, ofrecen regalos a cambio de sexo y usan los servicios de prostitutas. Y solo los hombres violan. En todas partes el sexo es entendido como algo que las mujeres tienen y los hombres desean».

Esto es una exageración, pero con una buena cantidad de verdad. Las mujeres olvidaron esta verdad cuando se dejaron convencer por los hombres de que ambos sexos tienen los mismos intereses; tal fue la revolución sexual de los sesenta, la cual supuso mucho más cambio y decepción para las mujeres que para los hombres, al menos en el ámbito del sexo. En vista de los persistentes mitos al respecto en la actual revolución sexual, veamos la evidencia para la incisiva afirmación de Symons.

Una visión de conjunto de 2001 en la *Personality and Social Psychology Review*, realizada por Roy Baumeister, Kathleen Catanese y Kathleen Vohs, combinó más de 150 estudios para responder a la pregunta: «¿Existe una diferencia de género en el deseo sexual?». En general, en estos estudios…

Se ha demostrado que los hombres tienen un deseo sexual más frecuente e intenso que las mujeres, tal como se refleja en pensamientos espontáneos sobre el sexo, la frecuencia y variedad de las fantasías sexuales, la frecuencia deseada para las relaciones sexuales, el número deseado de parejas, la masturbación, el gusto por diversas prácticas sexuales, la disposición a renunciar al sexo, la realización de sacrificios por sexo y otras medidas.

No hubo estudios con hallazgos contrarios —ni uno solo que indicase una motivación sexual más fuerte en las mujeres que en los hombres—. En un estudio típico, el 90 % de los hombres, pero solo la mitad de las mujeres, tenía impulsos sexuales al menos un par de veces a la semana. En otro, el hombre joven promedio se excitaba sexualmente varias veces al día, y la mujer joven típica «un par de veces a la semana». En una encuesta australiana, las personas comprometidas en una relación estable *querían* tener sexo, pero quienes *no* lo tenían eran casi exclusivamente hombres.

En comparación con las mujeres, los hombres comienzan a tener relaciones sexuales a una edad más temprana (a pesar de su tardía pubertad), están menos dispuestos a renunciar al sexo en cualquier momento de la vida, son más permisivos y favorables hacia el sexo, inician la actividad sexual con mucha más frecuencia en las relaciones más largas y muestran más interés por todas las prácticas sexuales, incluido, sorprendentemente, el *cunnilingus*. Aunque a menudo los hombres padecen problemas físicos como la eyaculación precoz y la disfunción eréctil, el deseo sexual hipoactivo, ya sea por diagnóstico o por autoinforme, es mayoritariamente femenino.

En su estudio clásico de 1989, «Diferencias de género en la receptividad a ofrecimientos sexuales» [«Gender Differences in Receptivity to Sexual Offers»], los psicólogos sociales Russell Clark y Elaine Hatfield hicieron que sus *cómplices* —hombres y mujeres universitarios de atractivo promedio— abordaran a miembros extraños pero atractivos del sexo opuesto en el campus y les dijeran: «Te veo a menudo por el campus y te encuentro muy atractivo. ¿Te gustaría acostarte conmigo esta noche?». El 75 % de los hombres dijo que sí; el 100 % de las mujeres dijo que no. Algunos hombres decían cosas como: «¿Por qué esperar hasta esta noche?». Algunas mujeres respondieron cosas que no repetiré aquí.

En 2011, la psicóloga Terri Conley afirmó haber repetido este estudio; ella descubrió que, en determinadas condiciones, la diferencia entre sexos era mucho más pequeña. Sin embargo, había un pequeño problema con esta «réplica» del experimento: se trataba simplemente de un estudio de papel y lápiz. Lo siento, pero esto no es ni remotamente una repetición del estudio clásico. Sin embargo, los medios lo presentaron como una prueba de que las costumbres sexuales habían cambiado drásticamente y que las mujeres estaban casi tan interesadas en el sexo casual como los hombres. El deseo actual de negar los hechos de la vida es enorme.

Suponga ahora que nos preguntamos qué sucede cuando uno elimina la ligera complicación de tener que tratar con otra persona, ya sea un extraño, una pareja íntima estable o cualquier otra cosa entre medias. Las diferencias sexuales respecto a la masturbación son grandes y consistentes. En comparación con los hombres, es mucho más probable encontrar mujeres que nunca se hayan masturbado; las mujeres que se masturban lo hacen con mucha menos frecuencia en todas las edades que los hombres. En un resumen de metaanálisis y grandes conjuntos de datos realizado en 2011, las psicólogas Jennifer Petersen y Janet Shibley Hyde confirmaron diferencias sexuales sustanciales en la masturbación y el consumo de pornografía en la dirección habitual —incluso con medidas tan contundentes (y de hecho casi ridículas, si lo que se estudia son diferencias sexuales) como haberse masturbado o no el año anterior.

Consideremos ahora las vidas de fantasía de la gente. Aquí tampoco hay otra persona presente; cualquiera puede soñar lo que se le antoje, sin riesgos, sin compromisos, sin complicaciones. En un estudio, Bruce Ellis y Donald Symons entregaron a trescientos estudiantes —hombres y mujeres— un cuestionario anónimo. Los hombres (un 32 %) eran cuatro veces más propensos que las mujeres a decir que habían fantaseado con tener sexo con más de mil personas diferentes (en la época del instituto). Los hombres propendían mucho más a decir que en sus fantasías las imágenes visuales importaban más que el contacto (66 % frente al 39 %), y las mujeres tenían el doble de probabilidades de preferir el contacto (55 % frente al 28 %). Los hombres tenían aproximadamente el doble de probabilidades de centrarse en imágenes visuales más que en sentimientos, y las mujeres tenían tres veces más probabilidades de hacerlo en sentimientos. Y los hombres eran casi tres veces más propensos (48 % frente al 17 %) a reconocer que en sus fantasías «la situación incluye rápidamente actividad sexual explícita». Estos hallazgos se han repetido en muchos estudios.

Naturalmente, a veces ellos desean a hombres y ellas a mujeres, y estas relaciones son muy instructivas. En comparación con las relaciones gais, las relaciones lésbicas son, en casi todos los sentidos, menos sexuales en todas las etapas; la frase «muerte en cama de lesbianas» puede ser una exageración, pero no la oímos a menudo sobre los varones homosexuales. En muchos aspectos —frecuencia de las relaciones sexuales, relaciones abiertas, enfermedades de transmisión sexual y uso de elementos sadomasoquistas en el sexo—, las parejas heterosexuales están a medio camino entre las parejas de lesbianas y de gais.

Estos son hallazgos antiguos, y las nuevas investigaciones deparan pocas sorpresas. Un estudio realizado en 2013 por la socióloga Bethany Everett, así como una investigación de 2010 del epidemiólogo Fujie Xu y sus colegas mostraron que, si bien las personas bisexuales tienen el mayor riesgo, el número de parejas durante la vida y la cantidad de enfermedades de transmisión sexual son más altos entre los varones homosexuales que entre los heterosexuales y más bajos entre las mujeres lesbianas que entre las heterosexuales. Así pues, cuando se eliminan cuestiones tan complejas como el dominio masculino y la opresión de las mujeres o el deseo de complacer en las relaciones heterosexuales, resulta que allí *donde las dos personas involucradas son del mismo sexo*, las diferencias entre hombres y mujeres son mayores, no menores.

¿Quiénes pagan por tener sexo? Casi exclusivamente hombres. Se estima que entre una décima y una sexta parte de los hombres estadounidenses han consumido sexo de pago, la mitad de ellos mientras mantenían una relación de pareja. Algunas mujeres pagan por tener sexo, pero no se trata de una simple transacción. Las mujeres no compran mucha pornografía ni miran con lascivia imágenes de hombres desnudos. Los consumidores de pornografía son, mayoritariamente, hombres, siendo la ficción romántica el principal elemento análogo entre las mujeres. En su esclarecedor artículo de 2012, «La cultura pop del sexo: una ventana evolutiva sobre los mundos de la pornografía y el romance» [«The Pop Culture of Sex: An Evolutionary Window on the Worlds of Pornography and Romance»], la psicóloga Catherine Salmon dice: «La ficción romántica y la pornografía son negocios lucrativos, y los marcados contrastes entre ambas reflejan la profunda división existente en el corazón de las fantasías eróticas masculinas y femeninas».

Después de un extenso análisis, Salmon concluye: «La pornografía es un mundo de fantasía masculina basado en el éxito de apareamiento a corto plazo, mientras que el romance es un mundo de fantasía femenina basado en el éxito de apareamiento a largo plazo. Esto es lo que son en el fondo: fantasías que reflejan los diferentes problemas ancestrales que afrontan los machos y las hembras en el dominio del apareamiento». Incluso la exitosa novela *Cincuenta sombras de Grey*, reseñada con simpatía por algunas mujeres inteligentes y leída por millones, es una novela romántica que incluye pornografía suave. En la novela se describe a un hombre rico y poderoso (Grey), profundamente enamorado de una mujer más joven (Ana) y muy preocupado por el bienestar y disfrute sexual de esta. Las prácticas eróticas sadomasoquistas a las que él la somete (debido a la enfermedad mental que él mismo describe y tras obtener su consentimiento de manera elaborada y solícita) son poca cosa comparadas con las de la pornografía dirigida a los varones; la protagonista no es descrita por la autora como una mujer herida, sino fascinada, y la única vez que Ana es realmente herida abandona a Grey.

El comentario sobre lo que las mujeres tienen y los hombres quieren, hecho por Symons en su libro, implicaba que el sexo heterosexual es un recurso escaso por el cual los hombres luchan, compiten y pagan; él se lo repitió a un reportero de televisión en un bar de solteros, donde lo normal es que los hombres paguen las consumiciones y donde no hay nada parecido a la «noche de los hombres» —dejar entrar gratuitamente a estos para atraer a las mujeres como clientes de pago—. Roy Baumeister y Kathleen Vohs resumieron la evidencia más amplia sobre lo que claramente es un mercado en otro artículo: «Economía sexual» [«Sexual Economics»]. La mayoría de las prostitutas son mujeres que atienden principalmente a clientes masculinos, y casi todos los prostitutos sirven asimismo a hombres. Las mujeres rara vez pagan por tener sexo, y cuando lo hacen, esto a menudo implica la simulación de una cita romántica; ellas demandan algo más que un simple encuentro sexual casual —que es por lo que normalmente pagan los hombres—. Cuando se descubrió que el famoso actor Charlie Sheen había pagado una gran suma a cambio de acostarse con una de las jóvenes de la conocida como «madama de Hollywood», muchos se preguntaron: ¿Por qué un hombre en posición de elegir entre mujeres dispuestas a hacerlo gratis pagaría $ 1.500 (alrededor de $ 2.500 dólares de hoy) por llevarse a una a su habitación? Respuesta: Él no paga para que ella entre en su habitación; paga para que se vaya.

Los clubes de estriptis consisten, principalmente, en mujeres que actúan ante un público mayoritariamente masculino; aunque también asisten algunas mujeres, a menudo con acompañantes masculinos. Existen alrededor de cuatro mil de estos clubes en Estados Unidos, los cuales emplean a unas 400.000 mujeres. La situación inversa, en la que los hombres se desnudan para las mujeres, representa una fracción muy pequeña de estas cifras. También hay clubes de estriptis para varones gais, pero muy pocos para lesbianas.

Por último, el sexo bajo coerción es, abrumadoramente, de factura masculina; el 99 % de los arrestados por el FBI acusados de violación son hombres. No es obvio que esto se deba a que los varones han de estar excitados[20] para tener relaciones sexuales; las mujeres podrían obligar a hombres o a otras mujeres a que les dieran sexo oral bajo amenaza de violencia —como hacen los hombres con víctimas masculinas y femeninas— o usar consoladores u otros objetos para violar analmente a hombres, para humillarlos como hacen estos con sus víctimas de ambos sexos. Tales agresiones por parte de mujeres son, empero, extremadamente raras. Un pequeño porcentaje de violaciones grupales de mujeres involucra a ambos sexos, y solo un pequeño porcentaje es perpetrado por grupos de mujeres. También se producen violaciones en algunas relaciones lésbicas, pero la frecuencia con que se dan nada tiene que ver con la existente en las relaciones masculinas heterosexuales y homosexuales.

Todo lo anterior son generalizaciones sólidas, no reglas absolutas. Hay mujeres que desean sexo tanto como cualquier hombre. Algunos hombres prefieren tener poco o nada. No hay por qué sentirse inferior por desearlo ni superior por no hacerlo —aunque (a pesar de la minoría sustancial con deseo sexual hipoactivo) las mujeres, ciertamente, poseen el potencial de una superior capacidad orgásmica—. Pero negar los hechos de la naturaleza sexual humana, tal como esta se verifica en la mayoría de hombres y mujeres, solo puede conducir a la confusión y, en última instancia, al sufrimiento. La sexualidad masculina es una sexualidad impulsiva. Los hombres quieren sexo de continuo, punto, en tanto que las mujeres tienden a preferirlo en el contexto de una relación: una conexión física aliada a una emocional. Independientemente de lo que yo pueda desear en privado y de cuán naturales resulten ser las necesidades masculinas, no puedo considerar como igualmente admirables tales preferencias divergentes.

Pensar que todas estas diferencias podrían resultar simplemente de construcciones culturales es extremadamente ingenuo. Ahora tenemos pruebas contundentes de que la «diferencia entre el hombre y la mujer» de Elizabeth Cady Stanton —con la que ella se refería a las inclinaciones conductuales, psicológicas y morales— se basa en buena parte en la biología. Los científicos que otrora fueron reticentes en sus afirmaciones se han vuelto muy audaces. En 2011, la revista

20 *Aroused* en el original, que eufemísticamente significa «empalmado». N. del T.

Frontiers in Endocrinology reunió a los principales expertos en la materia. La psicóloga Melissa Hines, durante décadas una respetada investigadora de los efectos sobre el género de las hormonas prenatales, reafirma el poder de estas aunque admite otras dos influencias recientemente probadas: efectos genéticos directos sobre el cerebro y el entorno intrauterino. La neurobióloga Margaret McCarthy abunda en que tanto los genes como las hormonas son importantes. Añade, además, una nueva evidencia de cómo hombres y mujeres se vuelven diferentes en el hipocampo y la amígdala —partes del cerebro emocional fuera del hipotálamo—. Las psicólogas de género Sheri Berenbaum y Adriene Beltz muestran cómo la exposición a altos niveles de andrógenos prenatales masculiniza la actividad posterior y los intereses ocupacionales, la orientación sexual y algunos aspectos de la capacidad espacial; asimismo, encuentran que las hormonas de la pubertad parecen influir en la identidad de género y quizá en algunas diferencias hombre-mujer en las enfermedades psiquiátricas.

La neurobióloga Ai-Min Bao y su colega Dick Swaab revisaron la creciente evidencia acerca de la existencia de diferencias sexuales en el hipotálamo humano, encontrando que los transexuales de hombre a mujer se parecen a las mujeres en estas medidas. Ellos creen que las diferencias hombre-mujer en la cognición, la identidad de género, la orientación sexual y los trastornos neuropsiquiátricos están «programadas en nuestro cerebro» desde muy temprano y, sorprendentemente, que «no hay evidencia de que el entorno social postnatal de uno desempeñe un papel crucial en la identidad de género o la orientación sexual». Simon LeVay, quien escribió la introducción para el número especial, tenía una reputación establecida como neurocientífico experto en el sistema visual cuando saltó a la palestra al demostrar que, en un área hipotalámica, los varones homosexuales se parecen a las mujeres y difieren de los varones heterosexuales. Dos décadas después, él reconsidera la idea de que la experiencia social influye en la orientación sexual y la identidad de género, concluyendo que «poca evidencia directa respalda actualmente esta noción».

La investigación sigue en marcha. En 2013, Julia Sacher y sus colegas hallaron diferencias más allá del hipotálamo en un resumen de estudios de imágenes cerebrales. Comparando el tamaño del cerebro, las mujeres tienen más materia gris y una corteza cerebral más gruesa. Las mujeres muestran una mayor conectividad en el hemisferio izquierdo del cerebro, en tanto que los hombres la muestran en el derecho, lo que contradice las expectativas sobre la lógica masculina y la emocionalidad femenina. Algunos estudios encuentran diferencias en el cuerpo calloso, una enorme autopista que atraviesa el cerebro, lo que podría significar que ambos hemisferios colaboran más en el cerebro de las mujeres. Muchos estudios muestran diferencias cerebrales en la activación de circuitos particulares en determinados estados emocionales y mentales, aunque esto no tiene por qué ser causal. En 2014, Amber Ruigrok y sus colegas reanalizaron 126 estudios de imágenes cerebrales y hallaron varias diferencias anatómicas, aunque tales diferencias estructurales podrían teóricamente resultar del proceso de crianza y educación. Sin embargo, Sacher también demostró en 2013 que hay muchos cambios funcionales en la actividad cerebral a lo largo del ciclo menstrual.

Es importante entender que las similitudes entre los cerebros de hombres y mujeres son mucho mayores que las diferencias; las diferencias existentes, además, no tienen relación con la inteligencia general, sino que están vinculadas a inclinaciones específicas. Un hallazgo clave al respecto es que la amígdala masculina es relativamente más grande y está salpicada de receptores de testosterona, mientras que la corteza prefrontal —que inhibe los impulsos agresivos y otros que provienen de la amígdala— es más grande y se desarrolla antes en las mujeres. Estas diferencias, combinadas con los efectos hormonales sobre el hipotálamo prenatal, podrían ayudar a explicar por qué los hombres superan en gran medida a las mujeres en violencia y sexualidad impulsiva.

A propósito, solía decirse que las mujeres no podían ser pilotos de líneas aéreas ni jefas de Estado a causa de los supuestos vaivenes emocionales del ciclo menstrual. Eso fue antes del trascendental estudio de la socióloga Alice Rossi y el economista Peter Rossi, titulado «Tiempo corporal y tiempo social» [«Body Time y Social Time»]; el primer —y quizá el único— estudio importante sobre el ciclo menstrual que incluyó hombres. Por un lado, los fines de semana tuvieron un impacto mucho mayor que las fases del ciclo. Y lo más importante: los hombres tenían el mismo número de días malos al mes que las mujeres, con la diferencia de que los de estas eran cíclicos. Así pues, ¿quién preferiría usted que pilotara su avión o su país, alguien que tuviera días malos de forma aleatoria o alguien que, con la misma cantidad de días malos, los tuviera de forma regular?

En cuanto a que las mujeres sean más emocionales en general, hemos visto que ello depende de qué emociones estemos hablando. Las mujeres lloran con más facilidad, pero los políticos varones lagrimean en público con bastante frecuencia. Las mujeres muestran más empatía en la mayoría de las situaciones; los hombres, sin embargo, propenden a tener un gatillo más fácil para la violencia en las relaciones internacionales y a sentir y sucumbir a impulsos inapropiados, y aun destructivos, mientras ocupan el cargo. Los hombres se distraen más frecuentemente con los impulsos y fantasías sexuales, incluso si estos no resultan en un comportamiento problemático. Y si el egotismo y la ambición desmedida son de naturaleza emocional, ¿cuál de los sexos es más propenso a ellos? Con todo, el mundo se volverá más seguro y más eficiente a medida que las mujeres asuman los roles de liderazgo que les corresponden.

Capítulo 9

DESARROLLANDO HIJAS

Si los hombres hemos cedido algo de poder a las mujeres, en parte es porque tenemos hijas y deseamos que triunfen. No es que no amemos a nuestros chicos, pero las chicas han permanecido bajo la bota masculina durante miles de años. Yo tengo un hijo, dos hijas y una hijastra, y deseo que a todos ellos les vaya muy bien. Los chicos de hoy se enfrentan a serios problemas y necesitan ciertos tipos de protección. Pero en términos de quién dirige el cotarro, hoy —como a lo largo de nuestra historia— las probabilidades se amontonan contra las chicas. Así pues, el título del presente capítulo puede leerse de dos formas: por un lado, alude a cómo las niñas se desarrollan hasta convertirse en mujeres y, por otro, a cómo podemos desarrollarlas para que triunfen sin que tengan que imitar a los chicos y a los hombres.

La periodista Hanna Rosin, en su provocadoramente titulada obra *El fin de los hombres* [*The End of Men*] (2012), argumentaba que entre las mujeres más jóvenes está en marcha un proceso de sustitución. Estoy de acuerdo..., pero los antropólogos tenemos una visión a largo plazo. Cuando Elizabeth Cady Stanton pronunció su asombroso discurso sobre la diferencia, una devastadora guerra acababa de liberar a los esclavos, pero la lucha no violenta por los derechos de las mujeres apenas estaba comenzando. Medio siglo después, las mujeres podrían votar y tener control sobre sus propiedades, descubrirían y emplearían métodos anticonceptivos de barrera y comenzarían a infiltrarse en las profesiones reservadas a los hombres.

Medio siglo después de eso, comprendiendo lo lejos que aún habían de llegar, las mujeres dieron lugar a la segunda ola del feminismo. Lo que estaba en juego era la igualdad de remuneración para hombres y mujeres trabajadoras; la igualdad de acceso a la educación, los medios de comunicación, las fuerzas armadas y las profesiones; nuevos y plenos derechos reproductivos; la libertad de elección sexual; el fin del doble rasero de la moral sexual; una voz real en la esfera pública; la opción de escapar de un matrimonio abusivo o malo; el fin de la violación y otras formas de violencia que mantenían a las mujeres bajo el yugo masculino; y la expiración final del *Kinder, Küche, Kirche*.

Ahora que otro medio siglo nos pisa los talones, deberíamos hacer balance. El contundente libro de Rosin, naturalmente, fue criticado por muchos por predecir el fin de los hombres, pero no todos los defensores de las mujeres lo recibieron con agrado. Rosin, objetaron ellos, exageraba enormemente el progreso. Yo no creo que lo hiciera. Aunque no deseo ver el final de los hombres, creo que el progreso de las mujeres es ahora constante e irreversible. Rosin miraba razonablemente hacia atrás y hacia delante, pero en una escala temporal de décadas. A lo largo de este libro, le he pedido a usted que mire hacia atrás millones de años en la historia, luego miles, luego cientos; podemos echar la vista hacia delante en términos de, al menos, generaciones, pero incluso los siglos y los milenios comienzan siendo décadas.

Reconozco las limitaciones. En 2014, las mujeres eran directoras ejecutivas de solo el 4,8 % de las empresas de la lista Fortune 500 y del 5,2 % de las empresas Fortune 1000. Ocupaban solo 78 —o el 18 %— de los 435 escaños de la Cámara de Representantes de los Estados Unidos y solo 20 de los 100 escaños del Senado. Las mujeres dirigían solo 20 de unas 190 naciones. Solo el 26,4 % de las universidades estaban rectoradas por mujeres. Esto no pinta bien. Pero con una sola excepción —también había 20 mujeres jefas de Estado mientras Rosin escribía su libro—, todas estas cifras aumentaron. En dos años. Ninguna de ellas disminuyó.

El porcentaje de directoras ejecutivas es el más pequeño, pero también el que aumenta más rápidamente. Era del 3 % en 2011. Eso supone un aumento del 60 % en menos del tiempo del que le llevó a uno de mis hijos completar la educación secundaria. Por cierto, que las mujeres no solo dirigen corporaciones de cosméticos, ropa y alimentación. Han dirigido General Motors, Hewlett-Packard, IBM, Archer Daniels Midland, Lockheed Martin, DuPont, General Dynamics, Oil States International, Xerox, Duke Energy, Gannett Company, Yahoo, Alliant Energy, Schnitzer Steel, ITT, International Game Technology, Clearwater Paper y Benchmark Electronics. «Cosas de chicos»: la maquinaria del mundo. Y en promedio, ellas ganan más dinero que los hombres en la misma lista. El 9 de mayo de 2014, Susan Story se convirtió en directora ejecutiva de la American Water Works Company, la empresa de servicios públicos de agua, saneamiento y gestión de residuos más grande de Estados Unidos. Es más, la proporción de mujeres en el nivel inmediatamente inferior —listas por tanto para ocupar futuros puestos ejecutivos— es del 14 %, y aún hay más esperando un nivel por debajo. Las directoras ejecutivas no suelen ser jóvenes, habiendo comenzado la mayoría en una época en la que las barreras de entrada para las mujeres eran mucho más altas. Esto significa, en mi opinión, que el futuro está abierto de par en par.

A propósito, puesto que los consejos corporativos están abrumadoramente compuestos por hombres, estos deben de haber votado a favor de que las mujeres sean directoras ejecutivas de todas esas empresas, al igual que los legisladores varones tuvieron que votar para otorgar a las mujeres el mismo derecho. La política es compleja, pero en estas enormes compañías los consejos no nombraban mujeres por su buen corazón; tampoco arriesgaban miles de millones de dólares por corrección política. Estaban eligiendo a la mejor persona.

Dos de las empresas mencionadas más arriba —Lockheed Martin y General Dynamics— se dedican principalmente a la defensa. ¿Contradice esto la idea de que un creciente número de lideresas contribuirá a un mundo más pacífico? De ningún modo. Las mujeres tienen derecho —tienen, de hecho, la responsabilidad— de contribuir a la defensa de su país, lo que incluye ingresar en las fuerzas armadas, combatir, ascender en el escalafón y convertirse en líderes allí y en el complejo militar-industrial. La positiva influencia de las mujeres en la seguridad mundial no consiste en que estas eviten ciertas profesiones, sino en la estabilidad adicional que ellas y sus prioridades aportarán a sociedades enteras, beneficiándolas con su juicio y liderazgo.

Pero ¿cómo deberíamos interpretar los porcentajes? ¿Cómo les está yendo a las mujeres en su camino hacia el liderazgo en todos los ámbitos? ¿El vaso del Senado está vacío en un 80 % o lleno en un 20 %? ¿Qué hay del vaso de los CEO? —¿95 % vacío o 5 % lleno?— ¿Y el de los jefes de Estado —¿90 % vacío?—. Habiendo vivido desde la década de 1940 hasta ahora, no tengo ninguna duda sobre la respuesta. ¿Qué diría mi madre, quien nunca vio una mujer dando las noticias en la televisión, o una a la que se le pidiera una opinión experta o formando parte de un gabinete ministerial? ¿O mis abuelas (inmigrantes europeas), que no pudieron votar hasta los cuarenta años y para quienes la idea de una mujer primera ministra de Gran Bretaña o Alemania hubiera sonado como una broma hiriente? ¿Qué les dirían ellas a mis hijas —sus bisnietas— sobre las cambiantes perspectivas para las mujeres?

Cuando entré en la universidad, en la década de 1960, las escuelas profesionales tenían solo un puñado de mujeres en un grupo de primer año de unos cien alumnos. Hoy día, las mujeres representan el 47 % de las promociones de las facultades de medicina y un porcentaje similar en las de derecho. Más del 40 % de los estudiantes que ingresan en los programas de MBA —la cantera de futuros directores ejecutivos— son mujeres. Las mujeres constituyen el 30 % de los jueces de los tribunales de distrito federal, el 32 % de los jueces de los tribunales federales de apelación y un tercio de la Corte Suprema de los Estados Unidos.

Indudablemente, queda un largo camino por recorrer, y las mujeres deberían estar impacientes. Si no fuera por su impaciencia, yo sería mucho menos optimista. Pero el cambio ha estado produciéndose de forma constante durante 150 años en el mundo occidental. Las preguntas clave son: ¿cómo hacer que esto suceda más rápido aquí? Y ¿cómo ayudar al resto del mundo a ponerse al mismo nivel?

***

Resulta que yo vivo en Georgia, que no es precisamente un bastión de los derechos de las mujeres. Una joven amiga mía, Anna Beck, ha sido durante cuatro años directora ejecutiva de Georgia's WIN List —«WIN» significa Mujeres en Números[21]—. La organización aúpa a mujeres a favor del derecho a decidir a cargos estatales mediante campañas y recaudaciones de fondos, pero también capacitando a un grupo de mujeres jóvenes como futuras candidatas que sabrán cuanto es preciso para ganar. Solo durante el periodo gestionado por Anna, Georgia's WIN List amparó al 96 % de las mujeres titulares[22] en 2010, añadió cuatro nuevas mujeres a la Cámara de Representantes ese año, amparó al 90 % de las mujeres titulares en 2012 y añadió cuatro nuevas mujeres a la Cámara de Representantes en 2011 y 2012. Los programas WIN funcionan en un entorno masculino hostil en uno de los estados menos educados y menos feministas de Estados Unidos, frente a una reordenación de distritos que favorece a los candidatos masculinos conservadores y en medio de iniciativas para revertir los derechos reproductivos. En muchos lugares están surgiendo organizaciones de base similares. Estas defienden las conquistas femeninas y hacen avanzar el poder de las mujeres.

A nivel nacional existe la EMILY's List, así llamada por un dicho: «El dinero que se gana temprano es como la levadura»[23]. Al recaudar más de $ 50 millones para las campañas de 2012 al Senado de EE. UU., este PAC[24] ayudó a Claire McCaskill, la titular de Missouri, a derrotar a un candidato masculino que había afirmado que las víctimas de violación pueden prevenir fisiológicamente el embarazo. Resultaron elegidas Elizabeth Warren (profesora de derecho de Harvard y defensora de los consumidores), que derrotó con un cómodo margen al entonces titular (hombre popular, atractivo y aficionado a las armas); Mazie Hirono de Hawái, la primera mujer senadora de su estado, así como la primera asiáticoestadounidense y la primera budista en el Senado; y Tammy Baldwin de Wisconsin, la primera persona abiertamente gay en sentarse en dicho cuerpo.

---

21 *Women in Numbers*. N. del T.

22 *Incumbent* en el original; titular actual de un escaño en relación con un proceso electoral. N. del T.

23 *Early Money Is Like Yeast*. N. del T.

24 *Political Action Committee* (Cómité de acción política). N. del T.

Estas victorias dieron lugar a la promoción femenina más grande de la historia en el Senado.

En 2012, la EMILY's List también contribuyó a la elección de Maggie Hassan, la única gobernadora demócrata a favor del aborto en el país, así como a la de diecinueve mujeres para la Cámara y cinco titulares del Senado, además de McCaskill. La EMILY's List se fundó en 1985 con veinticinco miembros; al poco contribuyeron a la elección de Barbara Mikulski como senadora por Maryland, quien elevó a dos el número de mujeres senadoras. Hasta hoy, han ayudado a cien mujeres a llegar a la Cámara, a diecinueve al Senado, a diez a gobernaciones y a más de quinientas a oficinas estatales y locales.

El presidente Barack Obama, en el quincuagésimo aniversario del discurso «Tengo un sueño» de Martin Luther King Jr., parafraseó a este, quien había dicho: «El arco del universo moral es largo, pero se inclina hacia la justicia». Obama dijo: «Puede inclinarse hacia la justicia, pero no se inclina por sí solo». Hillary Clinton, al dar su apoyo a Obama cuando este aceptó la nominación presidencial demócrata en 2008, dijo que, como mujer, era muy consciente de los prejuicios que aún existían; pero añadió que ella se postulaba como una hija cuya madre nunca soñó con tales oportunidades y como una madre preocupada por el futuro de su propia hija. Dio la casualidad de que, en ese momento, la quincuagésima mujer que abandonaba el planeta rumbo al espacio exterior orbitaba nuestro planeta. «Si podemos lanzar a cincuenta mujeres al espacio», dijo, «algún día enviaremos a una mujer a la Casa Blanca. Aunque esta vez no pudimos romper ese techo de cristal, más alto y duro, gracias a ti hoy tiene alrededor de dieciocho millones de grietas y la luz brilla a través como nunca antes». Pero Clinton también tuvo un recuerdo para las sufragistas, los abolicionistas y los héroes de los derechos civiles. Gracias a ellos, dijo, ella creció dando por sentado que las mujeres podían votar, y su hija dando por sentado que las escuelas podían ser multirraciales. «Gracias a ellos y gracias a ti», continuó, «los niños de hoy crecerán dando por sentado que un afroamericano o una mujer puede, sí, convertirse en presidente de los Estados Unidos».

En el verano de 2013, tres años antes de las elecciones presidenciales de 2016, la EMILY's List celebró su primer encuentro «Señora presidenta» en las elecciones preprimarias del estado de Iowa. Los organizadores del evento afirmaron su intención de que se oiga esa expresión —«Señora presidenta»— en la Casa Blanca en 2017, ya sea que Hillary Clinton se presente o no. Ya están invirtiendo en ese resultado. «El dinero que se gana temprano es como la levadura», y este pan está subiendo.

***

Pero un libro que pretenda cubrir toda la historia evolutiva ha de considerar el mundo entero, no solo un país, y una gama más amplia de posiciones políticas. Angela Merkel (doctora en Química Cuántica) es canciller de Alemania, centro de población y locomotora económica de Europa; recientemente elegida para un tercer mandato, será una de las modernas jefas de Estado europeas con más años de servicio. Noruega y Corea del Sur, ambas importantes democracias y potencias económicas, están gobernadas por mujeres, al igual que Brasil y Argentina, los dos gigantes de América del Sur (en septiembre de 2014, la lideresa brasileña hubo de enfrentarse a un serio rival femenino: Marina Silva). India, la democracia más grande del mundo, fue dirigida por Indira Gandhi desde 1966 hasta su asesinato en 1984 (salvo entre 1977 y 1980). La primera ministra del Reino Unido de 1979 a 1990 fue Margaret Thatcher, quien propulsó un cambio dramático mientras presidía un país fundamental en la Alianza Atlántica y la Commonwealth. Julia Gillard, como primera ministra de Australia, protegió una economía clave del Pacífico de la Gran Recesión; a Australia le fue mejor que a casi cualquier otra nación avanzada. E Israel fue dirigido por una primera ministra —Golda Meir— durante algunos de los años más difíciles de su historia.

Naturalmente, hay no pocas cuestiones incómodas respecto a estas mujeres: cuán pocas eran, cómo triunfaron en un mundo de hombres imitando a estos, cómo desatendieron los intereses de las mujeres, cómo cedieron a la llamada de la guerra. Lo que nunca podrá decirse de ellas, sin embargo, es que fueron incompetentes o que demostraron una sola de las afirmaciones hechas durante siglos —relativas a emociones, ciclos, constituciones débiles, fragilidad, etc.— para justificar el apartamiento de las mujeres del poder. Ellas desmintieron todo esto. Ellas lideraron. Con todos sus defectos, desempeñaron sus cargos tan bien o mejor que los hombres en los mismos puestos —antes de ellas y desde entonces—, como sin duda lo harán las muchas mujeres que vendrán.

Por cierto, la nueva primera ministra noruega es la segunda mujer en ese puesto en la historia del país, procediendo cada una de ellas de un lado distinto de la divisoria política. Dos de los tres puestos principales en el gabinete fueron para mujeres, y en los últimos años los gobiernos noruegos han sido prácticamente paritarios. Es interesante recordar que estas mujeres, así como las personas que las eligieron, descienden de los vikingos, una de las culturas dominadas por hombres más brutales de la historia; los hombres vikingos emplearon la violación y otras formas de violencia contra las mujeres de los pueblos conquistados desde Irlanda hasta Rusia. Ahora las mujeres gobiernan *su* país.

Pero por mucho que lo anterior revele sobre el potencial de las mujeres, ello no representa a la especie humana; se trata, simplemente, de la punta del iceberg.

***

En junio de 2013, una organización llamada ONU Mujeres —fundada tres años antes— publicó una declaración: «Un objetivo transformador independiente para lograr la igualdad de género, los derechos y el empoderamiento de las mujeres». ONU Mujeres fusionó cuatro divisiones de la ONU que se ocupaban de los problemas de la mujer. El «objetivo transformador independiente» es clave; existen Objetivos de Desarrollo del Milenio (ODM) generales para toda la humanidad. Pero ahora hay un objetivo específico para las mujeres, pues si bien los ODM incluyen las preocupaciones de estas, es necesaria una atención especial. El informe concluye:

Estas ideas no son nuevas. (...) Sin embargo, abordarlas de manera holística e integral (...) constituiría un cambio fundamental en la política y la práctica del desarrollo. (...) El mundo, sencillamente, no puede permitirse el lujo de desaprovechar esta oportunidad, única en una generación, de transformar las vidas de mujeres y niñas, de hombres y niños, en todas partes.

Hay tres componentes en la declaración: (1) liberar de la violencia a las mujeres y niñas; (2) igualdad de género en capacidades y recursos; y (3) igualdad de género en la esfera de toma de decisiones. Cada componente posee entre tres y ocho metas, siendo cada una de ellas monitoreada según varias medidas cuantitativas; se espera que cada país miembro (y su personal asociado de la ONU) presente estas cifras y muestre su progreso anualmente.

Se trata de objetivos ambiciosos. Muchos países ni siquiera pueden contar con precisión los nacimientos y las defunciones, y mucho menos medir tantos y tan sutiles indicadores. Sin embargo, ONU Mujeres está monitoreando a sus empleados en todo el mundo para garantizar la calidad de estos informes. Es bueno definir objetivos específicos y tratar de evaluar el progreso en su consecución. Y es muy importante que se singularice a las mujeres, y no solo por el bien de estas.

Sabemos desde hace mucho tiempo que la mejor manera de gastar un dólar de ayuda al desarrollo es educar a una niña y, por tanto, empoderar a las mujeres, porque está comprobado que estas:

- tienen menos niños y se reduce la mortalidad infantil;
- crían niños más saludables de ambos sexos;
- educan a estos niños hasta un nivel más alto;
- tienen, ellas mismas, una mejor salud;
- mejoran la salud de su marido;
- tienen más poder adquisitivo durante toda su vida; y
- resisten mejor los intentos que los hombres, mediante amenazas, abusos y violencia, hacen para desviar su tiempo y dinero de los antedichos objetivos.

Así pues, centrándose en la mitad de la especie humana, ONU Mujeres sirve más eficazmente, también, a los objetivos generales de desarrollo de la otra mitad. Esto ayudará a guiar la siguiente fase de la evolución humana.

Entretanto, los indicadores nos muestran lo que está en juego. Si bien el tercer componente —la igualdad de género en la toma de decisiones— puede no diferir tanto entre el mundo en desarrollo y el desarrollado, la mayoría de los lectores de este libro no han de preocuparse por el saneamiento, la búsqueda de baños, el acceso a instalaciones obstétricas, la posible amputación del clítoris de sus hijas o el riesgo que corren las niñas de ser violadas, desfiguradas o asesinadas por el mero hecho de ir a la escuela. La violencia doméstica es demasiado común en todos los países, pero en algunos, la violencia rutinaria por parte de la pareja masculina es el hecho central de la vida de las mujeres. Debemos entender estos flagelos, pero también —y quizá sea lo más importante— aquello que está actuando en su contra. No hay razón para la desesperanza, pero es preciso doblar activamente el arco de la historia; hagamos eso y el arco de la evolución se ocupará de sí mismo.

***

A lo largo de la evolución, nos hemos adaptado a una mayor mortalidad masculina suministrando (biológicamente) una mayor proporción de varones en la concepción; esto sigue verificándose en el momento del nacimiento. En la Unión Europea, por ejemplo, esa proporción es de aproximadamente 1,06, lo que significa un 6 % más de recién nacidos varones. Tomando a todos los niños menores de quince años, la proporción es un poco más baja: 1,05. En adultos es casi igual (alrededor de 1,0), pero en edades superiores a sesenta y cinco años se invierte, con solo 75 hombres por cada 100 mujeres (0,75). Estos números reflejan la biología básica de nuestra especie en condiciones óptimas de nutrición, saneamiento, atención médica e igualdad relativa de género.

En China, sin embargo, los números correspondientes son: 1,12, 1,17, 1,06 y 0,93; en India: 1,12, 1,13, 1,07 y 0,9. En algunos otros países son similares. Algo anda mal aquí —en todas las edades hay más niños y hombres de los que se espera de la biología básica—, y estos países juntos contienen entre un tercio y la mitad de nuestra especie, por lo que además de extraño es importante, y sabemos lo que hay detrás de ello. Las niñas y las mujeres empiezan a ser discriminadas en el útero, donde es mucho más probable que sean abortadas deliberadamente si se conoce su sexo. Pero la proporción empeora en la infancia, lo que significa que mueren más niñas que niños porque estas son desatendidas. Después de los sesenta y cinco años, hay aproximadamente 20 hombres más por cada 100 mujeres en India y China que en Europa. Esto demuestra que las mujeres, a pesar de ser naturalmente resilientes, están muriendo en mayor número a lo largo de su vida. En China, la política del hijo único agrava esta discriminación de género.

La Premio Nobel de Economía Amartya Sen se ha referido a ellas como «las mujeres desaparecidas»; debería de haber 100 millones más de las que hay ahora en el mundo en desarrollo, 85 millones solo en China e India. El resultado: muchos millones de hombres sin mujeres; algo que debería favorecer el poder de la mujer, pero que, por lo general, conduce a la violencia masculina, incluida la violación. Los biólogos evolucionistas saben que, en la mayoría de las especies, las proporciones de sexos sesgadas acaban equilibrándose, porque el sexo más escaso se esfuerza más en el mercado del apareamiento, pero esperar este reequilibrio requiere tiempo y dolor.

Kate Gilles y Charlotte Feldman-Jacobs, del Population Reference Bureau, en un resumen de evidencia de 2012, recomendaron desalentar el uso de tecnologías de determinación del sexo (SDT) para los no nacidos, reclutando médicos como socios y defensores, dando a las mujeres derechos de herencia y realizando campañas de concienciación. Varios países, incluidos China e India, han restringido los SDT; India ha impulsado una campaña denominada «Médicos para Hijas». El programa Ladli en Delhi deposita dinero en una cuenta bancaria al registrarse el nacimiento de una niña, con depósitos adicionales que recompensan el progreso escolar; las niñas reciben el dinero a los dieciocho años si permanecen solteras y han finalizado el décimo grado. Una serie de televisión llamada *Atmajaa* («Nacida del alma») dramatizó la difícil situación y el valor de las niñas y mujeres en el norte de la India, donde el desequilibrio es peor; la investigación mostró que la serie cambió la actitud de las mujeres más jóvenes.

La mayor historia de éxito al respecto es Corea del Sur, que ha abandonado la lista de países con una proporción de sexos sesgada, tras haber ocupado el peor puesto. Las autoridades surcoreanas impusieron severas sanciones a los médicos que ofrecían la elección de sexo e impulsaron programas para cambiar las actitudes patriarcales y dar a las mujeres empleos bien remunerados. Entre 1985 y 2003, el porcentaje de mujeres que dijeron «debo tener un hijo varón» disminuyó del 48 al 17 %. Hoy, si los padres expresan una preferencia, es más probable que sea la de tener una hija. La demógrafa del Banco Mundial Monica Das Gupta, un poco sorprendida por la velocidad del cambio, ha declarado que la preferencia por los hijos varones en Corea del Sur «ha terminado».

Otro cambio inesperado es el desplome de la tasa de natalidad en Bangladés. Ruth Levine, Molly Kinder y el grupo de trabajo «What Works?» lo convirtió en un caso de estudio en *Millions Saved: Proven Successes in Global Health*. El programa dependía de un gran cuadro de trabajadoras de extensión comunitaria, un pequeño ejército de «Margaret Sangers» que proporcionaba asesoramiento, educación e información sobre planificación familiar, con el apoyo de los medios de comunicación. El uso de anticonceptivos pasó del 8 al 60 % en el último cuarto del siglo XX, mientras que los nacimientos por mujer descendieron de más de seis a tres; en el último recuento, en 2012, la cifra era de 2,2.

Un análisis multivariado de 2012 mostró que la educación y los medios de comunicación desempeñaron el papel principal, aunque la religión también contó —los hindúes hacen más uso de los métodos anticonceptivos que los musulmanes—. Conocidos escritores crearon una telenovela centrada en Laila, una trabajadora de extensión comunitaria, especialista en planificación familiar; la serie cambió las actitudes de los maridos y redujo el acoso a los trabajadores comunitarios reales. El porcentaje de mujeres casadas que usaban métodos anticonceptivos en 2007 aumentaba con la edad: del 41 % para las que se hallaban en la adolescencia al 67 % para las que lo hacían en la treintena; las mujeres maduras habían aprendido a dejar de tener hijos y a centrarse en los que tenían. Esta iniciativa es uno de los grandes triunfos de la planificación familiar y está siendo imitada en Kenia, Tanzania, Brasil, México e India.

No obstante, los partos que tienen lugar siguen siendo peligrosos. 287.000 mujeres mueren cada año en todo el mundo por causas relacionadas con el parto, el 99 % de ellas en países en vías de desarrollo. Una mujer en Afganistán o Sierra Leona tiene un riesgo de morir durante el parto que es 1.000 veces mayor que en Noruega o Suiza. Sin embargo, Sri Lanka ha tenido un éxito espectacular, reduciendo a la mitad las muertes maternas cada doce años desde 1935 y pasando, desde 1950, de alrededor de 600 a 60 muertes por cada 100.000 nacimientos —y esto con un presupuesto de atención sanitaria percápita que es la mitad del de India, donde mueren 400 madres por año y 100.000 nacimientos—. Sri Lanka es pobre y, durante un cuarto de siglo, se vio desgarrada por una agonizante guerra civil que no acabó hasta 2009. ¿Cómo pudo derrotar la mortalidad materna?

En primer lugar, en Sri Lanka existe una tradición de alfabetización femenina; el 89 % de las mujeres sabe leer y escribir, más del doble del promedio del sur de Asia. Ha tenido dos primeras ministras, aunque solo el 5 % de su parlamento es femenino. Posee un eficaz registro civil, contabilizando todas las muertes maternas desde 1900; acceso generalizado y creciente a la atención sanitaria gratuita; una buena formación de parteras (ahora más del 97 % de los partos son atendidos por profesionales); servicio de asistencia social a mujeres pobres y aisladas; además de haberle declarado la guerra a la malaria. El caso de Sri Lanka, junto con disminuciones menos dramáticas en Honduras, Malasia y otros lugares, muestran que las variables clave —además de educar a las niñas— son la iniciativa gubernamental (incluyendo buenas estadísticas), buenos hospitales y parteras bien capacitadas en la comunidad. Por cierto, el 99 % de los habitantes de Sri Lanka afirma que la religión es importante en sus vidas; el 70 % son budistas, el 13 % hinduistas, el 10 % musulmanes y el 7 % cristianos.

Mi colega Lynn Sibley —antropóloga, enfermera partera y profesora de enfermería— ilustra lo que una persona determinada puede hacer: «Las cosas que matan a las madres y los bebés suceden rápidamente, son emergencias, no pueden predecirse». Habiendo ayudado a traer al mundo a miles de bebés, ella debe saberlo bien. Pero en Etiopía, donde ha trabajado durante años, el 90 % de las mujeres da hoy a luz sin la ayuda de esa experiencia. Las asistentes del parto tradicional (no parteras capacitadas) las ayudan en sus hogares en las aldeas rurales, siendo frecuentes las muertes maternas.

Sibley identifica un período de cuarenta y ocho horas, durante y después del nacimiento, en el que las mujeres son especialmente vulnerables: a las hemorragias, la eclampsia (una crisis de presión arterial), la distocia y la sepsis (infección sistémica); estas complicaciones matan a las madres en Etiopía y en todo el mundo. Pero para ella esas cuarenta y ocho horas son una ventana de oportunidad. Etiopía, un país de 80 millones de habitantes, tiene la novena tasa de natalidad más alta del mundo, con 720 muertes maternas por cada 100.000 nacimientos (doce veces la tasa de Sri Lanka). Cuando la Fundación Bill y Melinda Gates, que recibe el mejor asesoramiento sobre salud mundial, oyó hablar del programa de Sibley, solicitó para él una subvención y acabó otorgándole $ 8 millones.

Ella sabía bien en qué gastarlos. Tomemos, por ejemplo, la hemorragia. Cuando una mujer que acaba de dar a luz está (como solíamos decir en la facultad de medicina) «tratando de morir desangrada», hay formas de «disuadirla de ello»: oxitocina IV; transfusiones de sangre; en el peor de los casos, una histerectomía. Pero si ella «trata» de hacerlo en una choza de barro en las montañas de Etiopía, con una asistente del parto tradicional de la aldea, es muy posible que logre desangrarse.

La idea de Sibley era enseñar a las asistentes locales algunas cosas básicas: primero, a reconocer y reaccionar al sangrado excesivo; su investigación mostró que ellas no hacían esto antes de ser formadas (algunas incluso tenían supersticiones al respecto), sin embargo, conocían muy bien los signos tras recibir la formación. Segundo, hacer que la madre orinara; una vejiga hinchada puede inhibir las contracciones que detienen el sangrado (el alumbramiento, como también aprendí en la Facultad de Medicina, no es un proceso limpio, pero las madres se sienten inevitablemente avergonzadas por algunas de las cosas más comunes). Tercero, masajear el útero desde fuera para hacer que se contraiga. Y cuarto, para después del parto, la presión combinada de una mano o puño dentro de la vagina y otra presionando sobre el útero desde el exterior. Por último, se les enseñó a llevar a la madre y al niño a un centro médico de inmediato.

Se trata de intervenciones sencillas y elegantes que (hasta cierto punto) respetan las costumbres locales y se desarrollan a partir de alianzas con la población local; el programa de Sibley puede ampliarse —y creo que lo hará— a las zonas más pobres del mundo. Como ella misma dice, «Sabiendo lo que sabemos hoy, ninguna mujer debería morir al dar a luz».

***

Hace treinta años, nadie podía imaginar que una extraña enfermedad, limitada a determinadas poblaciones, se convertiría en una gran carga para las mujeres y los hombres del mundo. A finales de la década de 1980, Tailandia encabezaba el *ranking* de la epidemia de VIH/SIDA, sin embargo, muy pronto pasó a liderar la lucha contra ella. Al principio, los consumidores de drogas intravenosas y los hombres que practican sexo con hombres (HSH) prevalecieron en la epidemia, pero la positividad al VIH entre las trabajadoras sexuales tailandesas pasó del 3,5 al 22 % entre 1989 y 1991; entre los reclutas varones del ejército de veintiún años pasó del 0,5 al 3 % en los mismos dos años. Entonces, la guerra contra el sida llegó a la oficina del primer ministro y, en doce años, una campaña franca e intensa redujo las nuevas infecciones por el VIH en un 90%. Los profesionales de la salud visitaron los burdeles, donde entretuvieron y enseñaron a los trabajadores del sexo; modelos de pene tallados en madera —un punto rojo en la punta significaba infección— hicieron reír a las jóvenes, incluso cuando aprendieron a deslizar condones sobre el improvisado fuste. Las campañas dirigidas a los hombres en los medios públicos hicieron el resto.

Según el *Bangkok Post* del 21 de diciembre de 2012, Mechai Viravaidya —quien dirigió la campaña y es conocido como «Sr. Condón»— advierte ahora: «El gobierno se ha quedado dormido al volante». Las nuevas infecciones están aumentando nuevamente, amenazando a la población en general. Pero en la década de 1990, su «Programa 100 % con Condón» desempeñó un papel fundamental (a pesar de no alcanzar la puntuación perfecta); el Banco Mundial estima que en 2005 se previnieron 7,7 millones de infecciones en Tailandia.

Sin embargo, como señaló Elizabeth Pisani —la brillante epidemióloga y autora de *La Sabiduría de las putas*—, algo más estaba sucediendo en Tailandia en la década de 1990. Las mujeres jóvenes solteras estaban teniendo más relaciones sexuales —con un aumento de casi diez veces durante la década—. Si está usted rascándose la cabeza, sepa que yo también lo hice. ¿Cómo podía traducirse ese «más mujeres teniendo sexo» en menos VIH? Lo que ha sucedido en un país tras otro es que a medida que las mujeres jóvenes se volvían más liberales sexualmente, el porcentaje de hombres jóvenes que pagaban por sexo se reducía notablemente. Así pues, paradójicamente, lo último que uno desearía es una campaña del tipo «Simplemente Di No al Sexo» para los adolescentes comunes. Y no es precisamente una obviedad hallar la forma de subvertir esta epidemia o proteger a las mujeres en particular.

Hoy día, para la humanidad en su conjunto, la proporción de hombres y mujeres con VIH es de uno a uno. Pero puesto que las mujeres representan el 60 % de los nuevos casos en todo el mundo, no tardarán en superar a los hombres en el total de casos. Las trabajadoras sexuales constituyen una pequeña fracción; la mayoría de las mujeres contraen la enfermedad a través de sus maridos. Los hombres se la llevan a las mujeres, que la cogen más fácilmente; la vagina es un entorno acogedor para los gérmenes. La epidemia heterosexual es peor en el África subsahariana, pero muchos hombres en todo el mundo se niegan a usar preservativo, y muchos obligan a sus esposas a tener relaciones sexuales según sus propios gustos. En África, las campañas de salud pública en algunos países, particularmente en Uganda, tuvieron mucho éxito durante un tiempo, pero al igual que en Tailandia, se producen retrocesos.

Según una encuesta de 2012 en Uganda, el uso del preservativo es insuficiente e inadecuado, y ahora están aumentando las infecciones en este país. Entretanto, en Madagascar, Mozambique, Zimbabwe y en otros lugares del sur de África hay hombres que no solo quieren sexo sin condón, sino también «sexo en seco». Esto significa aplicar abrasivos u otras sustancias en la vagina para aumentar la fricción; estas prácticas generalizadas aumentan la probabilidad de microdesgarros vaginales, lo que, a su vez, aumenta el riesgo de contraer el

VIH y otras infecciones de transmisión sexual. Como «Coca Colo» lo expresó en su blog *Feminomics*:

Las *ayudas* para el sexo en seco son lo contrario a los lubricantes. La idea es que el hombre sienta el sexo caliente, apretado y áspero, lo que supuestamente hace que lo disfrute más. En la práctica, también puede hacer que la penetración sea extremadamente dolorosa para las mujeres, crear hinchazón y descamación vaginales y reducir la protección natural del cuerpo contra el VIH.

Las afirmaciones de Coca son consistentes con la investigación. Sin embargo, las infidelidades y presiones sexuales de los hombres, aunque importantes en la epidemia africana de SIDA, no la iniciaron. En la raíz, según han descubierto los expertos, se halla el personal sanitario. Desde antes de que empezara la epidemia, los profesionales sanitarios en África, careciendo de recursos, han reutilizado agujas e instrumentos quirúrgicos sin esterilizar en un paciente tras otro. Esto, junto con el hecho de que el virus evolucionó en este continente, puede ser lo que inicialmente convirtió África en el peor lugar del mundo para el VIH/SIDA.

Así pues, las mujeres necesitan ser protegidas tanto de los profesionales sanitarios incompetentes como de los hombres agresivos. Bill Gates, tan admirable en la filantropía de la salud global como en el desarrollo de software (en parte debido al consejo de su esposa Melinda), evaluó el progreso de su fundación en 2012. Aun dudando del éxito perdurable del cambio de comportamiento, él escribe:

Un segundo enfoque es la circuncisión masculina, que reduce la transmisión del VIH hasta en un 70 %. (…) El coste es bastante bajo y la protección es de por vida. Más de un millón de hombres de entre 15 y 49 años han sido circuncidados en 14 países de África meridional y oriental con grandes epidemias de sida, pero esto es solo el 5 % del número total que podría beneficiarse del procedimiento. (…) Botswana, Kenia, Sudáfrica y Tanzania están empezando a mostrar liderazgo al hacer llegar el mensaje a todos los hombres jóvenes. (…) Kenia ha realizado el mayor progreso, circuncidando al 70 % de los hombres aptos. Me decepcionaría mucho si, para 2015, menos de 15 millones de jóvenes optasen por protegerse a sí mismos y a sus parejas circuncidándose.

Fíjese en la palabra «optado». Se trata de algo voluntario. Sin embargo, hay una cierta justicia poética en que un hombre se preste a que le *recorten* el pene para contribuir a frenar una epidemia que no existiría, o al menos sería mucho menos grave, sin las rudas formas de la sexualidad masculina. Por cierto, es preciso que los hombres se abstengan de tener relaciones sexuales hasta que las heridas de la circuncisión estén completamente curadas o aumentarán el riesgo de sus parejas.

Gates escribe, también, sobre la búsqueda de una vacuna y el tratamiento para la prevención —un tratamiento temprano que reduce el riesgo para los demás—. Esto funciona especialmente bien para evitar que las mujeres lo transmitan a sus hijos nonatos. Pero el tratamiento —la inconformista Elizabeth Pisani de nuevo—, por mucho que sea lo correcto, no bastará para prevenir el contagio. Y esto porque la terapia de mantenimiento a largo plazo tiene interrupciones inevitables: los pacientes se quedan sin medicamentos y no pueden pagar su renovación o se sienten bien y dejan de tomarlos durante un tiempo o se vuelven resistentes a los que han estado tomando. Se sienten bien, se ven bien, se divierten, pero es posible que no tengan una carga viral lo suficientemente baja como para prevenir la transmisión.

La Fundación Gates también participa activamente en la planificación familiar; hay unos 200 millones de mujeres en todo el mundo que, afirmando no querer tener un bebé en los próximos dos años, no usan anticonceptivos. Gates financia implantes e inyectables y quiere desarrollar versiones de estos que las mujeres puedan administrarse ellas mismas. Es fácil ver qué tiene esto en común con la circuncisión masculina: usted toma una decisión, hace una cosa y obtiene protección a largo plazo sin necesidad de volver a recurrir a la fuerza de voluntad. Para las mujeres, esto es particularmente importante, ya que a menudo su problema no es su propia fuerza de voluntad, sino la voluntad masculina que les es impuesta. «Si no va a usar condón, al menos que se circuncide». O bien: «Al menos tengo mi implante, así que no tengo que rogarle que espere mientras me coloco el diafragma o la esponja». La protección contra embarazos no deseados e infecciones no debe depender de la buena voluntad de los hombres ni de la capacidad de resistencia de la mujer. Si el sexo deviene en algo rudo, los desgarros vaginales se vuelven más comunes y los gérmenes campan a sus anchas. Si no podemos proteger a una mujer al 100 %, al menos podemos mejorar sus probabilidades.

***

Hay otra epidemia que afecta de manera abrumadora a las mujeres. Dos notorias y brutales violaciones en grupo ocurrieron en la India en un año: una en diciembre de 2012 en Delhi y otra en agosto de 2013 en Mumbai. En la primera, seis hombres jóvenes violaron y asesinaron a una estudiante en un autobús; golpearon a su compañero hasta dejarlo inconsciente con una barra de hierro que, acto seguido, usaron para abusar de la joven de tal modo que le dañaron gravemente los intestinos, siéndole extirpados quirúrgicamente en un vano intento por salvar su vida. El violador más joven, un adolescente, fue sentenciado en un juicio rápido a una pena de tres años —la máxima para menores—; otro menor implicado se ahorcó en prisión. Los otros cuatro fueron condenados a muerte, algo que la Corte Suprema de la India reserva para «los casos más raros de los raros»; en marzo de 2014, el Tribunal Superior de Delhi confirmó las penas capitales. En el caso de Mumbai, cinco hombres atacaron a una reportera gráfica de veintitrés años; después de atar a su compañero masculino, la llevaron aparte y la violaron entre todos. Ella pasó un mes en el hospital. Cinco sospechosos fueron arrestados y juzgados; tres de ellos, reincidentes por violación, fueron condenados a muerte en abril de 2014.

Junto con mi esposa, una psicóloga que trabaja con niñas en riesgo de explotación sexual, pasé un mes en India entre estos dos eventos. Todo el mundo allí nos dijo que la violación en grupo en Delhi el diciembre anterior había provocado la toma de conciencia de la nación. Según la gente de Mumbai, ese era el tipo de cosas que sucedían en Delhi, pero no en su ciudad. Mientras viajábamos de Orchha a Agra (donde se halla el Taj Mahal), yo ignoraba lo que le había sucedido a una pareja suiza que hacía cicloturismo entre esas ciudades en marzo: el hombre fue atado y obligado a mirar mientras ocho hombres violaban a su esposa de treinta y nueve años. Seis de ellos fueron juzgados y condenados a cadena perpetua.

Estas violaciones tienen algo en común con el espíritu de la era de las tribus e imperios en guerra. Las agresiones están en parte relacionadas con el sexo, pero principalmente con la humillación y la violencia. Los perpetradores golpearon e inmovilizaron a los hombres, obligándolos a ver cómo las mujeres a las que deberían haber protegido eran violadas salvajemente en grupo. La humillación de los hombres formaba parte del guion.

Pero la mayoría de las violaciones que se producen en el mundo no son como estas; en su mayor parte son perpetradas por un compañero sentimental u otro conocido de la víctima, no por extraños. Todo ello restringe la libertad de la mujer mediante la intimidación. La violación y otras formas de violencia contra la mujer, incluidas las palizas a la esposa, los asesinatos por «honor» y otras agresiones familiares, son parte de la violencia estructural a la que se enfrentan las mujeres en todo el mundo. En un estudio sobre mujeres de quince a cuarenta y nueve años, realizado en 2012 por la OMS en diez países, el número de mujeres que habían sido forzadas a mantener relaciones sexuales oscilaba entre el 15 % en Japón y el 71 % en Etiopía. El porcentaje de mujeres cuya primera experiencia sexual fue una violación —la base para un miedo perpetuo— era del 17 % en las zonas rurales de Tanzania, el 24 % en las de Perú y el 30 % en las de Bangladesh.

La epidemióloga social Karen Devries y sus colegas de la Escuela de Higiene Tropical de Londres analizaron más detalladamente los datos en un artículo de 2013. Descubrieron que el 30 % de las mujeres de quince años o más han sufrido violencia de pareja (IPV). Esto ocurre en todas partes. Los promedios regionales más bajos se dan en Asia Oriental (16 %) y Europa Occidental (19 %). En África Oriental y América del Sur andina son muy altos (alrededor del 40 %), pero la devastada por la guerra subregión de África Central constituye, con un 66 %, una clase aparte. Sudáfrica, sin embargo, cuenta con un programa modelo que, en dos años, redujo la violencia de pareja rural a menos de la mitad.

La educación de las niñas y, para ambos sexos, la microfinanciación y los programas de prevención basados en la escuela funcionan en varios entornos, y en muchos países se ha aprobado legislación para castigar a los violadores y no a las víctimas. India aprobó este año una nueva ley nacional para aumentar los enjuiciamientos y castigos severos para los violadores, incluyendo los juicios rápidos. Sin embargo, sigue siendo legal que un esposo viole a su esposa, y durante las elecciones indias de 2014, el líder de un reconocido partido en el estado de Uttar Pradesh respondió así a las condenas por violación en grupo: «Los chicos cometen errores, no deberían ser colgados por esto; revocaremos las leyes contra la violación». Un correligionario y legislador estatal en funciones, al que se le preguntó unos días después sobre los comentarios del líder del partido, fue más allá aún: «Cualquier mujer, casada o soltera, que se vaya con un hombre, aun sin consentimiento de ella, debería ser ahorcada. Ambos deberían ser ahorcados».

Quizá esta idea de ahorcar a mujeres víctimas de violación estaba en la mente de los hombres que, en mayo de 2014, violaron en grupo a dos niñas de catorce y dieciséis años cerca de una aldea en el estado de Uttar Pradesh, porque después de la agresión colgaron a las niñas de un árbol de mango usando las propias bufandas de estas. El secuestro de las niñas fue presenciado por testigos; tres hermanos fueron arrestados y confesaron la violación, pero no el asesinato, y se acusó de complicidad a dos policías. Como cientos de millones de personas, habitantes de zonas rurales en todo el mundo, las niñas no tenían acceso a instalaciones sanitarias, por lo que se hallaban en el campo haciendo sus necesidades cuando fueron atacadas. El primer ministro del estado, presionado por los periodistas, declaró: «Ustedes no se enfrentan a ningún peligro, ¿no es así? Entonces, ¿por qué están preocupados? ¿Qué significa este suceso para ustedes?». Un ministro del interior de un estado vecino afirmó que la violación es «un delito social que depende de hombres y mujeres. A veces está bien, a veces está mal».

La ONU estima que 600 millones de mujeres viven hoy en países donde la violencia de pareja ni siquiera es nominalmente un delito. Pero para que no se piense que las cosas son mejores en Estados Unidos que en la India, debemos señalar que Estados Unidos fue líder mundial en violaciones denunciadas en 2010 (unas 85.000), mientras que la India, con una población cuatro veces mayor, ocupaba un distante tercer lugar, con solo alrededor de 22.000 denunciadas. Sin embargo, los expertos aseguran que casi una de cada dos violaciones es denunciada en Estados Unidos, en tanto que solo una de cada diez lo es en la India. Además, la violación conyugal no se incluye en las estadísticas indias, mientras que sí se incluye en las estadounidenses. Así pues, dados todos los problemas para obtener estadísticas precisas, probablemente sea justo decir que las tasas de violación no son tan diferentes en los dos países.

Tampoco el desdeñoso tipo de actitud oficial que vimos en la India se limita a lugares lejanos con nombres que suenan exóticos. En 2014 el Departamento de Justicia de EE. UU. investigaba a unos fiscales en Missoula (Montana) por decirle a una presunta víctima de violación: «Todo lo que usted quiere es venganza», y a la madre de un niño de cinco años violado por un adolescente: «Los chicos siempre serán chicos». En Steubenville (Ohio), la violación en 2012 de una niña de dieciséis años, ebria e inconsciente, provocó un escándalo al utilizar sus violadores las redes sociales para presumir de su crimen y burlarse de su víctima. Debido a que ambos violadores eran estrellas del equipo de fútbol de la escuela secundaria local, el fanatismo por este deporte, combinado con lo que en Estados Unidos se ha denominado «cultura de la violación», llevó a una defensa pública de los agresores por parte de los funcionarios municipales y de la escuela y a un encubrimiento parcial de lo que estos funcionarios sabían y desde cuándo lo hacían. El entrenador, que actuó como testigo de carácter de los chicos acusados de la violación, declaró que estaba orgulloso de ellos y que no veía ninguna razón para sentarlos en el banquillo; en cierta ocasión, incluso, gritó improperios a los periodistas, amenazándolos a ellos y a sus familias.

No es de extrañar que se haya articulado una respuesta mundial a tales excesos. Eve Ensler, autora de *Los monólogos de la vagina*, fundó el movimiento Día V —V de violencia, vagina y San Valentín— en 1998. El 14 de febrero de 2013, día de San Valentín en Estados Unidos, Día V lanzó una campaña llamada *Mil Millones en Pie* [*One Billion Rising*], ya que casi una de cada tres mujeres —aproximadamente mil millones— son violadas o agredidas a lo largo de su vida. El objetivo era que personas de ambos sexos pidieran el fin de semejante flagelo reuniéndose, organizando huelgas, manifestándose y bailando. Decenas de miles de personas se manifestaron ese día en todo el mundo y, según todos los informes, el evento Día V en 2014 fue (al menos) igualmente generalizado y exitoso. Durante un total de cuarenta y ocho horas se desarrollaron manifestaciones pacíficas en todas las zonas horarias del globo. El secretario general de la ONU, Ban Ki-moon, dijo: «La pandemia mundial de violencia contra mujeres y niñas prospera en una cultura de discriminación e impunidad. Es preciso hablar, y estoy orgulloso de alzar enfáticamente mi voz uniéndome al coro de cuantos participan en la campaña *Mil Millones en Pie*». El objetivo ahora es celebrar el evento mundial el 14 de febrero de cada año.

***

Otra cuestión en el punto de mira de *Mil millones en pie*, así como de la OMS, Care International, el Carter Center y otras organizaciones es la ablación genital femenina (FGC). Esta denominación (a diferencia de «mutilación genital femenina») no aísla de inmediato a las personas —principalmente mujeres— que perpetúan la práctica, pero tampoco la minimiza como hace «circuncisión femenina». Se trata de una práctica mucho más invasiva que la circuncisión masculina, pues implica la extirpación total o parcial del clítoris, el centro de la experiencia sexual de la mayoría de las mujeres y el único órgano cuyo propósito no es otro que el de proporcionar placer. A menudo, también implica cortar porciones de los labios e incluso unir los bordes cortados para sellar parcialmente la abertura vaginal. Tal como se realiza tradicionalmente, suele causar complicaciones médicas y quirúrgicas que pueden suponer riesgo de muerte. Provoca una reducción de por vida en la calidad del disfrute sexual de la mujer, lo cual a menudo es parte del objetivo.

Se estima que en África (incluido el norte continental), 100 millones de niñas y mujeres mayores de diez años han sufrido la ablación, junto a otros 40 millones en Asia y grupos de inmigrantes en Occidente. Según un informe de 2012 de Orchid Project, una organización benéfica centrada en la ablación genital femenina, esta sigue siendo legal en los Emiratos Árabes Unidos, Yemen, India y Pakistán, y es común, aunque ilegal, en Malasia, Indonesia y el Kurdistán iraquí. Un nuevo fenómeno estadounidense, la «mutilación en vacaciones», consiste en enviar a niñas de familias de inmigrantes africanos a África durante el verano para que sean *operadas* allí, a menudo sin previo aviso y contra su voluntad. La ley federal prohibió la práctica en Estados Unidos en 1996, y desde 2013 se considera ilegal transportar niñas con este propósito. Aunque se trata de una práctica común en los países musulmanes, no tiene base alguna en el islam; un encuentro de eruditos islámicos en El Cairo en 2006 concluyó con una *fatwa* emitida contra la ablación por el gran *mufti* de Egipto. El Carter Center está trabajando para construir un consenso religioso internacional en su contra, como se describe en el libro del expresidente publicado en 2014.

Erradicar esta práctica es uno de los objetivos de la organización Tostan —«gran avance» en la lengua *wolof* de Senegal— de Molly Melching. Esta se trasladó allí en 1974 y comenzó a cultivar confianza y amistades. El Programa de Empoderamiento Comunitario de Tostan —ahora funcionando en ocho países y alcanzando a 200.000 personas— tarda tres años en implementarse en una aldea, con un facilitador capacitado que habla con fluidez la lengua local. En una entrevista realizada en junio de 2013 por la propia Melinda Gates, Melching dijo que «es comprensible que el público se indigne cuando se le informa sobre algunas prácticas nocivas (…) pero yo aprendí en Senegal que la agresividad no conduce a la efectividad (…) que los métodos combativos y condenatorios en realidad solo consiguen que la gente se cierre y se aparte».

Melching también explicó: «Nosotros nunca acusamos ni combatimos a los hombres, en particular a los líderes tradicionales y religiosos. Más bien los vemos como aliados, como líderes importantes para el cambio en el movimiento (…). Hay muchos héroes masculinos en este movimiento en los ocho países africanos en los que hemos estado trabajando». Los colaboradores de Tostan aprendieron a no esperar cambios inmediatos y, especialmente, a no predicar; Melching está justamente orgullosa de los avances de Tostan en la lucha contra el matrimonio infantil y en favor de la educación de las niñas. Pero también confiesa: «La valentía de las mujeres rurales en este movimiento para acabar con la ablación genital femenina me ha asombrado y conmovido particularmente».

En muchas culturas no se te considera una auténtica mujer a menos que estés mutilada, y si quieres evitarlo siendo niña, tu madre —que también fue mutilada— debe desafiar a su madre y a otras mujeres de su familia y de la aldea, por no mencionar a las familias de los hombres que podrían descartarte como futura esposa.

El cambio solo puede producirse aldea por aldea, y funciona mejor si la gente termina pensando que fue idea suya. Cuando Melching oyó decir a mujeres y hombres de las zonas rurales de Senegal que el matrimonio infantil y la ablación genital no se ajustaban a sus valores, supo que estaba llegando a alguna parte, y el hecho de que ello hubiese costado décadas era esencial. Hoy día, unas 5.500 comunidades en Senegal y 1.000 más en otros ocho países han renunciado públicamente a la ablación genital. No tenemos que imaginar una compleción al 100 % para creer que Tostan tuvo una influencia decisiva. Como dice un proverbio *wolof*: «Es mejor buscar una salida que pararse y gritar en el bosque».

***

CARE[25] (Cooperativa de asistencia y socorro en todas partes) es una grande y antigua organización benéfica; recuerdo los paquetes CARE, surgidos a finales de la década de 1940 para aprovechar el excedente de raciones de comida del ejército norteamericano y enviados a focos de hambre en la Europa de posguerra. CARE se ha centrado durante mucho tiempo en la pobreza mundial, pero ahora ha hecho de mejorar la vida de las mujeres su camino estratégico hacia ese objetivo. Según sus estadísticas, el 70 % de los 1.300 millones de personas más pobres del mundo son mujeres; dentro de esos 1.300 millones, las mujeres contribuyen con dos tercios de las horas de trabajo, pero obtienen el 10 % de los ingresos y poseen el 1 % de la propiedad. Dos tercios de los adultos analfabetos son mujeres y el 60 % de los niños que no asisten a la escuela son niñas; en India, esto supone el 80 %.

Un informe de amplio alcance titulado «Empoderamiento de las mujeres» [«Women's Empowerment»] dice: «Un avance clave

25 *Cooperative for Assistance and Relief Everywhere.* N. del T.

en la comprensión cambiante de CARE de las causas subyacentes de la pobreza ha sido el reconocimiento explícito del poder como moneda de cambio del bienestar material y social». Esta comprensión —a mí, personalmente, me sorprendió el uso del lenguaje de la contracultura para reorientar una organización benéfica grande, antigua y convencional— condujo a la campaña *Soy Poderosa*, diseñada (bajo la dirección de la directora ejecutiva Helene Gayle) para «reposicionar» la «marca» de la organización. En 2008, un caso práctico en la Harvard Business School y un número especial de *Advertising & Society Review* fueron dedicados a este cambio de imagen, que resultó todo un éxito. Asociada antaño principalmente a los paquetes de emergencia —y sigue respondiendo con ellos a las crisis humanitarias—, CARE es hoy conocida como la organización más grande que emplea el empoderamiento de las mujeres como palanca para sacar a los pobres —hombres y mujeres por igual— de la pobreza.

La investigación de campo realizada por CARE en India, Ecuador, Bangladés y Yemen demuestra que las mujeres se sienten empoderadas por la autoestima y la dignidad, la integridad corporal y la ausencia de coerción, el control y la influencia sobre los recursos y el esfuerzo colectivo y la solidaridad. Esto podría sonar como un resumen nítido del Objetivo Transformativo Independiente de ONU Mujeres, si no fuera porque CARE llevaba años de ventaja a la ONU haciendo del bienestar de las mujeres su máxima prioridad, sirviendo sin duda de modelo para ONU Mujeres. Todo comienza con la educación de las niñas.

Una vez más: las niñas que van a la escuela posponen la maternidad, tienen menos hijos —más sanos y mejor educados—, garantizan una mejor salud para ellas mismas y sus maridos, tienen menos probabilidades de sufrir abusos por parte de los hombres y ganan más dinero a lo largo de su vida. El impacto depende de la «dosis» y mejora con cada año adicional de escuela, con un multiplicador transgeneracional, ya que las niñas educadas tienen hijas más educadas y nietas más educadas aún.

En un proyecto en el norte de Benin, la matriculación escolar de niñas se duplicó en cuatro años: un incremento de ocho mil niñas, con una caída en picado de las tasas de deserción y un aumento del rendimiento académico. En el sur de Sudán, después de años de guerra genocida, CARE estableció el primer sistema escolar real; allí donde casi nadie había conocido a una mujer educada, sirvieron de ejemplo sus propias compatriotas educadas, que fueron luego enviadas a aldeas remotas a matricular niñas. CARE desarrolló una serie de libros escolares, basados en muchas entrevistas con niñas del sur de Sudán, en los que los personajes «son niñas inteligentes, atractivas y audaces que desafían las nociones locales de lo que una niña "debería" ser». CARE también financia centros para proteger a las mujeres de la violencia dentro de los campamentos de refugiados en Kenia y Chad, así como en la costa este de Sri Lanka, devastada tras décadas de guerra civil. En varios lugares del mundo, CARE ha adoptado versiones de la microfinanciación, desarrollada en la década de 1970 por Muhammad Yunus y el Grameen Bank (entre otros) y galardonada con el Premio Nobel de la Paz en 2006. Muchos bancos y ONG la han aplicado a lo largo de los años; la opinión general es que los microcréditos funcionan mejor cuando se otorgan a mujeres. Los principales clientes del Grameen Bank —más del 90 %— han sido mujeres pobres, generalmente formando pequeñas sociedades (préstamos solidarios). La razón de ello es que las mujeres tenían más probabilidades que los hombres de devolver el préstamo, hacer un buen uso de este y responder a las presiones sociales de otras mujeres en sus entornos.

Tales supuestos han sido confirmados en algunos estudios, aunque no en otros, y siguen siendo controvertidos. Por eso CARE ha implementado su programa «Microfinance-Plus», que reconoce que el préstamo puede no ser suficiente. En India, por ejemplo, el «plus» implica la formación en derechos humanos, salud y gobernanza. Un estudio controlado mostró que las mujeres que recibieron capacitación social, política y en desarrollo empresarial durante tres años lograron una mayor independencia y aumentaron su influencia en el hogar. Ellas invirtieron un 125 % más de dinero en la educación de sus hijos y un 43 % más en atención médica que las mujeres del grupo de control.

La investigación, asimismo, generó inquietudes sobre los mucho más extendidos programas que solo incluyen microfinanciación; estos pueden llegar a provocar la reacción abusiva de los maridos, quienes también podrían servirse de sus esposas para conseguir dinero. En Níger, sin embargo, 150.000 mujeres han sido reclutadas para *Mujeres en macha* [*Women on the Move*], que apoya las pequeñas cooperativas de ahorro y préstamo con similares resultados positivos —incluido un número pequeño, pero sin precedentes, de mujeres que se presentan y son elegidas para un cargo local.

Por último, como parte de su lucha contra el SIDA, CARE ha ayudado durante dos décadas a las trabajadoras sexuales en Bangladés. A través de la organización local SHAKTI («fuerza» en lengua bengalí y acrónimo de Detener el VIH/SIDA Mediante Iniciativas de Conocimiento y Capacitación) los trabajadores de CARE han capacitado a mujeres para negociar el sexo seguro y el uso del preservativo, y formar grupos de autoayuda. Uno de ellos se bautizó a sí mismo como *Durjoy Nari Shanga*: «Mujeres difíciles de conquistar». En la primera fase, el uso del preservativo pasó del 12 al 73 % para las trabajadoras sexuales en prostíbulos y al 51 % para las que trabajan en la calle. Acosadas por la policía, aprendieron a decir: «Al igual que tú, tenemos derecho a unos ingresos». Recordando aquellos días, confesaban: «Comprendimos que también somos seres humanos».

***

Decimos que el abuso que sufren las mujeres conduce a una especie de esclavitud, pero, naturalmente, también hay mucha esclavitud en el sentido histórico del término. Si bien por razones obvias es difícil obtener cifras precisas, buenas fuentes afirman que hay entre 21 y 30 millones de esclavos en el mundo actualmente, más que en cualquier otro momento de la historia. Según el Informe mundial sobre la trata de personas de la ONU para 2012, aproximadamente la mitad de las víctimas de trata detectadas en un año fueron compradas y vendidas para su explotación sexual. Según el Departamento de Estado de EE. UU., unas 800.000 personas son objeto de trata a través de fronteras internacionales cada año; alrededor del 80 % de aquellas son mujeres y alrededor del 70 % de estas son esclavas sexuales. Esto significa que más de la mitad (casi 450.000) de las personas compradas y vendidas cada año son niñas y mujeres sometidas a esclavitud sexual.

El trabajo esclavo no sexual incluye la mendicidad forzada (en beneficio del dueño del esclavo), el tejido de alfombras, la fabricación de ladrillos, la quema de madera para carbón industrial, la minería y la explotación de canteras, la pesca comercial y el cultivo de café y cacao, entre otras muchas durísimas tareas. Casi todos los que leen (también el que escribe) este libro compran diariamente productos que son, en parte, producidos por esclavos.

Las mujeres y las niñas constituyen aproximadamente el 55 % de esta fuerza laboral forzada. Sin embargo, la forma más rentable de utilizar a una persona por la que se ha pagado es prostituirla (o, con mucha menor frecuencia, prostituirlo). Se trata del tercer negocio ilegal más rentable del mundo, después del tráfico de drogas y armas, generando más de $ 30 mil millones al año a nivel internacional, casi la mitad en países industriales y postindustriales. Los esclavos sexuales son principalmente mujeres. La mayoría de ellos tiene menos de dieciocho años cuando son vendidos y, desde el primer momento, cualquier sentimiento de resistencia es sofocado a palos. Los intentos de fuga o ciertos actos de deslealtad hacia sus dueños, como hablar con personas que intentan ayudarlos, son castigados con brutales palizas. Sirven a un gran número de clientes, que también las golpean y abusan de ellas; son comunes las ronchas, los hematomas y las quemaduras de cigarrillos. Las infecciones de transmisión sexual campan a sus anchas. Muchas esclavas sexuales sufren abusos hasta que mueren…, a menudo en unos pocos años.

La oposición a la educación de las niñas convergió en Nigeria con el riesgo de esclavitud en abril de 2014, cuando el violento grupo islamista Boko Haram —el nombre significa «la educación occidental es un pecado»— secuestró a más de doscientas niñas de una escuela en una aldea del norte del país. Unas semanas más tarde, el líder de la organización amenazó con vender a las niñas, asegurando que «las daremos en matrimonio porque ellas son nuestras esclavas. Las casaremos a la edad de 12 años». El matrimonio infantil forzado es probablemente el *mejor* destino al que se enfrentarían si fueran vendidas por sus captores. Una ola de protestas antigubernamentales, muy raras en Nigeria, exigió acciones inmediatas. La ubicación de las muchachas era aproximadamente conocida en junio, pero el rescate se consideró imposible; era de esperar que el grupo asesinara a las niñas en respuesta a cualquier intento, ya que estos extremistas han asesinado a cientos de personas en el pasado, incluyendo niños. El grupo terrorista había atacado la aldea de las niñas y asesinado a algunos padres y familiares de estas. En septiembre, las niñas seguían cautivas —algunas dispersas en lugares desconocidos—, pero el gobierno nigeriano estaba negociando su posible liberación.

Dada la inmensa fuente de poder que supone la educación de las niñas, no es sorprendente que algunos hombres se opongan a ella con toda la violencia de un pasado supremacista masculino. Los talibanes paquistaníes incendiaron escuelas y trataron de asesinar a una joven de 15 años que había alzado la voz en favor de la educación, disparándole en la cabeza; Malala Yousafzai reside en Inglaterra desde ese atentado y su voz es hoy más fuerte que nunca. En octubre de 2014 obtuvo el Premio Nobel de la Paz, convirtiéndose en la persona más joven en acceder a ese galardón en cualquiera de sus categorías.

Y como si de un eco de los días más oscuros del pasado humano se tratase, el ejército terrorista islamista conocido como ISIS (o Estado Islámico) ha emprendido campañas genocidas que incluyen el asesinato masivo de hombres de otros grupos religiosos y la violación y esclavitud a gran escala de las esposas e hijas de las víctimas. Verbigracia, entre 1.500 y 4.000 mujeres y niñas de la minoría yazidí en Irak han sido secuestradas, violadas y torturadas; algunas son vendidas a combatientes terroristas como novias, otras se suicidan para evitar la esclavitud sexual.

Pero otras han sido y están siendo rescatadas en todo el mundo. El Proyecto Libertad de la CNN colabora con Libertad para los esclavos [Free the Slaves], organización que denuncia todas las formas de esclavitud, realiza incursiones para liberar a niños esclavos, paga su escolarización y sus libros, ayuda a las familias a iniciar negocios para que no vendan a sus hijos e insta a los gobiernos nacionales, así como a la ONU, a tomar medidas más concertadas para detener y procesar a los dueños y traficantes de esclavos. Los boicots a compañías identificadas como empleadoras de mano de obra esclava, largas penas de prisión para los infractores, operaciones de rescate, campañas dirigidas a los clientes y otras estrategias están creciendo en tamaño y eficacia, pero es precisa mucha más acción. «Free2Work», un programa de la organización No está en venta [Not for Sale], califica a las empresas de los sectores que emplean esclavos. Verbigracia: el 40 % de todo el chocolate comercial se produce con una importante participación de mano de obra esclava. Todos los nombres más reconocibles en los envoltorios del chocolate que compramos obtienen calificaciones de suficiente, bajo o peor, suspendiendo en su mayoría. La Coalición contra la Trata de Mujeres coordina las actividades de las redes que luchan contra la esclavitud sexual en todo el mundo. El Proyecto Princesa Internacional se dedica a restaurar la dignidad de las mujeres liberadas de las redes de prostitución en la India, defendiéndolas legalmente, brindándoles apoyo para sanar y creando talleres textiles en todo el país que las capaciten y les permitan trabajar como mujeres libres. Ellas confeccionan pijamas bajo la marca comercial *Punjammies*, obteniendo todas las ganancias.

Pero no vaya a imaginarse que esto es un problema de otros. Si vive usted en cualquier ciudad estadounidense, tiene esclavitud sexual a la vuelta de la esquina. Estados Unidos es un importante comprador de niñas y mujeres, y hay cientos de miles de niñas, compatriotas nuestras, que han sido obligadas a prostituirse en este país. Propiamente conocida como ESCCA —Explotación Sexual Comercial de Niños, Niñas y Adolescentes—, es por definición involuntaria, ya que un niño no puede consentir legalmente. Estas niñas entregan su dinero a un hombre o una mujer que dirige sus vidas y puede, también, ser su dueño formal. Por lo general, no tienen familia con la que regresar o provienen de una brutalmente abusiva.

En Atlanta, donde yo vivo, el problema es grave por la existencia de un aeropuerto internacional rodeado de barrios donde viven niños vulnerables. La víctima promedio es una niña afroamericana de entre doce y catorce años. La mayoría de los clientes son hombres blancos de los suburbios de Atlanta, pero muchos vienen de Nueva York, Chicago y otras ciudades. Estos pueden adquirir un paquete que incluye billete de ida y vuelta, recogida en el aeropuerto y sexo con un menor, con opción de regresar a casa con su familia a tiempo para la cena. Algunos de los hombres que han sido arrestados tenían sillitas para niños en sus vehículos.

Ann Kruger (mi esposa), Joel Meyers y sus alumnos en el Centro de Seguridad Escolar de la Universidad Estatal de Georgia implementaron un programa en 2007 llamado Proyecto PREVENT[26] (Promover el Respeto, Mejorar la Estima, Establecer una Nueva Confianza). Utilizando mapas socioeconómicos para localizar las escuelas en las áreas más desfavorecidas, capacitan a los líderes de grupo para realizar sesiones de intervención extraescolares con niñas de sexto, séptimo y octavo grado que no han sido sometidas a explotación sexual, pero que —debido al vecindario donde viven, sus entornos familiares y escolares y lo que ellas ya saben— están en alto riesgo de serlo. Los investigadores no preguntan explícitamente sobre el sexo, pero las niñas hablan de ello de forma espontánea.

Una dijo: «Hay un montón de chicas en la avenida Metropolitan. Yo estaba en la gasolinera Chevron en Metropolitan, y ellas golpeaban las ventanillas de los coches». Otra dijo: «Se acercan a los coches más bonitos. Ellas pensarán: "si pueden pagarlos, podrán pagarme a mí". A veces el coche se las lleva. Los guardias de seguridad no dicen nada. Son jóvenes; veinteañeros». Otra dijo: «Esas chicas ofrecen algo extraño a cambio de dinero». «Algunos chicos con los que sales intentan que hagas cosas, dicen que nunca te harán esto o aquello, y antes de que te des cuenta estás en el asiento trasero de un coche».

Lo que ellas cuentan sobre sus vidas pone el vello de punta. Hombres maduros acechan alrededor de los terrenos de la escuela y las instalaciones recreativas para adolescentes. Un desconocido se acercó a una niña y le dijo: «Si yo fuera tu proxeneta, te dejaría usar mucho maquillaje». Las niñas emplearon términos de la industria del sexo para describir lo que sucede en Metro, una pista de patinaje. Una explicó que el principal motivo para ir allí era ofrecer bailes eróticos a los chicos y que si una dejaba de hacerlo durante una semana podía perder a sus «clientes habituales». Otra describió cómo una niña se sentaba a horcajadas sobre un niño acostado bocarriba y lo «cabalgaba». Discutieron abiertamente las ventajas del estriptis como carrera, y una dijo: «Lo que sea que hagan en los clubes de adultos es

26 *Promoting Respect, Enhancing Value, Establishing New Trust.* N. del T.

algo inocente en comparación con lo que sucede en Metro». Allí hay poca o ninguna supervisión adulta, la iluminación es escasa y son frecuentes las actividades sexuales. Cuando a las tres de la mañana las niñas abandonan el lugar, hay hombres adultos esperando para hacer presa de ellas.

Según cálculos de Georgia Care Connection, unos 7.200 hombres al mes pagan por tener sexo con menores de edad en todo el estado, siendo explotadas un promedio de 100 niñas por noche. Al menos 400 niñas diferentes son víctimas de trata cada mes. Cuando Kruger y Meyers comenzaron su proyecto, había un hogar para niñas rescatadas de la esclavitud sexual: Angela's House, uno de tres similares en toda la nación; disponía de seis camas. Los clientes y los proxenetas rara vez eran arrestados, pero las chicas lo eran a menudo; se las internaba en centros de menores o eran devueltas en libertad a las calles. En una conmovedora rueda de prensa en 2007, la entonces alcaldesa Shirley Franklin reveló que, de niña, había sufrido abusos por parte del padre de una amiga. Ella impulsó la campaña «Querido John[27]» para acosar y desanimar a los clientes. No en mi ciudad, dijo ella, no ante mis ojos.

Desde 2009, es obligatorio denunciar cualquier conocimiento de explotación sexual como abuso infantil. En 2011, una nueva ley facilitó el procesamiento de los traficantes de personas, la imposición de penas severas y la protección de las víctimas. Las niñas detenidas ya no son delincuentes. El estado cuenta con programas de capacitación para los funcionarios encargados de hacer cumplir la ley, los fiscales, los especialistas de salud mental y el personal médico, así como un taller «ESCCA 101» para el público en general. Ha aumentado el número de juicios y condenas a clientes y proxenetas y las penas de prisión son más largas. En 2013, una nueva ley exigió la colocación, en un sitio visible, del número de la «Línea directa nacional contra la trata de personas» en aquellos lugares donde las niñas estuvieran en riesgo.

Shared Hope International es una organización abolicionista cristiana que realiza un estudio denominado «Desafío, proteger la inocencia». Este califica a los estados basándose en «41 componen-

27 Cliente de prostitución. N. del T.

tes legislativos clave que han de incluirse en las leyes estatales para responder de manera efectiva al delito de tráfico sexual doméstico de menores». La calificación de Georgia se elevó de 75 (suficiente) en 2011 a 82 (bien) en 2013, ocupando el puesto nro. 11 en la lucha contra la ESCCA. Así pues, si mientras leía esto se sentía usted moralmente superior a nosotros en Georgia, le sugiero que verifique si su estado es uno de los diez que están por encima de nosotros o uno de los treinta y ocho que están por debajo (uno empataba con Georgia). Se sorprenderá. California, por ejemplo, obtuvo un 50 (muy deficiente); Nueva York consiguió un 66,5 (deficiente); Ohio obtuvo 72,5 (suficiente); Massachusetts, sin embargo, estaba justo detrás de nosotros, con 81. Los sobresalientes fueron solo para los estados de Washington, Tennessee y Louisiana; Texas fue el siguiente mejor, con 87.5. California, en 2013, reconoció a Georgia como líder y modelo de acción a nivel estatal.

Georgia, al menos, está mejorando cada año. En enero de 2013, un policía estatal detuvo un automóvil por exceso de velocidad y, debido a que había sido entrenado para detectarlo, reconoció que el hombre adulto que conducía sujetaba a la pasajera, una niña, en contra de su voluntad. El *Atlanta Journal-Constitution* informó: «El agente apartó a la muchacha del conductor y esta le dijo que estaba siendo vendida por sexo. La niña fue rescatada. Más tarde ella les contó a los agentes de la GBI [*Georgia Bureau of Investigation*] que había rezado para que la rescataran y que aquello era la respuesta de Dios a sus oraciones».

Todos estos esfuerzos legales son importantes, pero revisten al menos igual importancia los esfuerzos para elevar la autoestima de las niñas en riesgo y devolvérsela a quienes han estado expuestas a este grave daño. Esta es una lucha titánica contra una industria criminal, enormemente lucrativa, que se aprovecha de la lujuria masculina y la vulnerabilidad de las niñas; en la última década, sin embargo, nuevos reclutas y nuevas armas han hecho de ella una lucha que podemos ganar. También se han desplegado nuevas tecnologías digitales; las chicas que no pueden llamar a la línea directa pueden enviar un mensaje de texto a «BeFree».

Después de hablar de estos crímenes contra mujeres y niñas, podría parecer una frivolidad hacerlo sobre sus roles en los campos STEM (ciencia, tecnología, ingeniería y matemáticas), pero esto es fundamental para seguir avanzando; los problemas relacionados con la autoestima están frenando a las niñas y las mujeres, y esta es una característica general de las situaciones en las que las mujeres van a la zaga de los hombres.

El psicólogo social Claude Steele, en la década de 1990, abrió un nuevo campo de investigación al mostrar lo fácil que es hacer que las puntuaciones de los test de los afroamericanos empeoren activando, aunque sea de manera indirecta, su creencia de que los negros no puntúan tan alto como los blancos. No era necesario decir nada sobre las pruebas, tan solo apelar a la conciencia racial o cambiar el equilibrio racial del aula. Esto ha sido denominado «amenaza de estereotipo», y resulta que estos mismos procesos se verifican en las mujeres. Un análisis realizado en 2008 por las psicólogas Hannah-Hanh Nguyen y Ann Marie Ryan halló confirmación en muchos estudios, pero, curiosamente, las señales sutiles, como entregar un cuestionario previo al test, perjudican el rendimiento de las mujeres más que las explícitas, como afirmar que los hombres obtienen mejores resultados en la prueba.

Hoy día, los estudios analizan los factores sutiles que aumentan o disminuyen dicha amenaza y ponen a prueba las intervenciones para reducirla. El análisis de diecisiete años de investigación, realizado en 2013 por la psicóloga educativa Katherine Picho y sus colegas, mostró que el impacto de la «amenaza de estereotipo» es mayor en países con menos igualdad de género y que disminuye entre la escuela secundaria y la universidad. El sociólogo Andrew Penner ya había demostrado que los países difieren mucho respecto al tamaño de la brecha de género en la alta cualificación; verbigracia, la brecha de género de la República Checa y Noruega es aproximadamente tres veces la de Estados Unidos en el percentil nonagésimo de una prueba de matemáticas de uso común. Esta diferencia nacional no puede tener una explicación biológica.

Un ingenioso experimento realizado en 2013 por la psicóloga Emily Shaffer y sus colegas reveló el gran impacto que tiene el contexto. Antes de realizar una prueba de matemáticas a un grupo de universitarios, se entregó aleatoriamente a cada alumno uno de tres artículos espurios. Uno de ellos (la condición balanceada), se titulaba «Un estudio reciente muestra que hombres y mujeres son casi iguales en STEM»; se citaba a un experto afirmando que las mujeres habían ganado mucho terreno y eran tan capaces como los hombres en STEM. Se hacía también referencia a una Medalla Fields en matemáticas supuestamente obtenida por una mujer —ninguna había recibido este «Premio Nobel de Matemáticas», aunque una lo haría en 2014—, así como a otras estadísticas positivas. El segundo artículo (condición no balanceada) era idéntico al primero, salvo que el experto continuaba diciendo: «Sin embargo, es preciso entender que las mujeres aún no están, al respecto, en pie de igualdad con los hombres. Confío en que un futuro estudio revele un progreso aún mayor de las mujeres en STEM». El artículo terminaba diciendo: «Se necesitan más avances». El tercer artículo (la condición de control) era solo una breve historia del centro universitario.

En comparación con los hombres, las mujeres en la condición balanceada obtuvieron mejores resultados que las mujeres en la condición de control y, también, mejores que las mujeres en la condición no balanceada, en tanto que entre los hombres no hubo diferencias. Sin embargo, tanto la condición balanceada como la no balanceada llamaban la atención sobre las diferencias de género, que generalmente perjudican el rendimiento femenino. Lo que era nuevo aquí era el contexto: «Llamar la atención sobre el éxito de las mujeres y la consiguiente representación igualitaria en STEM resultó claramente beneficioso para las mujeres sin perjudicar el rendimiento matemático de los hombres». Esto sugiere una estrategia de intervención.

La investigación en torno al globo (es decir, en torno a nuestra especie) nos muestra aquello que funciona. En un estudio de 2013, realizado por la psicóloga cognitiva Annique Smeding y sus colegas, las chicas de una escuela secundaria francesa obtuvieron peores resultados que los chicos en una prueba de matemáticas, pero no en una prueba verbal si la matemática se hacía antes, en tanto que no hubo diferencia de sexo en ninguna de las pruebas si la verbal se realizaba en primer lugar. Las psicólogas Melanie Steffens y Petra Jelenec estudiaron en 2011 una muestra de estudiantes de noveno grado y universitarios en Alemania, descubriendo que los estereotipos implícitos frenaban a las mujeres en matemáticas, aun cuando estas no eran conscientes de ellos, lo que sugiere la conveniencia de abordar las creencias implícitas. Y un estudio de 2012 en Uganda mostró que las mujeres en las escuelas femeninas no se vieron afectadas por la «amenaza de estereotipo», mientras que las mujeres en las escuelas mixtas sí lo hicieron.

El impacto de las escuelas unisexuales sigue siendo controvertido; se han realizado muchos estudios, pero no todos encuentran una diferencia. Podría argumentarse que son mejores para niñas *y* niños, lo cual es sorprendente si se piensa que, hasta hace no mucho tiempo, «separados pero iguales» se consideraba como la hipocresía definitiva. Sin embargo, ahora que a las niñas les va mejor que a los niños en la escuela, los defensores de la segregación argumentan que los niños no pueden prosperar en el ambiente femeninamente avanzado de las escuelas mixtas. No obstante, algunos de quienes se preocupan por los intereses de las niñas también ven en la segregación una ventaja para ellas: en una escuela femenina, cada modelo a seguir, cada historia de éxito —ya sea en las elecciones, los deportes, las ciencias o las matemáticas— es de una mujer.

Israel ofrece una panorámica única en dos estudios realizados en diferentes poblaciones. La socióloga educativa Hanna Ayalon publicó, en 2002, un artículo titulado «Asistencia a cursos de matemáticas y ciencias entre estudiantes árabes en Israel: un caso de inesperada igualdad de género». Es claro que los árabes israelíes, aunque ciudadanos, no lo son en pie de igualdad con los judíos israelíes. Pero, irónicamente, debido a que la oferta de cursos de ciencias sociales y humanidades en las escuelas secundarias arabeisraelíes es escasa, las niñas realizan casi tantos cursos de matemáticas como los niños y casi tantos como los niños judíos en sus escuelas. Así pues, en matemáticas e informática, las niñas judías van a la zaga de las niñas árabes y de todos los niños.

Con la excepción de un grupo de niñas judías. El sociólogo y antropólogo Yariv Feniger, que estudió a más de veinte mil estudiantes de secundaria israelíes en 2010, descubrió que las niñas de escuelas religiosas femeninas, aunque no se matriculaban mucho en matemáticas, física o biología propendían mucho más a estudiar informática que las niñas en las escuelas mixtas. Una vez más, era una cuestión de oportunidad. Al final de la escuela secundaria, los niños de las escuelas religiosas unisexuales profundizaban en sus estudios religiosos, mientras que las familias instaban a las niñas a aprender informática. Una amiga mía, israeloestadounidense no religiosa con dos doctorados (uno de ellos en Física) y una licenciatura en Informática, insistió en que su hija estadounidense (ahora arquitecta) aprendiera a programar. «La madre de mi madre», le explicó ella a la joven, «le dijo a mi madre que si aprendía a coser nunca pasaría hambre. Yo te lo estoy diciendo por la misma razón».

No importa cuál sea la razón, las niñas deben estudiar ciencias de la computación, física, matemáticas, ingeniería…, todo. Y en ello están, cada vez en mayor número. Un libro de Amy Sue Bix, ¡Las chicas se hacen técnicas! [*Girls Coming to Tech!*] (2013), documenta la historia de las mujeres en los tres principales institutos de tecnología de Estados Unidos: Caltech, MIT y Georgia Tech. Justo antes de la Segunda Guerra Mundial, solo alrededor del 1 % de los estudiantes de estas escuelas eran mujeres. En 2013, el 45 % de los estudiantes y el 31 % de los licenciados del MIT fueron mujeres. Bix escribe: «Antes de 1952, Georgia Tech no tenía ni una sola mujer matriculada; en 2011, Georgia Tech lideró el otorgamiento de títulos de ingeniería a mujeres a nivel nacional. A principios de 1970, Caltech no tenía mujeres en sus aulas; en el curso 2011-12, las mujeres constituían el 39 % de los estudiantes matriculados».

A nivel nacional, la mayoría de las escuelas de ingeniería van a la zaga de estas tres pioneras, pero otros programas siguen su ejemplo. Cuanto más lo hagan, más modelos habrá para la próxima generación y la siguiente. La organización sin ánimo de lucro Code.org ha llegado en aproximadamente un año a miles de maestros K-12[28] y a millones de sus alumnos con programas como *Una Hora de* Código. Este, en concreto, está abierto a ambos sexos, pero Code.org afirma haber llegado a más niñas en el último año de las que han aprendido a programar en toda la historia del programa. Con el apoyo de los líderes de la industria tecnológica, Code.org organiza programas de capacitación para maestros a fin de mantener la acogida de los estudiantes —que ha sido entusiasta— y ofrecer numerosas experiencias de aprendizaje *online*.

---

28 Un maestro K-12 da clase a niños entre el primero y el duodécimo grados; esto es, de entre de cinco y dieciocho años. N. del T.

Larry Summers, cuando era presidente de Harvard, dijo públicamente que debido a la mayor flexibilidad de los varones, las mujeres podrían no tener las mismas habilidades en ciencias y matemáticas que los hombres más brillantes —una afirmación que habría pasado desapercibida unas décadas antes—. Dado el impacto comprobado de la «amenaza de estereotipo», es probable que su afirmación afectara negativamente el rendimiento en matemáticas y ciencias de las estudiantes de su universidad y de otras. Summers fue obligado a dimitir (por esta, entre otras razones) y reemplazado por la primera mujer presidenta de Harvard. En el otoño de 2013, bajo presión, hizo mutis por el foro para optar a convertirse en el siguiente presidente de la Reserva Federal, probablemente el puesto financiero más importante del mundo. Janet Yellen, su principal rival, se convirtió en 2014 en la primera mujer en ocupar dicho puesto. Sus órdenes, no las de él, están moviendo los mercados de todo el mundo; su juicio estabilizará las economías y determinará la prosperidad de millones de personas.

Un elegante estudio de 2013, realizado por los psicólogos Katie Van Loo y Robert Rydell, demostró que primar a las mujeres con la conciencia de su propio poder las protegía de los efectos de la «amenaza de estereotipo». Esto me recordó una tira cómica. Dos hombres, trajeados y nerviosos, están sentados en la sala de espera de una lujosa oficina. Uno le confía al otro: «Dicen que si ella se tira de un pendiente, estás acabado». Eso fue en los primeros días de las mujeres en los despachos ejecutivos, y resultaba divertido porque era sorprendente. Ahora las mujeres dirigen compañías técnicas que emplean a miles de ingenieros, así como innumerables empresas no técnicas que también emplean técnicos. Las mujeres en la cima entienden perfectamente cuanto los cerebritos tienen que decirles, pero ellas alcanzan la cima porque también entienden a sus clientes y poseen un estilo de gestión hábil y no beligerante que pocos hombres pueden imitar. Las mujeres, como veremos, son mejores manteniendo su ego y su ira apartados de los negocios, lo que a menudo conlleva un mejor juicio y un liderazgo más eficaz.

Capítulo 10

MILES DE MILLONES EN PIE

«Muy bien, pero —podría usted objetar con razón— el poder es poder y corrompe independientemente de sus cromosomas». No puedo estar del todo en desacuerdo, pero en general no convengo en ello. Así pues, ¿por qué creo que el mundo será diferente en el futuro femeninamente avanzado? Bueno, por un lado, el abuso sexual de personas de ambos sexos por parte de algunos poderosos —algo que se remonta a los albores del poder mismo— disminuirá casi en la misma medida en que las mujeres reemplacen a los hombres.

Cuando empecé a trabajar en este libro, el Senado de los Estados Unidos investigaba las recientes calaveradas de trece hombres del Servicio Secreto. Mientras se hallaban en Cartagena, Colombia, antes de la visita del presidente, contrataron prostitutas, poniendo en riesgo la seguridad del hombre que habían jurado proteger con sus vidas, mancillando la agencia y lastimando a sus familias.

Al mismo tiempo, un exsenador de Carolina del Norte —casi elegido vicepresidente en 2004— aguardaba el veredicto de un jurado, acusado de usar fondos de campaña para mantener al niño que engendrara con una asistente, cuya paternidad había intentado endosarle a otro asistente. Esto se hizo público mientras la vida de su devota esposa se apagaba a causa de un cáncer de mama; ella reaccionó con histérica —y comprensible— vergüenza y dolor. El único interrogante en el caso era si los fondos donados eran contribuciones de campaña; el jurado, a falta de una prueba contundente de ello, fue incapaz de alcanzar un veredicto y el juicio fue declarado nulo.

Solo un mes antes, Francia había elegido a un nuevo presidente; es casi seguro que otro hombre habría ocupado el palacio del Elíseo, de no haber sido acusado un año antes de agredir sexualmente a una empleada de hotel de la ciudad de Nueva York, siendo esta la última de una larga serie de acusaciones similares en su contra. En ese momento, él ocupaba uno de los puestos económicos más importantes del mundo, en el que fue reemplazado por la primera mujer en ocuparlo: la brillante y elegante Christine Lagarde, ahora directora del Fondo Monetario Internacional.

Cuando ya me acercaba al final de mi trabajo en el libro, el alcalde de San Diego, anteriormente representante en el Congreso durante veinte años, fue obligado a renunciar a su cargo y sentenciado luego a tres meses de arresto domiciliario y tres años de libertad condicional. Diecinueve mujeres lo habían acusado de acoso sexual mientras ocupaba un puesto u otro, aunque solo se declaró culpable de tres cargos de agresión, todos durante su mandato de alcalde: retener por la fuerza a una mujer durante una recaudación de fondos (un delito grave), besar a una mujer en los labios sin su consentimiento y agarrarle las nalgas cuando posaba con ella en una sesión fotográfica. El acuerdo con la fiscalía incluía la disculpa pública, pero ya al renunciar a la alcaldía, unos meses antes, había declarado sentirse víctima de la histeria de la «masa linchadora». Al serle levantado el arresto domiciliario el 7 de abril de 2014, afirmó que confiaba en poder recuperar su buen nombre.

Entretanto, el asediado alcalde de Toronto, quien meses antes admitiera haber fumado *crack* —su excusa fue que en ese momento se hallaba en un estado de estupor etílico, por lo que no era consciente de lo que hacía—, fue acusado por miembros de su equipo de haber consumido drogas con una prostituta mientras celebraba el día de San Patricio..., como alcalde, naturalmente. Habiendo denunciado ser víctima de una persecución, en abril de 2014 anunció su candidatura a la reelección.

Sin embargo, en septiembre, rezagado en las encuestas y con un cáncer diagnosticado, se retiró de la carrera por la alcaldía y anunció su candidatura para el concejo de la ciudad. Ha intercambiado la campaña con su hermano Doug, quien retomará la abandonada carrera por la alcaldía, mientras Rob se postula para ocupar el puesto que Doug deja vacante en el concejo.

Estos son solo los ejemplos más recientes. Retrocedamos un poco más: el gobernador de California, un célebre actor casado con un miembro de la familia política más elitista de Estados Unidos, tuvo un hijo con la niñera de sus hijos, la cual vivió en su casa durante una década sin que su esposa sospechara de su relación. Un gobernador en funciones de Nueva York, del cual se decía entonces que tenía perspectivas presidenciales, contrató a una prostituta vinculada a un sindicato del crimen al que él mismo había perseguido; no tardó en renunciar al cargo y, poco después, a su matrimonio. Un gobernador en funciones de Nueva Jersey se vio obligado a abandonar su cargo al admitir (adelantándose a una divulgación incontrolada de su homosexualidad) que había tenido una aventura con el hombre que fuera su asistente de seguridad —al que además planeaba demandar por acoso.

Un gobernador de Carolina del Sur, casado y profundamente religioso, desapareció y permaneció cinco días sin dar señales de vida, asegurando al cabo haber estado recorriendo el Sendero de los Apalaches; lo cierto, empero, es que se hallaba en Buenos Aires con una mujer que había conocido en un chat y de la que decía sentirse enamorado. «Recorrer el Sendero de los Apalaches» se convirtió en un eufemismo para referirse al adulterio; el *senderista*, no obstante, regresó al Congreso en 2013. Un congresista estadounidense, casado y en el cargo, envió fotos de sí mismo semidesnudo y mensajes sexuales explícitos a varias mujeres desde su móvil, mintió al respecto y hubo de renunciar a su escaño. Dos años después, en 2013, se postuló para la alcaldía de Nueva York, alegando haberse sometido a terapia y sentirse arrepentido, pero resultó que un año después de su supuesta rehabilitación había reincidido en sus faltas. Como a menudo ha sucedido en el pasado, algunos hombres públicos son incapaces de controlar su comportamiento ni aun estando bajo un intenso escrutinio de los medios.

Y, naturalmente, un presidente de los Estados Unidos recibió sexo oral en el despacho oval de una becaria de veintidós años que le llevaba una pizza; esto y sus mentiras al respecto provocaron la puesta en marcha de un proceso de destitución, dañaron grandemente sus últimos años en el cargo y, probablemente, impidieron que su vicepresidente lo sucediera, con trascendentales consecuencias para la economía, la política social y la guerra.

Luego tenemos a la jerarquía exclusivamente masculina —y teóricamente célibe— de la Iglesia Católica Romana, que durante décadas (al menos) perpetró, permitió y encubrió el abuso sexual infantil sistemático en todo el mundo. Los abusadores de menores en la comunidad judía ortodoxa de Nueva York también han aparecido en las noticias; no es preciso que nos digan el sexo de los perpetradores —incluido un rabino y un funcionario de una escuela religiosa— ni el de los principales rabinos de la comunidad, la mayoría de los cuales se unieron al encubrimiento y rechazaron a los padres que se atrevieron a denunciar a las autoridades el abuso de sus hijos. El juicio a un entrenador de fútbol de una importante universidad, acusado de violar a muchos chicos durante muchos años —algunos de ellos en sus instalaciones del campus—, acabó con la escuela condenada a pagar $ 60 millones a veintiséis víctimas y una sentencia de prisión de treinta a sesenta años para el perpetrador. Y las revelaciones sobre la Escuela Horace Mann de Nueva York —una de las escuelas preparatorias más prestigiosas del país— hacían aflorar cada día más y más víctimas, destapando otro gran caso de encubrimiento de abusos sexuales; en este caso, la prescripción de los delitos impidió el procesamiento de los culpables.

Estos son solo algunos ejemplos. Todos tienen que ver con el sexo; pero, naturalmente, hay otro tipo de escándalos: un exgobernador de Illinois ingresó recientemente en prisión, mostrándose en todo momento impertérrito y arrogante, para cumplir una condena de catorce años por corrupción (por cierto, cuatro de los últimos siete gobernadores de este estado, todos hombres, han cumplido condenas en prisión por corrupción, fraude, soborno, extorsión o cargos relacionados). Un congresista de Luisiana cumple actualmente una pena de trece años de cárcel; la policía descubrió $ 90.000 en dinero negro ocultos en su congelador. Tres años antes, un congresista neoyorquino con cuarenta años de servicio y héroe de la comunidad afroamericana fue severamente censurado por corrupción por el Comité de Ética de la Cámara, perdiendo sus cargos más importantes en el Congreso.

Las mujeres también pueden ser corruptas —muchas han sido condenadas por malversación, verbigracia, y Martha Stewart ingresó en prisión por tráfico de información privilegiada—, pero cometen estos delitos con mucha menor frecuencia, incluso en proporción a su considerablemente más limitado acceso a las palancas de la delincuencia de alto nivel. Más importante aún, las mujeres no propenden tanto a caer en el choque de egos colectivos que conduce a la guerra… y a cosas aún peores. Mientras escribo esto, el general Ratko Mladić, exjefe del Ejército de los serbios de Bosnia, está siendo juzgado en La Haya por asesinar a más de siete mil niños y hombres en Srebrenica en 1995, entre otros crímenes; Mladić se ha burlado de los supervivientes desde el banquillo de los acusados durante su juicio por genocidio. Charles Taylor, expresidente de Liberia, fue sentenciado recientemente a cincuenta años de prisión por crímenes de lesa humanidad. Y desde marzo de 2009, una orden de arresto de la Corte Penal Internacional pesa sobre Omar al Bashir, acusado por el genocidio en Darfur. Otros como Pol Pot, que asesinó a millones en Camboya y falleció de insuficiencia cardíaca a los setenta y tres años —aunque no faltaron rumores de suicidio, ya que los Jemeres Rojos estaban a punto de entregarlo—, y Slobodan Milosevic, que murió por causas naturales mientras era juzgado en La Haya, escaparon al castigo. Por el genocidio en Ruanda en 1994, durante el cual al menos 800.000 personas fueron asesinadas en cien días, el Tribunal Penal Internacional para Ruanda ha procesado a noventa y tres personas, de las cuales sesenta y una han sido condenadas. Y en el momento de escribir esto, grupos armados están asolando la República Centroafricana, violando y asesinando a un gran y creciente número de personas; al igual que el ejército terrorista de ISIS, que, como hemos visto, ha hecho de la violación una práctica rutinaria en su campaña genocida en Irak y Siria.

Las personas citadas pertenecen a muchas culturas y religiones diferentes en tres continentes, con historias, antecedentes y puntos de vista políticos variados, pero entre ellas no hay prácticamente mujeres. La mayoría está implicada, al menos indirectamente, no solo en asesinatos y mutilaciones, sino también en violaciones. El Tribunal Penal Internacional para Ruanda fue, según declaró este, «la primera institución en reconocer la violación como un medio para perpetrar un genocidio». La Corte Penal Internacional también ha aplicado esta doctrina en Sudán. Puesto que a lo largo de la historia la violación ha sido una parte integral de la guerra y del proceso de genocidio —el intento de eliminar físicamente a todo un pueblo—, solo podemos agradecer este reconocimiento de una de las formas más importantes de maltrato a las mujeres por parte de los hombres. La violación en estas situaciones es casi invariablemente un delito masculino, cometido de manera abrumadora contra las mujeres; algunas de las víctimas son violadas de tal manera que su capacidad reproductiva o su vida son destruidas. En cualquier aspecto del genocidio, las mujeres se cuentan abrumadoramente más entre las víctimas que entre los verdugos; en los raros casos en los que participan en estos delitos, casi siempre lo hacen siguiendo el ejemplo masculino.

***

El gran discurso de Elizabeth Cady Stanton, impulsor de una cruzada en favor de los derechos de la mujer, predijo mucho sobre cómo mejoraría el mundo con un mayor poder para las mujeres. Recordemos que, según ella, cada argumento elaborado para justificar la concesión del voto a los hombres sin tierra, a los nuevos inmigrantes varones y, finalmente, a los esclavos masculinos a quienes se había dado la libertad, debía considerarse igualmente como una justificación para el sufragio femenino. Y no se detuvo ahí: «De todos estos argumentos disponemos hoy para ofrecérselos a la mujer, y uno en concreto, más fuerte que todos los demás, es la diferencia entre el hombre y la mujer».

Y tampoco se detuvo ahí:

Ella escribió que la «aristocracia» del sexo es la más odiosa y antinatural, «invadiendo (...) nuestros hogares, profanando nuestros altares familiares, dividiendo a los que Dios ha unido, exaltando al hijo por encima de la madre que lo dio a luz y sometiendo, en todas partes, el poder moral a la fuerza bruta».

Stanton describió el gobierno de los hombres como un desorden social, civil y religioso. «El elemento masculino es una fuerza destructiva, severa, egoísta, envanecida, amante de la guerra, la violencia, la conquista y la adquisición, que siembra por igual en el mundo material y en el moral la discordia, el desorden, la enfermedad y la muerte. ¡Véase qué historial de sangre y crueldad revelan las páginas de la historia!». Se refirió asimismo a la esclavitud y la matanza, «inquisiciones y encarcelamientos, padecimientos y persecuciones, códigos negros y credos lúgubres» con los que el alma humana ha tenido que lidiar a lo largo de los siglos, «mientras la misericordia velaba su rostro».

Ella dijo: «El elemento masculino ha mantenido un gran carnaval» en el que «se desenfrenó desde el principio, subyugando al elemento femenino en todas partes». Describió la sociedad en sí como un mero reflejo de los hombres, carente de cualquier influencia real de las mujeres, lo que debía resultar en «la ley de hierro» que prevalece en el estado, la iglesia y el hogar. La fragmentación y el desorden imperantes, argumentó ella, se explican fácilmente «cuando recordamos que el hombre, que representa solo la mitad de un ser humano completo, con solo la mitad de una idea sobre cada cuestión, tiene (…) el control absoluto».

Ella dijo: «Las firmes y naturales características de la feminidad son reprimidas e ignoradas», mientras las mujeres dependientes se esfuerzan por imitar a los hombres para obtener alguna influencia. «Ella debe respetar sus estatutos, aunque estos la despojen de todo derecho inalienable. Ella debe creer en su teología, aunque esta pavimente los caminos del infierno con cráneos de recién nacidos y haga de Dios un monstruo de venganza e hipocresía». Las mujeres se ven obligadas a sacar lo mejor de cualquier mundo que les ofrezcan los hombres. «Lamentarse de las miserias ajenas, de la pobreza de los pobres; de sus penurias en cárceles, prisiones, asilos; de los horrores de la guerra, la crueldad y la brutalidad en todas sus formas: todo esto sería mero sentimentalismo. Para una mujer, protestar contra la intriga, el soborno y la corrupción de la vida pública y, al mismo tiempo, desear que sus hijos emprendan algún negocio que no implique mentiras, trampas y un egoísmo duro y abrasador sería un absoluto sinsentido».

Y, por último, señaló la mayor ironía de todas, el hecho de que «ahora el hombre mismo está consternado por los resultados de sus propios excesos y lamenta con amargura que la falsedad, el egoísmo y la violencia sean la ley de la vida. La necesidad del momento no es más territorio, minas de oro, ferrocarriles o pagos en metálico, sino un nuevo evangelio de la feminidad».

***

Algunas personas desean ver una misión tripulada a Marte, pero creo que eso puede esperar. Lo que necesitamos ahora es una misión a la Tierra, y esta, afortunadamente, ya ha comenzado.

Veamos solo algunos de los cambios más dramáticos. Entre las personas de la generación de mi madre se consideraba que conducir no era seguro para las mujeres, aunque ella lo hizo con valentía. Ahora sabemos que, en todas las edades, las mujeres sufren muchos menos accidentes automovilísticos que los hombres, una diferencia particularmente pronunciada entre las personas de mayor y menor edad. Sencillamente: ellas son mejores conductores.

Cuando yo estaba en la escuela secundaria, en la década de 1960, los deportes femeninos eran casi inexistentes. En 1978, la revista *Time* publicó un artículo de portada, «Mujeres en los deportes», que describía una auténtica revolución en curso. La ley de educación conocida como Título IX tenía seis años. Redactado por la congresista Patsy Mink y la senadora Birch Bayh, prohibía a las instituciones que recibían fondos federales discriminar por motivos de sexo.

Hacia 2014, el número de mujeres en los deportes de la educación secundaria se había multiplicado por once desde los niveles anteriores al Título IX, y en la universidad lo había hecho por más de doce. Las mujeres han ido transformando los deportes olímpicos a medida que los aficionados de ambos sexos llenaban los estadios para verlas competir. Desde 1978, he seguido mostrándoles a mis alumnos una diapositiva con esa vieja portada de *Time* en mis clases sobre diferencias sexuales. Esta muestra a una mujer joven jugando al *lacrosse*, con sus hermosas facciones contraídas en una expresión de amenaza típica de los primates superiores, común a la innata circuitería cerebral de la expresión de todos los monos, simios y seres humanos. Recientemente, añadí una foto de la estrella del fútbol femenino Mia Hamm practicando su juego con la misma expresión en su rostro. Las mujeres compiten, las mujeres luchan, las mujeres desean ganar, pero rara vez llevan esto a los peligrosos extremos en que los hombres se han movido durante tantos siglos.

Sin embargo, no solo se dedican a jugar: el 16 % de los estudiantes en West Point son ahora mujeres —frente al 0 % en 1975—, lo que refleja la actual proporción de mujeres en las fuerzas armadas. Aunque la proporción se ha mantenido estable durante décadas, existen planes para que aumente en todo el ámbito militar. Las mujeres han sido enviadas a conflictos en Afganistán e Irak y, cada vez con mayor frecuencia, demandan y obtienen misiones de combate. En tales misiones, a menudo han participado pilotando aviones de caza y helicópteros Apache. Tammy Duckworth, originaria de Bangkok (Tailandia) y elegida para el Congreso de los Estados Unidos en 2013, voló en misiones de combate en Irak. En 2004, Duckworth perdió ambas piernas y el uso parcial de un brazo al impactar una granada propulsada por cohete en su helicóptero Black Hawk. En 2013, el Pentágono dejó de excluir a las mujeres de los puestos de combate en infantería, abriendo para ellas cientos de miles de posiciones de primera línea. Está previsto que las mujeres puedan recibir el entrenamiento de élite de los Rangers del Ejército en 2015 y, un año después, el de los Equipos Tierra, Mar y Aire de la Armada.

¿Significa esto que las mujeres devendrán en algo idéntico a los hombres? No lo creo. Ellas son y seguirán siendo buenos soldados, pero el hecho de que las mujeres quieran servir a su país no niega las diferencias. A medida que las mujeres se conviertan en verdaderas compañeras de los hombres, ejerciendo influencia en todos los niveles de la sociedad, disminuirá el riesgo de que cualquiera, hombre o mujer, tenga que ir a la guerra. He aquí la feminización sobre la que escribe Steven Pinker en *Los ángeles que llevamos dentro* y que, en parte, explica la gran disminución a largo plazo de la violencia. La creciente asunción de puestos de liderazgo por parte de la mujer es una tendencia imparable, y sus consecuencias serán las que predijo Elizabeth Cady Stanton: un mundo más humano y seguro para todos.

La evidencia de la tendencia en sí es clara. Como hemos visto, las niñas y las mujeres en Estados Unidos obtienen mejores resultados escolares y académicos que los niños y los hombres. La brecha de género se ha invertido casi por completo. La mayoría de los jóvenes que ahora se gradúan en la escuela secundaria, ingresan en la universidad y se licencian son mujeres, y si los varones no fueran favorecidos por motivos de diversidad —muchas universidades toman ahora medidas de discriminación positiva para los hombres— el desequilibrio sería aún peor; un resultado que, como vimos, no es necesariamente bienvenido por las mujeres que compiten por los hombres en la cultura del sexo casual. Pero esto, inevitablemente, significará más mujeres líderes. Las facultades de Medicina, Derecho y Economía continúan favoreciendo levemente a los hombres, pero las tendencias actuales pueden igualar muy pronto esas cifras. Según uno de los nuevos y más interesantes hallazgos psicológicos, no solo es más probable que sean los primogénitos quienes se conviertan en líderes, sino que también este efecto es mayor entre las niñas: otro factor más que trabaja a favor de los futuros logros de las mujeres.

En el siglo XXI, y especialmente desde la Gran Recesión de 2008, las tasas de pérdida de empleo y desempleo general de los hombres han superado con mucho las de las mujeres. Según el Centro Nacional de Leyes de la Mujer, desde el comienzo de la recuperación hasta julio de 2013, las mujeres estadounidenses recuperaron casi el 95 % de sus empleos perdidos, mientras que los hombres recuperaron solo el 65 %. En el mismo período, el desempleo femenino se redujo del 7,6 al 6,5 %, y el masculino del 9,9 al 7,0 %. Muy brevemente, durante 2013, el desempleo masculino se situó un poco por debajo del de las mujeres, pero esto se debió a que los hombres abandonaban la fuerza laboral, no a que estos consiguieran trabajo.

Hemos visto tendencias positivas en el liderazgo de las grandes corporaciones, pero los porcentajes de mujeres en la cima de la escala corporativa siguen siendo bajos. Esto no aplica para las nuevas empresas; el número de mujeres que se dedican a la actividad empresarial en el siglo XXI es una vez y media mayor que el de los hombres. Entre 1997 y 2014, el número de empresas de propiedad —total o mayoritariamente— femenina superó los nueve millones, aproximadamente el 30 % de las empresas, empleando a más de siete millones de personas. Dado que las empresas de propiedad femenina están aumentando en número más rápidamente que las de propiedad masculina, la proporción de mujeres empresarias no puede más que aumentar. Como lo expresó la revista *Forbes* en 2012: «El espíritu empresarial es el nuevo movimiento de las mujeres».

Tendencias similares en el tercer sector o sin fines de lucro son asimismo evidentes. En septiembre de 2013, Helene Gayle —directora ejecutiva médica de CARE— fue entrevistada por la CNN; cuando se le preguntó qué sentía al ser la primera mujer y la primera persona de color en encabezar esta organización benéfica masiva, ella respondió: «Creo que era solo cuestión de tiempo. Las mujeres están asumiendo todo tipo de roles en nuestra sociedad. (...) De no haber sido yo, habría sido otra mujer. (...) Llegará un día en que esto no será tan extraordinario». Las mujeres lideran alrededor del 19 % de las cuatrocientas organizaciones benéficas más grandes de Estados Unidos, casi cuatro veces el porcentaje de mujeres que dirigen compañías Fortune 500.

***

Pero el papel gerencial femenino está cambiando de raíz. Un artículo de portada del *New York Times* del 7 de septiembre de 2013, escrito por Jodi Kantor, describía la, a la sazón, última promoción de graduados en la Harvard Business School: los primeros productos de un experimento cuyo objetivo era cambiar la cultura de la escuela. HBS ofreció capacitación en asertividad a mujeres (lo que incluía animarlas a levantar la mano sin sentirse cohibidas) a fin de mejorar sus calificaciones en las importantísimas sesiones de estudio de casos prácticos, así como asesoramiento acerca de la cultura del ocio extracurricular (dominada por estudiantes varones superricos) para disuadirlas de ofrecer favores sexuales y sociales —o, peor aún, frenar deliberadamente su buen rendimiento en los cursos— a cambio de establecer relaciones con «estrellas masculinas».

No se trata aquí de la cultura del sexo casual universitario, aunque también haya sexo de por medio; estas mujeres no tienen diecinueve años, sino veintisiete. Ya no están posponiendo las relaciones reales; las están buscando, y difícilmente volverán a tener acceso a una cantera semejante de hombres solteros y exitosos. Durante décadas, las mujeres en la HBS fueron abiertamente denigradas por los hombres; careciendo de modelos a seguir, sabían que no tendrían las mismas oportunidades en el mundo real y se retiraban a un segundo plano. Pero Drew Gilpin Faust, distinguida historiadora de la Guerra Civil y primera mujer presidenta de Harvard —reemplazando a Larry Summers por, entre otros errores, su exabrupto sexista— decidió acabar con esta cultura y, en 2010, comenzó a nombrar a los administradores de la HBS que lo harían posible. Los cambios fueron profundos y generalizados.

Ciertamente hubo rechazo por parte de algunos hombres, pero incluso estos admitieron que el programa funcionaba y que prestaban atención a los nuevos datos que demostraban —cosa que siguen haciendo— que a las mujeres inversoras les va mejor que a los hombres y que a las empresas con más mujeres en sus consejos también les va mejor. Entrevistada en una fiesta de graduación en la que se celebraba el quincuagésimo aniversario de la mujer en la HBS, una joven pareja a punto de casarse bromeó acerca de la situación laboral de ambos, pues la mujer tenía un empleo y el hombre no. Ella dijo que lo apoyaría y él la llamó su «mamá dulce». Ella añadió: «Es como…, bueno, vine a la HBS solo para encontrarlo, un papá amo de casa, ¡mi esposo trofeo!». Kantor, entrevistada en la WNYC tras la publicación de su artículo, había oído hablar de las mujeres recién matriculadas en el semestre de otoño. Estas quedaron desconcertadas por la nota de pesimismo en su artículo, habiendo hallado en la escuela un muy buen lugar para las mujeres y vivido una experiencia muy positiva.

***

Stanton no solo habló de justicia para las mujeres, o incluso solo de los beneficios que, para la sociedad, se derivarían de la disminución de la mala conducta masculina. Ella previó los cambios positivos que se derivarían del ascenso de las mujeres. Ella se refirió al hombre como nada más que «la mitad de un ser humano completo», y añadió con sarcasmo: «Lamentarse de las miserias ajenas, de la pobreza de los pobres; de sus penurias en cárceles, prisiones, asilos; de los horrores de la guerra, la crueldad y la brutalidad en todas sus formas: todo esto sería mero sentimentalismo».

¿Lo es? ¿O hay algo más aparte de lo *negativo* —lo no masculino, como abstenerse de la violencia y el sexo abusivo— que, legítimamente, podemos esperar de la mujer a medida que adquiera más poder? Cada vez tenemos más pruebas de que, en efecto, lo hay.

Está bien establecido que existe una brecha de género en las actitudes políticas, y no a todo el mundo le gusta el resultado. Ni Bill Clinton ni Barack Obama habrían resultado elegidos sin el apoyo desproporcionado de las mujeres, y los medios de comunicación suelen referirse a esto como un problema para los republicanos en Estados Unidos. Esto es asimismo cierto en Reino Unido, Noruega y otros varios países, pero no en todos los países avanzados. Además, una simple distinción izquierda-derecha no explicaría todas las diferencias de género: las mujeres son más favorables a las políticas sociales públicas y más hostiles a la guerra, pero menos favorables a la legalización de la marihuana, por ejemplo; se muestran más favorables a la igualdad para gais y lesbianas, pero al mismo tiempo más reticentes a la liberación sexual en general. El matrimonio, la maternidad, el divorcio, la participación laboral, la situación socioeconómica y otros factores contribuyen a los patrones de voto de las mujeres.

Se han dedicado muchos estudios a investigar más profundamente las diferencias. La psicóloga social Alice Eagly, verbigracia, las ha estudiado extensamente; en un resumen del trabajo de su vida, realizado en 2009, señaló que tanto las mujeres como los hombres son útiles para los demás, aunque lo son de formas algo diferentes. Pero ella y sus colegas ya habían realizado un gran análisis combinado de muchos estudios y llegado a ciertas conclusiones. En primer lugar, las mujeres superan consistentemente a los hombres en compasión social políticamente relevante; esto significa que «apoyan la provisión de servicios sociales (...) incluyendo vivienda, cuidado de niños, oportunidades educativas y apoyo financiero en forma de asistencia social. Las mujeres también se oponen más resueltamente a la violencia, incluyendo la guerra, la pena de muerte y la violencia de pareja, y abogan por medidas para prevenir y atajar la violencia, tales como el control de armas». Son asimismo más favorables a la igualdad de derechos para gais, lesbianas y, como era de esperar, mujeres. Así pues, la brecha de género electoral es consistente con la investigación psicológica.

Sin embargo, «las mujeres también abogan por una mayor restricción de muchos comportamientos que, tradicionalmente, se consideran inmorales», incluyendo el sexo casual y la pornografía. Nada de esto cambió mucho en el transcurso del siglo XX. La brecha de género respecto a la compasión social fue evidente, en muchos estudios, durante el período que va desde principios de la década de 1970 hasta finales de la de 1990, durante el cual tanto mujeres como hombres fluctuaban en esta medida, pero sin reducir ni ampliar la brecha. Lo mismo puede decirse de la moral tradicional, pero en la otra dirección. Sondeando más profundamente, se halló que, *con independencia del sexo*, un compromiso con la igualdad como valor central predecía tanto la compasión social como la moralidad tradicional. Esto no se traduce automáticamente en una agenda de izquierdas, sino que sugiere que, conforme la participación política de la mujer se afiance en los países avanzados y aumente en el mundo en desarrollo, habrá más igualdad y compasión social y menos tolerancia hacia la pornografía y el sexo casual.

Hay otras formas de descubrir grandes tendencias. En 2006, los politólogos Torben Iversen y Frances Rosenbluth analizaron la brecha de género electoral en diez países (Australia, Reino Unido, Canadá, Francia, Alemania, Irlanda, Noruega, Nueva Zelanda, Suecia y Estados Unidos) en relación con el trabajo, el matrimonio y la maternidad. Tenían dos medidas de actitudes. La primera medía el nivel de acuerdo o desacuerdo del encuestado con: (1) la financiación pública de proyectos para la creación de empleo, (2) la reducción de la semana laboral con el mismo objetivo y (3) proporcionar un empleo a todo el que quiera trabajar. La segunda se limitaba a preguntar si la persona apoyaba o militaba en partidos de izquierda o centroizquierda. Resulta que la brecha de género a favor de estas medidas es mayor entre las mujeres solteras con empleos a tiempo completo que entre las casadas con empleos a tiempo completo; la brecha de género inversa, sin embargo, se da únicamente entre mujeres casadas que no están en la fuerza laboral. Iversen y Rosenbluth también detectan tendencias temporales y las proyectan hacia el futuro: «Dada la tendencia general hacia un mayor ingreso de mujeres en la fuerza laboral, no nos sorprende descubrir que estas, como grupo, parecen estar moviéndose políticamente hacia la izquierda». El análisis de series temporales muestra claramente este movimiento en las democracias prósperas. Sin embargo, debido a que las mujeres empezaron estando a la derecha de los hombres, y puesto que en muchos países aún no están completamente integradas en la fuerza laboral, la transición completa puede llevar algunos años.

Como vimos en el análisis de Alice Eagly, parece probable que el futuro aumento de la influencia femenina sobre las mujeres amplíe (entre otras cosas) los programas públicos que fomentan el empleo y favorecen la igualdad.

Si usted considera esto como una amenaza para la libertad, no se inquiete, porque el empoderamiento de la mujer también predice más democracia. En diciembre de 2013, la científica de población Paula Wyndow y sus colegas publicaron un impresionante artículo sobre esta cuestión. Comenzaba así:

En la última parte del siglo XX, muchos países abandonaron las formas autocráticas de gobierno en favor de regímenes más democráticos. Durante este período, los derechos económicos y sociales de la mujer también mejoraron, con un mayor acceso a la educación y el empleo y una caída mundial de las tasas de fecundidad. La presunción general ha sido que la democracia conlleva mejoras en estos aspectos de la igualdad de género. Sin embargo, no se ha prestado suficiente atención a la posibilidad de que una relación causal pueda operar en la dirección opuesta.

Insuficiente atención, afortunadamente, ya no; el grupo de Wyndow recopiló datos del periodo 1980-2005 de noventa y siete países, a fin de poder analizar todas las dimensiones relevantes y cómo estas cambiaron con el tiempo. Puesto que no podemos permitirnos hacer un experimento aleatorio en todo el mundo, esta es una buena manera de hacerse una idea de qué cosa causa cuál otra.

En primer lugar (en línea con otros muchos datos), se produjo un cambio cuantitativo importante, con el número de democracias duplicándose con creces de treinta y siete a ochenta en ese cuarto de siglo. Los países que hicieron la transición a la democracia tuvieron niveles promedio más altos de éxito educativo femenino, más mujeres en la fuerza laboral y menor fertilidad, para empezar. Estos tres factores predijeron más democracia cinco años después, e incluso más democracia diez años más tarde. «En vez de ser una consecuencia natural del desarrollo económico, hemos demostrado empíricamente que el empoderamiento femenino tiene un efecto causal sobre el desarrollo democrático, independientemente de las medidas de modernización comúnmente aplicadas; por tanto, el empoderamiento merece mucha mayor atención en la investigación futura sobre la democracia». Este es un descubrimiento novedoso y resuelve, para estos dos grandes cambios, el problema del huevo y la gallina. El empoderamiento de las mujeres es lo primero, la democracia viene después.

Así pues, si usted está preguntándose qué nos depara el futuro, estos estudios nos proporcionan una bola de cristal, y he aquí la forma que emerge cuando miramos las nubes estadísticas del globo cristalino: a medida que aumente la influencia de la mujer, permaneciendo igual todo lo demás, el mundo se volverá más democrático, más socialmente compasivo, más igualitario, menos discriminatorio, menos sexualmente casual y menos pornográfico.

Tales son las tendencias que podemos pronosticar «por abajo», pero esto no es todo. La creciente evidencia muestra que los líderes femeninos operan de manera diferente a los masculinos. Consideremos un ejemplo reciente. «El cierre de la administración» de octubre de 2013 concluyó a pesar de un completo estancamiento en el Congreso. El 14 de octubre de 2013, el *New York Times* explicó por qué:

> «En un Senado aún mayoritariamente masculino, las mujeres a ambos lados de la división partidista demostraron ser las fuerzas impulsoras de un acuerdo negociado. Las tres mujeres republicanas, ignorando las amenazas procedentes de la derecha y afirmando su propia independencia política, promovieron los intereses de sus ya agotados por el cierre estados.»

La senadora Lisa Murkowski, republicana de Alaska, dijo: «Probablemente sufriré represalias en mi estado. Muy bien. Eso no me preocupa en absoluto. Si hay una respuesta negativa…, pues nada, eso es lo que pasa en el D.C., pero entretanto hay un gobierno que está cerrado. Hay personas que lo están pasando realmente mal». Dos senadoras demócratas siguieron el ejemplo de sus colegas republicanas, siendo imitadas por hombres de ambos partidos:

De los 13 senadores de un comité bipartito que trabajó en el marco del acuerdo, aproximadamente la mitad eran mujeres, aunque estas solo representan el 20 % del Senado. El senador de Arizona, John McCain, bromeó en varios momentos de sus reuniones: «Las mujeres están tomando el control».

McCain había servido en el Senado desde 1987, cuando Nancy Kassebaum era la única senadora titular (Barbara Mikulski entró con McCain). Uno de los demócratas varones, el senador Joe Manchin III, afirmó que la composición paritaria en cuanto a género del comité explicaba su éxito. Pero la senadora republicana Susan Collins, que había iniciado el proceso pidiendo valientemente el compromiso en el pleno del Senado, dijo: «No creo que sea una coincidencia que las mujeres se involucraran tan activamente tratando de poner fin a este estancamiento. Aunque abarcamos todo el espectro ideológico, estamos acostumbradas a trabajar juntas de manera colaborativa». Mientras muchos de sus colegas masculinos permanecían enfurruñados y de brazos cruzados, las mujeres de ambos lados del pasillo se llamaban e intercambiaban correos electrónicos sin parar. Los hombres, por fin, vislumbraron un acuerdo con el que podían vivir y siguieron su ejemplo.

Esto no habría sorprendido a Kirsten Gillibrand, senadora demócrata de Nueva York, quien dos años antes había dicho en una entrevista: «Mi propia experiencia en el Congreso es que cuando las mujeres están en los comités y en las audiencias, la naturaleza de la discusión es diferente y los resultados son mejores: damos con mejores soluciones, se toman mejores decisiones». Así pues, las mujeres del Senado están boxeando muy por encima de su propio peso para resolver el problema más crítico que afronta la nación, el que ha de resolverse antes que cualquier otro: el estancamiento del D.C. Por cierto, de las cinco mujeres que lideraron el histórico compromiso, tres tienen hijos, al igual que las senadoras Amy Klobuchar, Heidi Heitkamp y Jeanne Shaheen, quienes se unieron a sus colegas para forjar el acuerdo en el comité bipartito y paritario.

De las veinte mujeres que en enero de 2013 prestaron juramento como senadoras de EE.UU., diecinueve fueron entrevistadas por Dianne Sawyer en ABC News. Barbara Mikulski marcó el tono al criticar el estancamiento propiciado por sus colegas masculinos, afirmando: «Nosotras no creemos en la cultura del aplazamiento». Dianne Feinstein dijo: «Ya sabe, consumimos menos testosterona. No tenemos la necesidad de estar constantemente en conflicto». Gillibrand dijo: «Si este Congreso tuviera un 50 % de mujeres, puede apostar su último dólar a que no estaríamos debatiendo sobre anticoncepción». Kelly Ayotte contó que su hija de ocho años le pidió que no se postulara para la presidencia. «¿Y eso por qué, hija?». «Porque quiero ser yo la primera mujer presidenta». A lo que Claire McCaskill replicó: «¿Le diste la noticia de que no vamos a esperar tanto tiempo?».

¿Qué sucede cuando las mujeres ocupan puestos ejecutivos en vez de legislativos? No hay (aún) suficientes mujeres jefes de Estado para compararlas sistemáticamente con los hombres, pero hay suficientes en algunos otros roles de gobierno. En lo que ha de ser el estudio más elegante de su clase, la politóloga Lynne Weikart y sus colegas encuestaron a 120 alcaldes —65 mujeres y 55 hombres— de ciudades comparables entre sí con poblaciones superiores a los treinta mil habitantes. Las dos muestras eran similares en muchos aspectos, pero había diferencias de género clave. «Las alcaldesas estaban mucho más dispuestas a cambiar el proceso presupuestario, a ser más inclusivas y a buscar una participación ciudadana más amplia. Por último, las alcaldesas propendían más que los alcaldes a admitir problemas fiscales y discutir cambios en sus objetivos».

Estos hallazgos confirmaron estudios previos sobre mujeres en diversos roles gubernamentales. Se cita a la difunta gobernadora de Texas, Ann Richards, diciendo: «La alegría de tener poder es estar en posición de distribuirlo, de cederlo, empoderando a otros». No es fácil imaginarse a un hombre describiendo la gobernanza como la alegría de ceder el poder. Weikart tituló su artículo «El sexo democrático». Curiosamente, las alcaldesas escribieron mucho más que los alcaldes en respuesta a preguntas abiertas; esto es consistente con el hallazgo, realizado en otros estudios, de que las mujeres gobiernan de manera más transparente. En respuesta a una de tales preguntas, una alcaldesa escribió: «Con frecuencia las madres me presentan a sus hijas», un comentario que dice mucho, y bueno, sobre el futuro.

***

¿Qué hay del liderazgo femenino en el sector privado? En diciembre de 2013, se anunció que la siguiente directora ejecutiva de General Motors sería Mary Barra, de treinta y tres años, una veterana en la compañía que empezó a los dieciocho ingresando en la escuela de ingenieros de G. M. Su padre había trabajado allí como matricero durante treinta y nueve años, y ella misma entró como becaria en un taller. Barra era «hija de la casa» y fue elegida unánimemente por la junta. Según rezaba la primera plana del *New York Times*: «Ella ha sido ingeniera de base, gerente de planta, jefa de recursos humanos corporativos y, desde 2011, la ejecutiva sénior responsable del desarrollo de productos globales de G. M. Y tiene, en el lenguaje de la Ciudad del Motor, gasolina corriendo por sus venas». Su mentor y antecesor en el cargo declaró: «Mary fue elegida por su talento, no por su género», y describió su elección como un momento emotivo: «Fue casi como ver a una hija licenciándose en la universidad».

El *Times* continuaba diciendo: «Dentro de G. M. es conocida como una creadora de consenso, capaz de reunir a su equipo en cualquier momento para intercambiar ideas sobre cuestiones urgentes. (...) Su manera de hablar, suave y pausada, contradice su intensidad en el trabajo». Está casada y tiene dos hijos, uno de catorce años y otro de dieciséis. Pero a ella le encantan las «cosas de chicos», viéndosela a menudo en la pista de pruebas testando personalmente el rendimiento de los nuevos modelos. Y también le gusta sacar a los chicos de su zona de confort; así, tenía ingenieros trabajando en concesionarios de automóviles para que escucharan de primera mano lo que buscan los clientes. En cuanto a la competencia, ella solo pretendía y pretende una cosa: ganar.

El de Mary Barra no es un ejemplo simbólico. Las mujeres ocupan ahora muchos puestos de responsabilidad en G. M. y entienden a sus clientes femeninos. Cuatro de ellas, que formaban parte de un equipo de ingenieros que desarrollaba vehículos utilitarios *crossover*, defendieron con éxito un espacio bajo el reposapiés izquierdo en atención a los conductores con zapatos de tacón alto. «Las cosas han cambiado drásticamente», declaró Barra en una entrevista. «Hay mujeres en todos los niveles del negocio, empezando por nuestra junta directiva. Acabamos de ser reconocidos por nuestro alto porcentaje de mujeres miembros de la junta. (...) A lo largo de toda mi carrera, he visto más y más mujeres. A lo largo de esta década hemos tenido muchas mujeres gerentes de planta. Cuando yo empecé en 1980, eso era algo que ni siquiera se contemplaba. Y 15 o 20 años después, en todo el país y en todo el mundo, había muchas mujeres en puestos de liderazgo, dirigiendo operaciones».

Fue un momento de orgullo para ella y para todas las mujeres, pero el destino no le deparaba un camino sencillo. A principios de 2014, Barra hubo de empezar a guiar a G. M. a través de su mayor desafío en años: el descubrimiento de un defecto en un sistema de ignición que, habiendo causado al menos trece muertes, obligaba a una retirada masiva de vehículos. A pesar de las serias dudas que se suscitaron, no se la consideró responsable del fracaso (que incluyó una larga demora en hacer pública la información) y, en general, fue elogiada por su franqueza y aplomo al gestionar las numerosas y severas críticas recibidas. Ella asumió toda la responsabilidad en nombre de la compañía e, inmediatamente, se dispuso a hacer cambios en ella, pero decir que fue asaeteada por la prensa durante este período sería expresarlo de un modo muy suave.

En junio de 2014, los resultados de «una exhaustiva investigación interna» —dirigida por un exfiscal de los Estados Unidos— se anunciaron en un artículo especial, en grandes tipos, en la portada del *New York Times*. Estos incluyeron incompetencia y negligencia generalizadas en los niveles de ingeniería y legales, aunque no se hallaron indicios de criminalidad y no se le atribuyó culpa alguna a Barra ni a sus colaboradores más cercanos. Ella despidió a quince empleados —incluidos un vicepresidente y un destacado abogado— y sancionó a cinco más; algo «muy inusual», señaló el *Times*, «en una industria en la que tales purgas han sido raras». Resumiendo el informe y las acciones subsiguientes en una reunión en Michigan con alrededor de mil empleados, Barra dijo: «No quiero dejar esto atrás, deseo mantener esta dolorosa experiencia en nuestra memoria colectiva».

Para entonces, la compañía había retirado del mercado 2,6 millones de vehículos y contratado, a fin de desarrollar un plan de compensación a las víctimas y sus familias, al experto independiente Kenneth Feinberg. Sin embargo, los senadores Claire McCaskill y

Richard Blumenthal advirtieron que se celebrarían más audiencias y que era probable que los fiscales continuaran investigando las muertes. Fueron presentadas muchas demandas o bien se amenazó con ello. Pero la respuesta de Barra a esta crisis sin precedentes en la historia de la compañía, que estalló inmediatamente después de su nombramiento, se consideró en general muy profesional, abierta, decisiva y sabia. En septiembre, con todos los cambios ya hechos, ella miraba hacia el futuro y anunciaba que el primer automóvil de G. M. que se conduciría solo estaría disponible en dos años.

Naturalmente, podría argumentarse que un director ejecutivo varón podría haber hecho lo mismo; entonces, ¿qué diferencia habrá cuando haya muchas más mujeres desempeñando este tipo de funciones? En realidad, hay muchos más estudios sistemáticos sobre género y liderazgo en el sector empresarial que en el gubernamental.

Para empezar, las encuestas que, simplemente, tratan de conocer el juicio de la gente sobre «¿quién es un buen líder?». En 2012, los consultores de liderazgo empresarial Jack Zenger y Joe Folkman encuestaron a 7.280 gerentes y ejecutivos, «una muestra de líderes masculinos y femeninos de empresas de alto rendimiento», conocidas por su compromiso con el desarrollo del liderazgo. La muestra era predominantemente masculina, sin embargo, los investigadores calificaron a las mujeres como mejores líderes en doce de los quince dominios. Las mujeres fueron consideradas mejores en ventas, *marketing*, recursos humanos y capacitación, administración general, finanzas y contabilidad, desarrollo de productos, legal, ingeniería, tecnologías de la información, investigación y desarrollo y (ligeramente) gestión de la calidad. Los hombres fueron considerados mejores líderes en servicio al cliente, administración y mantenimiento de instalaciones y dominios administrativos y de oficina. En el índice de eficiencia general del liderazgo —una «calificación promedio de una suma de gerente, par, subordinado directo y otras calificaciones»—, basado en cuarenta y nueve ítems de liderazgo, las mujeres fueron votadas como superiores a los hombres en un nivel muy alto de significación estadística.

En cuanto a competencias específicas, las mujeres superaron a los hombres en doce de dieciséis; incluyendo aquellas identificadas como habilidades convencionales —verbigracia el desarrollo de otros y la construcción de relaciones—. Pero las mayores brechas a favor de las mujeres estaban en la toma de iniciativas, la práctica del autodesarrollo, la integridad y la honestidad y la búsqueda de resultados. Los hombres fueron calificados de forma más positiva —ligera, pero significativamente— en una sola medida: «desarrollo de la perspectiva estratégica». Los resultados de esta investigación fueron difundidos en muchos medios de comunicación, a menudo bajo el titular de «Las mujeres lo hacen mejor». En una entrevista, Zenger declaró: «Es un hecho bien conocido que las mujeres están subrepresentadas en los niveles superiores de la dirección. Sin embargo, los datos sugieren que la inclusión de más mujeres aumentaría la efectividad general del equipo de liderazgo».

Hasta aquí la clasificación general, realizada por una muestra en la que los hombres eran mayoría. Pero hay estudios más específicos, no solo de ejecutivos, sino también de directivos. Uno muy ingenioso, publicado en 2013 por los economistas David Matsa y Amalia Miller, planteaba la cuestión clave en el título: «¿Un estilo femenino de liderazgo empresarial?». Los autores aprovecharon la iniciativa puesta en marcha en Noruega unos años antes; allí, se había aprobado una ley que obligaba a las juntas directivas de las empresas públicas a incluir mujeres. De hecho, se decretó una cuota del 40 % de mujeres en cada junta —doblando la proporción en la empresa promedio— que habría de alcanzarse en dos años. Matsa y Miller compararon estas compañías con otras empresas nórdicas de similares características.

No se halló ningún efecto significativo en la mayoría de las decisiones corporativas. «Sin embargo, surgieron diferencias considerables en las políticas de empleo de estas empresas. Específicamente, las compañías afectadas por la cuota realizaron menos despidos de empleados, lo que provocó un aumento en los costes laborales relativos», con la consecuente reducción de los beneficios en un 4 % en comparación con otras empresas. Sin embargo, los investigadores estimaron que el impacto sobre la contratación sería mucho mayor, de alrededor del 30 %. Los autores admiten que su seguimiento no fue lo suficientemente largo (el decreto se aprobó en 2006) para establecer si la evitación de los despidos masivos podría, con el tiempo, generar ganancias para las empresas que mostraron lealtad a los empleados capacitados y probados. «En última instancia, el tiempo dirá si la cuota de género creó valor para estas empresas a largo plazo». El Parlamento Europeo, en noviembre de 2013, votó abrumadoramente a favor de imponer la misma cuota a los consejos corporativos de las grandes empresas en toda la UE a partir de 2020, por lo que pronto habrá muchas más oportunidades para analizar las consecuencias.

Entretanto, el mismo equipo de investigación planeaba la publicación en 2014 de un estudio estadounidense con implicaciones similares. Analizaron datos de más de 2.000 empresas propiedad de mujeres y casi 48.000 otras empresas estadounidenses (todas de propiedad privada) del periodo 2005-09, una época en la que un gran número de trabajadores fue despedido debido a la Gran Recesión. Descubrieron que «las reducciones de la fuerza laboral son más del doble de frecuentes en las empresas de propiedad masculina que en las de propiedad femenina (13,5% versus 5,9 %)» y que la reducción promedio interanual de la fuerza laboral también difiere «sustancialmente» (2,3 % versus 1,8 %). Los economistas, que probablemente buscan un lenguaje «neutral», llaman a esto «retención de trabajadores cualificados». La brecha persistió aun después de controlar estadísticamente muchas diferencias entre los dos grupos, además del género. Al igual que en el estudio noruego, se ignora cómo afectarán estas diferencias a los beneficios a largo plazo. Incluso los motivos subyacentes siguen siendo materia de especulación, pero los autores citan a Nicola Leibinger-Kammüller, directora ejecutiva de TRUMPF (un fabricante internacional de máquinas-herramienta y tecnología médica), quien en 2012 dijo en *PBS NewsHour*:

> «Es una idea pésima la de despedir personas, porque nos gustan nuestros empleados y los necesitamos. Están bien capacitados y son leales; algunos o muchos de ellos han estado trabajando para nosotros durante décadas. Es una idea pésima la de despedirlos.»

Los autores también recogen lo que Susan Spencer, emprendedora del procesamiento de carne y exgerente general de la NFL, declaró a Reuters en 2011: «La empatía propia de las mujeres nos permite ver los problemas empresariales a través de una lente gran angular».

Otra pareja de economistas, Renée Adams y Patricia Funk, encuestó tanto a miembros de la junta directiva como a directores ejecutivos de empresas públicas suecas, para investigar las posibles diferencias de valores entre hombres y mujeres en estos roles. Recibieron respuestas de 628 personas, alrededor de un tercio del universo al que se dirigieron. Los resultados fueron sorprendentes, incluso en la cima:

Los directores se preocupan más por los logros y el poder que las directoras, y menos por el universalismo y la benevolencia. Esto es consistente con la literatura previa que ha encontrado que, en todas las culturas, los hombres atribuyen más importancia a los valores de autopromoción (logros y poder), mientras que entre las mujeres priman los valores de autotrascendencia (universalismo y benevolencia).

Estas diferencias entre líderes son paralelas a las que se encuentran a menudo en estudios de mujeres y hombres ordinarios. Pero no todas las diferencias de sexo siguieron el habitual patrón hombre-mujer: «Las directoras están menos orientadas a la seguridad y la tradición y se preocupan más por la estimulación que los directores». Sorprendentemente, aunque en línea con el hallazgo de los economistas acerca de la seguridad, las directoras son asimismo un poco más «amantes del riesgo» que sus colegas masculinos. Por tanto, cabe esperar que la inclusión de más mujeres en las juntas directivas en países sin cuota suponga una disminución de la orientación al logro, la intermediación de poder y el compromiso con las tradiciones y un aumento de la benevolencia, el universalismo y la asunción de riesgos. Por cierto, las mujeres miembros de las juntas directivas en Suecia propenden más a estar casadas y tener, en promedio, más hijos que sus homólogos norteamericanos, probablemente porque las ayudas sociales para las madres en Suecia —uno de los países con mayor igualdad de género del mundo— son mucho mejores, incluyendo permisos de paternidad para los padres.

Curiosamente, las directoras tienden a ser más jóvenes que sus homólogos masculinos en todos los países, probablemente porque (hasta ahora) ha sido más difícil encontrar mujeres experimentadas.

La diferencia de edad es consistente con mi predicción de que el equilibrio de género será más fácil de lograr conforme aumente la cantera de mujeres con la experiencia apropiada. Esta cantera crece rápidamente a medida que uno recorre las gradas ejecutivas en sentido descendente. Pero esto ya no significa que esté conteniéndose a las mujeres. Las cohortes más grandes de mujeres poseedoras de la experiencia necesaria están moviéndose sin descanso. El techo de cristal deviene en una escalera dorada.

¿Qué hay del lado oscuro del comportamiento empresarial? En diciembre de 2013, el sociólogo Darrell Steffensmeier estudió 83 fraudes corporativos que involucraban a 436 acusados; un número muy reducido de estos eran mujeres, algunas de las cuales solo estaban implicadas a través de una relación íntima con un acusado varón. Unas pocas mujeres cometieron fraude de forma independiente, merced a su proximidad al aparato financiero de la empresa. Ninguna mujer participó en conspiraciones (como la de los infames ejecutivos de Enron); las mujeres desempeñaron papeles menores y se beneficiaron menos de sus delitos. Los autores concluyen: «La segregación sexual en la delincuencia empresarial es dominante. Nuestros hallazgos no se corresponden con las imágenes de poderosos o bien posicionados delincuentes femeninos de cuello blanco». Los autores consideran la hipótesis obvia de que los hombres tienen más oportunidades de cometer estos delitos, pero argumentan que, dado que las mujeres representan ahora aproximadamente la mitad de la gerencia de nivel medio, ellas deberían representar, en consecuencia, la mitad de la delincuencia en este nivel, en vez de solo el 25 %. En los niveles superiores, las mujeres tienen el 15 % de los puestos, pero cometen solo el 8 % de los delitos. En la mayoría de los casos actuaban en complicidad con hombres y no de forma independiente o con otras mujeres. Así pues, las mujeres están infrarrepresentadas en la delincuencia de cuello blanco, aun considerando que sus oportunidades son más limitadas.

Esta investigación es consistente con el hallazgo publicado por los economistas David Dollar y sus colegas en 2001, que demuestra que cuantas más mujeres hay en el parlamento de un país menos corrupto es este. Los autores citan «una literatura sustancial en las ciencias sociales que sugiere que las mujeres tendrían estándares más altos de comportamiento ético y estarían más preocupadas por el bien común. En consonancia con esta evidencia a nivel micro, encontramos que, a nivel de país, las tasas más altas de participación femenina en el gobierno están asociadas con niveles más bajos de corrupción».

Naturalmente, ellos aceptan que las mujeres deberían desempeñar un papel más importante en el gobierno en aras de la justicia, pero añaden: «nuestros resultados sugieren que del aumento de la representación femenina pueden derivarse efectos secundarios extremadamente importantes: si las mujeres son menos propensas que los hombres a comportarse de forma oportunista, llevar más mujeres al gobierno puede tener beneficios significativos para la sociedad en su conjunto». Siendo la corrupción uno de los obstáculos más inextricables para el progreso en el mundo en desarrollo —la gran mayoría de la humanidad—, el futuro de la especie puede en parte depender del número de mujeres en los parlamentos nacionales. Dado que la corrupción ha sido uno de los grandes obstáculos para el desarrollo económico en África (entre otros lugares), resulta alentador ver cómo ha aumentado el porcentaje de mujeres en los parlamentos de este continente durante los últimos años —a menudo debido a cuotas, al menos inicialmente—. Ruanda es líder mundial con un 64 % de mujeres parlamentarias, y una docena de otros países africanos poseen un 30 % o más. Gretchen Bauer ha sintetizado la evidencia de la intensificación y extensión de esta tendencia, la cual tiende a mejorar tanto la posición de la mujer como la calidad de la democracia en general en el África subsahariana.

Este tipo de estudios, no solo en África sino también en todo el mundo, deja pocas dudas acerca de cuanto nos está sucediendo a mujeres y hombres, y no muchas más sobre cuáles serán las consecuencias. A nivel de la población en general, la educación de las niñas y el empoderamiento de las mujeres promueven, en un plazo de diez años, la democratización de los países, así como familias más pequeñas, mejor salud para mujeres, niños y esposos, más educación para niños y niñas (con un efecto multiplicador para las generaciones futuras), un entorno natural menos explotado y familias y naciones más prósperas. La brecha de género electoral significa que a medida que aumente la participación femenina en los comicios, los gobiernos tenderán a reducir la desigualdad y el tamaño de la familia, mejorar la salud y la educación, combatir la pornografía, el sexo abusivo y la supremacía masculina.

Más mujeres en la cima significará una gobernanza más comunicativa y colaborativa en el ámbito legislativo, más sincera, transparente y abierta al cambio en el ámbito ejecutivo y mucho menos corrupta en ambos. En el sector privado, más mujeres en las juntas directivas resultará en una menor inclinación corporativa a los logros personales y el poder y una mayor al universalismo y la benevolencia. Ellas tendrán menos aversión al riesgo y menos apego a las tradiciones de la empresa, mostrarán más preocupación por la protección del medio ambiente y estarán más dispuestas a reducir los beneficios a corto plazo para evitar despidos masivos. Y cuando haya más mujeres en puestos ejecutivos de alto nivel (directoras ejecutivas, vicepresidentas, mandos intermedios, etc.), el liderazgo será más eficaz en general, con mejoras en aproximadamente el 80 % de las divisiones corporativas y las habilidades de liderazgo, pero especialmente en cuanto a integridad, honestidad y búsqueda de resultados, así como a la hora de tomar la iniciativa y practicar el autodesarrollo (se trata de superación personal, no de poder). La corrupción y, especialmente, las conspiraciones para cometer actos de corrupción disminuirán drásticamente. Los hombres se enfrentarán a dificultades conforme vayan amoldándose a este nuevo mundo, como durante mucho tiempo han tenido que hacer los niños en el mundo femeninamente avanzado de la escuela. Pero con un poco de tesón y esfuerzo se adaptarán, obteniendo a cambio muchos beneficios.

En primer lugar, la masa de hombres en la base de la pirámide se beneficiará al ser esta menos difícil de escalar, al tiempo que la carga sobre ellos será más llevadera. En segundo lugar, vivirán en un mundo menos violento y, por tanto, la mayoría masculina más débil no se convertirá en víctima del sangriento deporte que ha dominado nuestra historia. En tercer lugar, los niños y los hombres podrán ser ellos mismos, sin sentirse constantemente presionados para vivir a la altura de una masculinidad estereotipada; aquellos que deseen compartir el cuidado de los niños o hacerse cargo de ello en gran medida (manteniendo sus vidas en un ámbito más privado) no serán ridiculizados. En cuarto lugar, así como el ascenso de la mujer acaba con los viejos estereotipos de la sexualidad femenina —no solo que esta es menos impulsiva (lo que en promedio es cierto), sino también que aquella es una adorable, dulce y pasiva admiradora del varón—, también suavizará los estereotipos de la sexualidad masculina, disminuyendo la presión sobre los hombres para que actúen o demuestren su valía «encestando», secuestrando, dominando o controlando de alguna otra manera a las mujeres. Gais, lesbianas, bisexuales, travestis y transexuales dejarán de tener que ocultar quiénes son.

Ahora bien, naturalmente, pueden plantearse muchas objeciones a estas predicciones. Las mujeres, en los estudios realizados hasta ahora, han sentido que tienen mucho que demostrar, que han sido una minoría en sus organizaciones y que han tenido muchos hombres para orientarlas, ayudarlas, equilibrarlas y complementarlas. Tales estudios no pueden decir con certeza cómo serán las mujeres cuando, dando por finalizada la lucha por la aceptación, su poder y responsabilidad sean realmente iguales a los de los hombres. Ciertamente, no nos dicen qué sucedería en un improbable mundo futuro sin hombres. Y, por supuesto, algunas de las mujeres que lleguen al poder serán de la misma cuerda que la exgobernadora de Alaska y candidata a la vicepresidencia Sarah Palin: mujeres armadas que, empeñadas en ser más machos que los hombres, se preocupan poco por los derechos de sus hermanas. Pero estas mujeres son una minoría y no parecen ser del agrado de las votantes en general. En cualquier caso, solo podemos tener cierta certeza sobre el futuro. Si se atreve a aventurar alguna predicción, una de sus mejores apuestas será la de mi reconocidamente defectuosa bola de cristal: empoderar a las mujeres resultará en un mundo mejor.

Epílogo: #SíTodasLasMujeres

A finales de mayo de 2014, un hombre de veintidós años, profundamente perturbado, asesinó a cuatro hombres y dos mujeres jóvenes en su campus universitario en Isla Vista, California, antes de suicidarse. Este individuo era un caso típico en un sentido: de ochenta asesinatos en masa con armas de fuego entre 1984 y 2014, setenta y ocho fueron perpetrados por hombres. Resultaba inusual, sin embargo, por haber sido completamente explícito en cuanto a sus motivos: su odio y resentimiento hacia una clase de personas. Dejó montones de cintas de video y escritos en los que expresaba sin ambigüedades tales motivos. Quería desencadenar una «guerra contra las mujeres». En un segmento de video representativo, dijo:

Las chicas nunca se han sentido atraídas por mí. No sé por qué vosotras, chicas, no os sentís atraídas por mí, pero os castigaré a todas por ello. Es una injusticia, un crimen, porque no sé qué es lo que no veis en mí. Soy el chico perfecto. Me causará un inmenso placer mataros a todas. Al final veréis que, en verdad, soy el superior, el verdadero macho alfa.

El «chico perfecto» que disfrutará matando mujeres es el «verdadero macho alfa», una forma escalofriante de emplear el lenguaje de la biología y una visión completamente retorcida, aunque no del todo falsa, de la evolución humana. El hecho de que aun centrándose su frustración en las mujeres matase a más hombres parece asimismo un reflejo de nuestra historia.

La autora e historiadora Rebecca Solnit, en su libro de 2014 *Los hombres me explican cosas*, lo expresa de esta manera: «Padecemos una plaga de violaciones y violencia contra las mujeres en este país y en este planeta, aunque casi nunca es tratada como una cuestión de derechos civiles o humanos o una crisis o, incluso, un patrón. La violencia carece de raza, de clase, de religión y de nacionalidad, pero sí tiene sexo». Los perpetradores son varones.

Hay varias versiones sobre cómo surgió la etiqueta #SíTodasLasMujeres, pero según el *New York Times*, fue una respuesta a #NoTodosLosHombres, que, en esencia, venía a decir que no todos los hombres son asesinos misóginos; la respuesta fue: no, por supuesto que no…, pero *sí, todas las mujeres* están y deben sentirse aterrorizadas, realmente aterrorizadas, ante esa minoría de hombres. Hubo un millón de *tuits* #SíTodasLasMujeres en unos pocos días. Estos son algunos de los primeros:

#SíTodasLasMujeres porque «tengo novio» es más efectivo que «no estoy interesada»: los hombres respetan más a otros hombres que mi derecho a decir no.

Porque ya he ensayado el «Llévate lo que quieras, pero no me hagas daño».

Porque cada vez que trato de decir que quiero igualdad de género tengo que explicar que no odio a los hombres.

Y he aquí algunos que aparecieron o fueron *retuiteados* en la primera semana de junio:

Porque lo que más temen los hombres de ir a prisión es lo que más tememos las mujeres al volver a casa de noche.

Por el día en que pueda echar gasolina a las 10 p.m. sin morirme de miedo.

Porque devolver una sonrisa puede hacer que te sigan, pero no corresponderla puede hacer que te maten. Y ninguna de las opciones garantiza que acabe el acoso.

Es imposible leer siquiera una muestra de estos angustiados mensajes y no entender cómo el peso de un pasado completamente dominado por los hombres continúa oprimiendo e intimidando a las mujeres, ni cómo la visión peculiarmente masculina sobre las relaciones entre los sexos ha distorsionado y distorsiona aún a diario la vida de las mujeres. Pero lo que me gustaría hacer ahora es darle la vuelta a la etiqueta y positivizarla: «#SíTodasLasMujeres son iguales a los hombres, no solo objetos del deseo de estos».

O quizá, cuando todo está dicho y hecho, mejor que iguales. ¿Qué tal un mundo gobernado principalmente por mujeres? ¿O incluso, algún día más lejano, un mundo sin hombres?

***

Por primera vez en la historia de la vida en nuestro planeta, la evolución podría muy pronto empezar a ser dirigida por algo más que la selección natural; la reproducción está cada vez más bajo control humano. Dame Sally Davies, la máxima autoridad médica de Inglaterra, anunció en junio de 2013 que la transferencia nuclear —parte del proceso de clonación— había sido aprobada en el Reino Unido y, pendiente del debate parlamentario, podría implementarse antes de finales de 2014. El procedimiento, que se ofrecería a parejas en riesgo de una enfermedad genética mitocondrial, consiste en tomar un óvulo de un donante, extraer su núcleo, reemplazarlo por un núcleo fertilizado de la pareja e implantar el nuevo óvulo en la mujer de la pareja en riesgo. Esto también puede hacerse transfiriendo un núcleo no fertilizado de la mujer al óvulo de la donante, fertilizándolo con el esperma del hombre e implantándolo a continuación.

Las mitocondrias son nuestros centros de energía y poseen sus propios genes. Pero en la cabeza de los espermatozoides no hay mitocondrias, por lo que estas solo se transmiten por vía materna. Si una mujer tiene una mutación en sus genes mitocondriales, se la transmitirá a sus hijos. Pero si (como en este procedimiento) los otros genes de ella y de su marido son transferidos al óvulo de otra mujer, las mitocondrias normales de la donante se transmitirán en su lugar. El niño, en efecto, tendrá tres padres genéticos: una madre y un padre que compartirán con él la gran mayoría de los genes, pero también una segunda madre mitocondrial.

Así es como se hace hoy día. Ahora, consideraremos una versión modificada de la transferencia nuclear en la que el núcleo es extraído del óvulo de una mujer (en una pareja de lesbianas, verbigracia) y usado para fecundar el óvulo de otra. Esta niña —pues siempre sería tal— tendría dos mamás, pero no solo en el sentido de los niños que hoy son criados por parejas de lesbianas; ella tendría dos mamás biológicas.

¿El fin de los hombres?

Bueno, también podemos imaginar que se extrae el ADN de los espermatozoides de los dos hombres de una pareja gay, uno con un cromosoma X y el otro con uno X o uno Y, y se utiliza para reemplazar el ADN del óvulo de una donante. La cuestión es que ellos necesitan el óvulo de una donante. Ah, por cierto: también necesitan un útero.

La subrogación podría volverse más común y satisfacer esta necesidad, pero este camino no puede llevar al fin de las mujeres. Supongo que podemos imaginar que, con el tiempo, será posible una gestación humana completamente externa. Somos capaces de mantener vivos a los bebés desde etapas fetales cada vez más tempranas —llegamos aproximadamente a la mitad del embarazo—, mas esto conlleva un alto riesgo de muerte y discapacidad. Así pues, la gestación externa se halla muy lejos, pero sospecho que la unión del ADN nuclear de dos mujeres está como mucho a un par de décadas, y habrá otras formas de hacerlo además de la transferencia nuclear —verbigracia, practicando ingeniería inversa con las células epidérmicas de las mujeres para formar una célula germinal y luego un óvulo y un espermatozoide—. De modo que si uno de los sexos decidiera prescindir del otro, las mujeres podrían saltar un par de siglos —como poco— por encima los hombres. Además, es posible que el declive de los varones ya esté en marcha.

Existen indicios biológicos y sociales de ello. El cromosoma Y se ha reducido de tamaño a lo largo de los eones, aunque no mucho en los últimos 25 millones de años, y un estudio de 2014 sugiere que ya no puede reducirse mucho más. Pero la densidad de espermatozoides en humanos ha disminuido en un lapso de tiempo de décadas, y es probable que este proceso continúe. *El declive de los hombres* [*The Decline of Males*] de Lionel Tiger señaló esta tendencia en 1999. La investigación en Francia ha hallado una disminución de aproximadamente un tercio entre 1989 y 2005. Un estudio finlandés encontró una disminución sustancial; y un estudio danés, un aumento en la concentración de esperma (algo potencialmente bueno para hacer bebés, ya que el óvulo está más densamente rodeado), pero un decremento en la calidad y la probabilidad de fertilidad. Un estudio en la India también mostró un aumento de la concentración pero una disminución de la motilidad. Ahora el consenso parece ser que, en efecto, algún tipo de declive está en marcha, y las causas propuestas incluyen baños calientes, vidas sedentarias, calzoncillos ajustados, alimentos grasos, tabaquismo materno y calentamiento global.

¿Qué hay de otras contribuciones tradicionales de los hombres, además del ADN? La fuerza física masculina es cada vez menos necesaria; a medida que la manufacturación decae, los robots se hacen cargo de más y más tareas de fabricación y las economías basadas en los servicios crecen. En los países menos desarrollados que aún tienen pendiente esta transición, las mujeres también realizan trabajos físicos intensos. En las guerras, el uso de drones, *bots* y otros sistemas armamentísticos tecnológicamente avanzados continuará eliminando la necesidad de la fuerza física. En situaciones muy concretas —combate cuerpo a cuerpo de infantería, operaciones de fuerzas especiales como la realizada contra Osama bin Laden, sacar personas de edificios en llamas o campos de batalla, etc.— el músculo importa, pero en otras muchas situaciones ya no es así.

Los niños, ciertamente, están acostumbrándose a ver a los varones como algo prescindible. Alrededor del 40 % de los niños en Estados Unidos nace de madres solteras, y muchos más pasarán algún tiempo en hogares monoparentales, cuatro de cada cinco encabezados por mujeres. El porcentaje de mujeres casadas que ganan más dinero que sus maridos se cuadruplicó entre 1960 y 2011 (del 6 al 24 %), y el gráfico es una línea recta ascendente; las estadísticas son similares para las parejas casadas con hijos menores de dieciocho años. En cuanto a la educación, el porcentaje de parejas con hijos en las que la esposa tiene más nivel de estudios que el esposo pasó del 7 al 23 % en el mismo período de tiempo, mientras que el porcentaje de aquellas en las que ocurría lo contrario rondaba el 16 % (en la mayoría de las parejas ambos miembros tenían un nivel de estudios similar). Dada la diferencia en las tasas de graduación —tanto en la enseñanza secundaria como en la universitaria— y el impacto de estos títulos en los ingresos económicos, la disparidad educativa que favorece a las esposas sobre los esposos solo puede aumentar.

Sin embargo, contrariamente a lo que algunos afirman, hay poca evidencia de que un niño deba tener una mamá y un papá ininterrumpidamente durante dieciocho años para crecer mentalmente sano. Los niños con dos madres o dos padres solo se diferencian en que, en promedio, crecen siendo menos homofóbicos que los niños criados convencionalmente (aunque algunos datos sugieren que los padres gais se involucran más en la crianza). El divorcio dificulta la vida de algunos niños pero salva a otros, y con tal de que no sufran (1) una gran caída en el nivel de vida, (2) una pérdida total del contacto con uno de los progenitores o (3) un conflicto abierto entre estos, les va tan bien como a los niños con padres no divorciados, algunos de los cuales habrían hecho mejor no permanecido juntos. Los hijos de padres solteros están más desamparados, y es importante para ellos poder contar con al menos una persona, además del progenitor, con quien relacionarse y sincerarse confiadamente, pero si tienen esto, además de cierta cantidad de resiliencia, les irá igualmente bien. Por tanto, es probable que en un mundo de mujeres, en el que estas mantengan relaciones y redes sociales sólidas, los niños puedan crecer y desarrollarse perfectamente —especialmente si estos son solo niñas.

Pero ¿hablamos del fin de los hombres? ¿En serio?

***

De lo que realmente estamos hablando es de dirigir la evolución, y esto será cada vez más sencillo. En última instancia, la evolución consiste en cambios en los genes, y ya estamos haciéndonos cargo de estos a un ritmo constante.

En el capítulo 2 vimos que los lagartos de cola de látigo evolucionaron como una especie integrada exclusivamente por hembras a partir de ancestros con ambos sexos. La reproducción en estos lagartos preservó las interacciones sexuales —y muy probablemente el placer sexual— de su antigua condición de especie bisexuada, pero prescindió de los machos, junto con todo su bagaje. Las hembras se turnan para tener descendencia y servir al propósito de estimular la ovulación y desencadenar el desarrollo, como antaño hicieran los machos con sus cuerpos y su esperma. Pero es posible que las mujeres no quieran esperar un millón de años. En vez de ello, podrían desarrollar las ciencias biológicas en busca de la reproducción sin machos —de forma lo suficientemente lenta, tal vez, para acostumbrarse ellas mismas a darse placer mutuamente a medida que los varones disminuyen, en parte de forma natural, en parte de forma intencionada.

O tal vez podrían seguir la vía de las jacanas, modificando los machos para que sean más pequeños y, con la ayuda de la selección de esperma, más numerosos. Esto podría evitar la parte mala de la vida de las hembras jacana: las feroces luchas entre ellas y el asesinato de las crías de las demás, a fin de apoderarse de los escasos machos. Los hombres podrían tener que ser ligeramente modificados para hacer de ellos mejores padres a tiempo completo y evitar que se vuelvan violentos, como tiende a ocurrirles a los machos excedentes. Algo tendría que hacerse respecto al impulso sexual de los hombres; aunque tal vez las mujeres podrían aprender a ser felices en un nuevo mundo poliándrico, donde necesitasen relacionarse sexualmente con numerosos hombres en rotación, a fin de mantener el harén de «juguetes sexuales» más o menos tranquilo. Para que esto funcionase, deberían procurar que los hombres no fueran demasiado pequeños —aunque el ajuste químico de la sexualidad femenina, por parte de las mujeres, estaría para entonces bastante avanzado—. Con el tiempo, la evolución guiada podría incluir la gestación externa después de los primeros meses de embarazo. De esta manera, las mujeres podrían reproducirse lo suficientemente rápido como para mantener felices y ocupados a los pequeños padres.

O podríamos aspirar al síndrome del lémur: mujeres del mismo tamaño que los hombres o un poco más grandes, pero decisivamente dominantes; la mujer más débil temida por el hombre más fuerte. El *poliamor* estaría a la orden del día, con los machos compitiendo aún por el acceso a las hembras y estas tomando las decisiones, pero ambos sexos conseguirían mucha variedad y los varones, a la larga, se mantendrían tímidos, esperanzados y respetuosos. Este patrón nos devolvería a una era temprana de la evolución de los primates, antes de que los monos y los simios surgieran y tomaran por caminos nuevos, algunos conducentes a la dominación masculina extrema.

Recordemos, sin embargo, que no todos los monos siguieron ese camino; otro modelo al que también podríamos recurrir es el de los tities, nuestros primos de América del Sur, con sus imperfectos pero estables lazos de pareja y sus absolutamente devotos papás, que cargan con sus gemelos todo el día, salvo cuando las crías se acercan a mamá para mamar. A veces hay dos machos por hembra, a veces una hembra adicional —esto varía; es una especie de mundo apacible en el que todo se comparte equitativamente—. Los humanos de otros siglos podrían haber aprendido de ellos.

En un futuro aún más lejano, la evolución podría ir mucho más lejos, como han hecho algunas especies, aunque la nuestra estaría bajo nuestro control —o al menos bajo el de las mujeres—. ¿Hombres reducidos a parásitos diminutos que hunden sus dientes en los costados de las mujeres y se fusionan con ellas, inyectando un pulso periódico de esperma? Por alguna razón, no veo a las mujeres eligiendo tal cosa, por más que cumpla con el viejo objetivo romántico de dos seres convirtiéndose en uno solo. En cuanto a las soluciones de la viuda negra o la mantis religiosa, las mujeres tendrían que modificar su apetito de manera bastante drástica..., aunque la moda culinaria también evoluciona.

Lo más simple sería la solución gradual. De aquí a unas pocas décadas, con más y más mujeres optando por la inseminación artificial y la maternidad soltera (o por asociaciones con otras mujeres, sexuales o no), es posible que cada vez más prefieran que sus óvulos sean fecundados por el ADN del óvulo de otra mujer. Esto haría aumentar lentamente el número de mujeres en relación con el de varones, lo que supondría mucho menos riesgo que el exceso de hombres que vemos hoy en algunos países. En este mundo femeninamente avanzado, las mujeres controlarían la cultura del sexo casual.

Ese lentamente decreciente número de hombres debería alegrarse bastante de ser superado numéricamente, siempre que algunas mujeres aún quisieran tener relaciones sexuales con ellos —y siempre que ellos se comportasen como es debido—. Pero al cabo de muchas generaciones —pensando, naturalmente, en escalas de tiempo evolutivas— podríamos, teóricamente, ver a los hombres reemplazados por completo o literalmente mantenidos en cantidades discretas para servicios sexuales, así como para levantar objetos pesados y cambiar bombillas en techos altos. Los hombres, en este mundo futuro, podrían ser fácilmente modificados para que desarrollaran hombros anchos, mandíbulas cuadradas, destreza sexual, sensibilidad amorosa, inteligencia hecha a medida, sentido del humor o cualquier otra característica que las mujeres decidieran. Estas podrían crear el catálogo del banco de esperma de antemano y luego usar el esperma o, simplemente, usar a los hombres. Ciertamente, podrían limitar científicamente al mínimo los niveles masculinos de agresividad, arrogancia, autoimportancia y autoritarismo. Con un hombre sirviendo sexualmente a varias o muchas mujeres, este disfrutaría de la vida y ellas no tendrán que tener sexo con él salvo cuando tocaran la campana para ello. O bien, un grupo de mujeres exigentes podría optar por compartir varios hombres: un rubio fornido, un moreno alto y guapo, un levantador de pesas, un maratonista, un andrógino para cuidar niños, un galán de pelo largo para el sexo salvaje bajo demanda: creo que ya sabe por dónde voy.

Admito que todo lo enunciado aquí son «biofantasías», pero al menos algunas de ellas serán posibles en el futuro. ¿Querrán las mujeres verlas hechas realidad? Una amiga que leyó un borrador de este libro comentó: «Como mujer, odio la idea de un mundo sin hombres y creo que el 98 % de las mujeres estarían de acuerdo conmigo». Espero que tenga razón, ya que el fin de los hombres significaría el fin de miles de millones de seres como yo. Los hombres, en opinión de muchas mujeres, añaden variedad e incluso emoción a sus vidas (cuando no nos comportamos demasiado mal), y *vive la différence* parece indicar un largo futuro de dos sexos.

Tal vez solo sea mi deseo masculino de permanecer y formar parte de él, pero creo que la ruta más lógica hacia ese futuro sería «bonobizar» a la humanidad. Tenemos, ciertamente, dos parientes muy cercanos, pero esta podría ser nuestra oportunidad de descartar la parte «belicosa» de las relaciones entre los sexos, esa parte que compartimos con los chimpancés: dominación masculina, agresión física, violación e incursiones asesinas del tipo «hombres en manada». Podríamos, en efecto, guiar nuestra evolución futura al modo de nuestros igualmente cercanos primos los bonobos. Esto daría lugar a coaliciones femeninas inquebrantables —basadas quizá en parte en el sexo— y a varones que, no siendo en absoluto infelices (los machos en esta especie femeninamente avanzada en realidad tienen una gran vida), nunca se descontrolarían. Los machos bonobo no solo saben cuál es su sitio; ellos hacen el amor, no la guerra. No es que sean incapaces de cometer agresiones; es que lo mantienen bajo control y jamás lo hacen con las hembras. Como ocurre con el síndrome del lémur, el *poliamor* para todos podría ser un beneficio —incluyendo el placer que las hembras se proporcionan entre ellas—, aunque la monogamia seguiría siendo una opción, y los estudios actuales sugieren que las mujeres votarán por ella en el futuro previsible. Pero, heterosexuales o no, las singulares relaciones sexuales cara a cara de los bonobos producen lo que parecen ser grandes sonrisas.

Al final, la solución más simple es mirarnos a la cara, y ello no requiere de ardides genéticos: simplemente volver a las reglas que prevalecieron entre los cazadores-recolectores durante el 90 % de la historia humana. Esto significa mujeres y hombres ocupándose de sus labores, compartiendo, hablando, escuchando y cuidando de los niños —su principal vínculo con el futuro—. Los hombres no dominaban ampliamente porque no podían, fueran cuales fuesen sus motivos; las mujeres tenían voz porque siempre estaban ahí y su contribución eran fundamental —no solo cuidando de los niños y llevando a casa la alimentación vegetal básica (la única confiable), sino también cantándole las cuarenta al poder masculino en potencia todas las noches alrededor del fuego—. Bajo ciertas circunstancias, tanto la poliandria como la poliginia eran opciones disponibles. Había violencia y era principalmente masculina, aunque generalmente era arbitraria e interpersonal, más bien un accidente que una ideología. No necesitamos imitar servilmente a los cazadores-recolectores; los hombres deberían de ocuparse de los niños mucho más de lo que lo hicieron los cazadores típicos. Pero los cazadores-recolectores sirven, como mínimo, de modelo humano, mostrándonos lo que está en nuestro ámbito psicológico sin necesidad de cambios genéticos; y, probablemente, también nos digan algo sobre cómo fuimos durante la mayor parte de nuestra historia.

La tecnología actual, como hemos visto, ha reemplazado casi por completo la fuerza muscular de los hombres y está haciendo avances, incluso, en el campo de la destreza marcial; y lo que es más importante, está creando un campo de juego en —de nuevo— igualdad de condiciones en cuanto a la comunicación. Las coaliciones femeninas son ahora vastas redes en el ciberespacio; la mayoría de los usuarios activos de Facebook son mujeres. Como ha dicho la directora de operaciones Sheryl Sandberg: «El mundo se ha vuelto social y las mujeres son más sociales que los hombres». La hoguera, hoy, *arde* en la pantalla y en las redes sociales. Una vez más, estamos desdibujando los límites entre nuestros hogares y espacios públicos, entre la vida, los negocios y la política, entre una mujer falsamente empequeñecida y un hombre falsamente engrandecido. Una vez más, las voces de las mujeres realmente importan. Con una inteligente combinación de tecnología y experimentación desprejuiciada, y no obstinándonos en que los hombres y las mujeres son iguales, podemos aprovechar esta oportunidad para intentar lograr la igualdad real.

***

Según un viejo adagio de Lesoto, «Una mujer es la hija de su padre, de su marido y de su hijo». Esta secuencia fue asimismo cierta durante mucho tiempo en la cultura occidental, y Elizabeth Cady Stanton se refirió a ello en 1869 como «invadir nuestros hogares, profanar nuestros altares familiares, dividir a aquellos a quienes Dios ha unido, exaltar al hijo por encima de la madre que lo dio a luz y someter, en todas partes, el poder moral a la fuerza bruta».

Pero esto se acabó. Las mujeres han llegado tan lejos que, por muy lejos que aún hayan de llegar, ya no hay vuelta atrás. Cincuenta años desde el discurso de Stanton hasta el derecho al voto; cincuenta desde este hasta la segunda ola; cincuenta desde entonces hasta ahora. En otros cincuenta años, puede que la igualdad no sea numéricamente exacta en todos los ámbitos, pero será evidente para todos que la escritura, como en el relato bíblico, está en la pared. La historia está de parte de las mujeres. Incluso en los lugares donde sufren más opresión, actuarán como una fuerza profundamente subversiva, inspiradas por las cambiantes vidas de otras mujeres en todo el mundo, socavando el atraso y la opresión en las suyas.

La antropóloga Helen Fisher, en su libro *El primer sexo*, se mostró igualmente optimista: «Como un glaciar, las mujeres contemporáneas están labrando lentamente un nuevo panorama económico y social, construyendo un nuevo mundo. (...) Avanzamos poco a poco hacia una sociedad verdaderamente colaborativa, hacia una cultura global en la que serán entendidos, valorados y empleados los méritos de ambos sexos». Estoy de acuerdo, salvo que solo la implacabilidad será de glaciar; el ritmo no lo será en absoluto. Será como el aumento de la esperanza de vida, la disminución del tamaño de la familia o la expansión de la democracia: una cuestión de décadas o, como mucho, de generaciones. Habiendo conocido cinco generaciones en mi propia y limitada vida, no veo esto como un tiempo muy largo. A la luz de la evolución, la arqueología y la historia, no es tiempo en absoluto.

Mis abuelos vivieron casi todo el lapso desde el comienzo del movimiento sufragista hasta la década de 1950. No pensamos en esa década como en un buen momento para las mujeres, y en muchos sentidos no lo fue, pero para entonces se había convertido en una rutina para las mujeres votar, trabajar, ir a la universidad y conducir, nada de lo cual era posible cuando mis abuelos se conocieron y se casaron. He visto por mí mismo todas las transformaciones que se han producido desde la década de 1950 hasta ahora. Mi nieto (aún no tengo nietas) verá al menos tantos cambios como yo —su padre es un modelo magnífico— y cuando él tenga mi edad, las mujeres habrán ganado enormemente en derechos, igualdad y poder.

Ellas no harán del mundo un lugar perfecto, pero el suyo tendrá menos fallas que el que los hombres han creado y gobernado durante miles de años. Ellas construirán sobre los logros masculinos y arreglarán algunos desperfectos del legado: no porque sean diosas madres, sino porque son ciudadanas de la tierra[29], con una inclinación fuertemente pragmática y un sentido del equilibrio entre curación y daño que es, en su misma esencia, diferente al de los varones.

Mi nieto, estoy seguro, será feliz en el nuevo mundo. Este será mejor para él porque las mujeres contribuirán a su gestión. Todo

29 Aquí el autor hace un juego de palabras con *earth mothers* (madrazas o diosas madres) y *earth citizens* (ciudadanas de la tierra). N. del T.

indica que, como lideresas, serán justas con los hombres como él. Pero durante la transición, algunos hombres sentirán dolor y algunos chicos necesitarán protección; podrán mostrarse enojados, como a menudo hicieron en el pasado. Ellas habrán de servirse de la empatía, la paciencia, la educación, el liderazgo y la sabiduría para llevarlos consigo y asegurarse de que no se resientan por los éxitos de sus madres, hermanas, amantes, esposas, amigas e hijas. Pero, por tumultuosa que pueda ser, esta transición resultará en un mundo mejor para todos. En términos antropológicos o incluso históricos, no llevará demasiado tiempo: medio siglo, un siglo a lo sumo; nada, en realidad, cuando se considera la profundidad del pasado.

Apenas hemos empezado a ver de qué son capaces las mujeres. No veremos el fin de los hombres —ellos también tienen una contribución que hacer—, pero veremos el fin de la supremacía masculina. Será un gran comienzo para las mujeres y también un nuevo principio para los hombres. Las mujeres son inteligentes, decididas, firmes, justas, tranquilas, fuertes, optimistas, capaces, democráticas, cooperativas e imparables. Son conscientes de sus propios defectos y agradecen sinceramente las fortalezas y contribuciones de los demás, incluidos los hombres. Su historia futura es un libro abierto ante ellas; las páginas vacías llaman con impaciencia, expectación e incluso un toque de seducción, y las mujeres llenarán esas páginas con espléndidas historias inéditas.

Agradecimientos

Siendo el de las diferencias sexuales un tema que interesa a todos, y sobre el cual cada vida proporciona una infinidad de información, no es de extrañar que cuanto sé al respecto descanse sobre los hombros de innumerables personas: padres, maestros, amigos, parientes, amantes, hijos, estudiantes, colegas e incluso extraños. Agregue a esto el hecho de que ha sido uno de mis intereses académicos durante toda la vida y podrá imaginarse una lista de agradecimientos que ocuparía muchas páginas. Mi gratitud se extiende mucho más allá de las pocas personas que puedo mencionar aquí.

En primer lugar, mi agradecimiento para algunas de las mujeres que no solo fueron modelos a seguir y me ayudaron a creer en mí mismo, sino que también me dejaron claro que las mujeres pueden hacer cualquier cosa: Hannah Levin Konner, Dora Venit, Jean Silbersweig, Jane Chermayeff, Beatrice Whiting, Ronnie Wenker Konner, Nancy Howell, Elaine Markson, Kathy Mote, Joanna Adams, Betty Castellani, Deborah Lipstadt, Shlomit Finkelstein, Sherry Turkle, Melissa Fay Greene, Mari Fitzduff, Zoë Heller, Patricia Greenfield, Sarah Blaffer Hrdy, Polly Wiessner, Megan Biesele, Sally Gouzoules y Carol Worthman; para mi difunta esposa Marjorie Shostak, amiga de mi juventud, compañera de aventuras en el trabajo de campo y en la vida, viajera africana, autora del clásico antropológico *Nisa: The Life and Words of a !Kung Woman*, iluminadora transcultural de los roles de la mujer, madre apasionada de mis hijos, partidaria infalible de mis planes y sueños y valiente luchadora contra el cáncer; para mi esposa y amiga desde hace muchos años,

Ann Cale Kruger, una psicóloga infantil comprometida y brillante que me ha enseñado mucho sobre cómo nos moldea el medio, que llevó las artes a los niños desfavorecidos, trabajó para salvar a las niñas de la explotación sexual, formó a generaciones de estudiantes, maestros y consejeros y construyó un hogar armonioso para nuestras dos familias; para las muchas otras mujeres que he tenido como compañeras y amigas y me enseñaron lecciones grandes y pequeñas; para las mujeres !kung entre las que Marjorie y yo vivimos durante dos años, las cuales demostraron una valentía, habilidad y juicio extraordinarios ante los desafíos de una vida tremendamente difícil, mientras toleraban nuestras preguntas e intrusiones; y para las mujeres que admitieron a un ansioso estudiante de medicina en sus enfermedades, procesos de curación, partos, maternidad, dolor, sufrimiento, alegría y, cuando fue posible, la emoción y el triunfo de la recuperación.

También quiero expresar mi agradecimiento a los hombres que, a lo largo del camino, me han ayudado a ser un hombre mejor, enseñándome que amar a las mujeres incluye admirarlas y animándome a reprimir cualquier tendencia que pudiera inducirme a pensar o a sentir que mi propio éxito dependía de tratarlas como a algo menos que a iguales: Irving Konner, Herbert Perluck, Lawrence Konner, Martin Silbersweig, Irven DeVore, Gerald Henderson, Stefan Stein, John Whiting, David Silbersweig, Joe Beck, Julian Gomez, Boyd Eaton, Steve Berman, Charles McNair, Misha Pless, Leslie Rubin y Joe Weber.

Quiero darles las gracias a los innumerables profesores, además de los ya mencionados anteriormente, que me ayudaron a comprender los procesos de evolución, el desarrollo y la función cerebral, especialmente en lo que respecta a la comprensión de las diferencias sexuales: Jerome Kagan, Ernst Mayr, Nicholas Blurton Jones, Richard Lee, Patricia Draper, Jane Lancaster, Patricia Whitten, Alice Rossi, Daniel Federman, Norman Geschwind, Robert Sapolsky, James Rilling y Jared Diamond, entre otros muchos.

Reconozco agradecido mi deuda con Elaine Markson, mi agente literaria desde hace más de tres décadas, quien representó y apoyó mi trabajo con profesionalismo, lealtad y humor, y con sus asociados Geri Thoma, Gary Johnson y, más recientemente, Chaya Levin;

y con mi asistente Kathy Mote, que ha estado conmigo y con mi familia durante veintisiete años y ha brindado una ayuda invaluable tanto en este como en muchos otros proyectos.

En W. W. Norton & Company, John Glusman adquirió el manuscrito y lo sometió a dos cuidadosas lecturas en diferentes etapas, mejorándolo enormemente. También les pidió a otras personas de la empresa que lo leyeran, resultando sus comentarios de gran ayuda, al igual que el trabajo del asistente de John, Jonathan Baker, de la extraordinariamente cuidadosa y culta editora Bonnie Thompson y de las publicistas Rachel Salzman y Lauren Opper. Mi experiencia confirmó la afirmación que se hace en el sitio web de Norton, según la cual, «los empleados de Norton responden ante sí mismos, no ante accionistas o directores externos» —siendo como es propiedad exclusiva de ellos—. «Con un compromiso compartido con la empresa en el corazón, publican solo aquello que les place publicar». Tuve la suerte de estar bajo este paraguas.

Fuera de Norton, el manuscrito fue leído en su totalidad por Faith Levy y parcialmente por Anna Beck, Brian Díaz, Ann Cale Kruger, Jennifer Kuzara, Michael Peletz y Julie Seaman; todos hicieron valiosos comentarios. Tami Blumenfield y John Townsend respondieron preguntas importantes. Sarah Hrdy y Sherry Turkle hicieron sugerencias útiles además de proporcionar elogios previos a la publicación. Agradezco a todos estos amigos y colegas su tiempo, esfuerzo y experiencia.

Por último, les doy las gracias a mis hijos Susanna Konner Post, Adam Konner y Sarah Konner; a mi hijastra Logan Kruger y a mi «hija extra» Becky Perry, por permitirme entrar en sus vidas y, más aún, por mantenerme en ellas cuando tuvieron la oportunidad de elegir; y a mi nieto Ethan, que aún no tiene tres años y ya nos da no pocas lecciones de desarrollo. Estos jóvenes me han enseñado más sobre cómo devenimos en mujeres y hombres y, lo que es más importante, sobre cómo devenimos en seres humanos de lo que nunca podré agradecerles.

A ellos y a Irven DeVore —mi maestro y amigo de toda la vida, fallecido el 23 de septiembre de 2014, cuyas ideas sobre la naturaleza de las diferencias y similitudes sexuales impregnan esta obra— está dedicado este libro. Solo yo, naturalmente, soy responsable de todo aquello que esté mal. Por haber sido indulgente con mi imperfecto intento de arrojar luz sobre asuntos a los que Darwin, acertadamente, se refirió como «envueltos en la oscuridad», también le estoy agradecido a usted, lector, y espero que, a pesar de mis tropiezos y mi lámpara tenue y parpadeante, haya sido un viaje parcialmente iluminador.

Para saber más

Precursores importantes de este libro o de algunos aspectos críticos del mismo son *Masculino y femenino* de Margaret Mead, *La mujer, sexo fuerte* de Ashley Montagu, *El segundo sexo* de Simone de Beauvoir, *The Woman That Never Evolved* de Sarah Blaffer Hrdy, *Despotism and Differential Reproduction* de Laura Betzig, *Sexual Personae* de Camille Paglia, *El primer sexo* de Helen Fisher, *Why Sex Matters* de Bobbi Low, *Los ángeles que llevamos dentro* de Steven Pinker y *The End of Men* de Hanna Rosin. Esto no debe entenderse en el sentido de que estos autores estarían de acuerdo con todas mis afirmaciones (yo no estoy de acuerdo con todas las suyas), sino en el de que he aprendido mucho de ellos y han resultado de gran ayuda al escribir este libro. En un tono más triste, *La mitad del cielo* de Nicholas Kristof y Sheryl WuDunn —con los que no tengo desacuerdo alguno— ofrece un panorama amplio y conmovedor de lo que está haciéndose para ayudar a las mujeres oprimidas en todo el mundo.

Para disfrutar de un relato entretenido y riguroso de la evolución del sexo, véase *¿Por qué es divertido el sexo?*, de Jared Diamond. Y para acceder a una gama completa de sistemas de apareamiento animal y tendencias sexuales, no hay mejor opción que el delicioso, divertido y autorizado *Consultorio sexual para todas las especies* de Olivia Judson; este le permitirá saber cuanto necesita para tener éxito en el juego del apareamiento, si es que usted es un reyezuelo, un poto dorado, una cucaracha o una de las otras muchas criaturas que se enfrentan a los eternos acertijos del amor y la vida.

Un tratamiento extenso de la orientación e identidad sexuales en todas sus manifestaciones quedaba fuera del alcance de este libro. *Evolution's Rainbow* de Joan Roughgarden (a pesar de su inmoderado ataque a la teoría de la selección sexual) es un relato fascinante y celebrador de la variedad de avenencias sexuales y de género de animales y humanos, escrito por una distinguida bióloga que, además, es una mujer abiertamente transgénero con una conmovedora historia personal. Ha de leerse relacionándolo con las reseñas de Sarah Blaffer Hrdy en *Nature* y de Alison Jolly en *Science*. *Third Sex, Third Gender*, de Gilbert Herdt, sigue siendo la principal fuente sobre la variación intercultural en los roles para las personas que no encajan fácilmente en las categorías generalmente etiquetadas como «masculino» y «femenino». Uno de los relatos de género en primera persona más esclarecedores —de hecho, fascinantes— es *Un hombra hecho a sí mism@* de Norah Vincent, en el que ella describe, con gran agudeza y compasión, cuanto vio y aprendió durante el año que vivió haciéndose pasar exitosamente por un hombre.

Aunque yo veo este libro como una declaración a favor de las mujeres, algunos lo verán como una declaración contra los hombres. Hasta cierto punto, esto es inevitable por dos razones. En primer lugar, los hombres, junto con sus muchos logros, han hecho una gran cantidad de daño. En segundo lugar, si las mujeres son incluso superiores en algunos aspectos, entonces, por definición, los hombres han de ser inferiores en tales aspectos. Yo, sin embargo, he dicho que hay buenas razones para preocuparse por los niños y los hombres. Puede ser simultáneamente cierto que (1) los hombres han tenido y ejercido la mayor parte del poder en la historia y que (2) la mayoría de los hombres no son poderosos ahora ni lo fueron jamás. Otros libros han prestado atención a estos hechos, así como a las vulnerabilidades particulares a que se enfrentan los niños y los hombres a medida que aumenta el poder de las mujeres. De tales libros recomiendo *The Myth of Male Power* de Warren Farrell, *La guerra contra los chicos* de Christina Hoff Sommers, *The Decline of Males* de Lionel Tiger y *Is There Anything Good About Men?* de Roy Baumeister. Siempre puede contarse con Camille Paglia para una defensa enérgica y sofisticada de los hombres, a través de ensayos, discursos y entrevistas fácilmente disponibles (por ejemplo, en *Time*, 30 de diciembre de 2013). Pienso en estos puntos de vista como en un antídoto necesario para una idea que no he avanzado y que no comparto, la de que los hombres son todopoderosos y, en su mayoría, carecen de valor.

La impresión de *Mujeres ante todo* concluyó el 6 de septiembre de 2021.
Tal día de 1795 nace en Escocia Frances Wright, conocida también como Fanny Wright, escritora feminista que, tras emigrar a los Estados Unidos de América, luchó denodadamente por la abolición de la esclavitud, la universalización e igualdad en la educación y los derechos de la mujer.